财经应用文写作教程

CAIJING YINGYONGWEN XIEZUO JIAOCHENG

（第二版）

文天谷 编著

立信会计出版社

前　言

　　感谢各方面,特别是广大读者的关心和支持,《新编财经应用文教程》自1995年3月第一版出版至今,已经重印12次。这说明随着社会主义市场经济体制的建立,经济的迅速发展,作为解决经济实际问题的财经应用文(有的又叫经济文书或财经文书),需要数量和种类也与日俱增。

　　为了适应市场经济的迅猛发展和多种需要,在《新编财经应用文教程》的基础上重新进行调整修改,定名为《财经应用文写作教程》。但是,要把一切财经文书不论大小、繁简全部搜集成书,不仅数量太大,非一时一人所能完成,就是勉强办到,也未必符合实际需要,甚至还有可能使人感到庞杂无章,莫知所从。因此,在本书出版时,仍本着原书确定的"纲举目张"的精神,根据财经活动的实际需要,抓住最实用、最常用和最有代表性的文种,分门别类,逐一介绍。希望读者通过某一文种的确切掌握,以达到"举一反三"的目的。比如,报告这一文种,就有经济工作报告、市场调查报告、经济活动分析报告、市场预测报告、审计报告、纳税检查报告,等等,真是千差万别,内容、写法、作用各不相同。但是,尽管形式多样,异彩纷呈,各具特色,可仔细追研起来,正如古人所说:"机变随物宜,妙道贯未然。"(《晋志·乐志下》)这就是说,一切事物虽然随机应变,未来情形难以预料,但是,掌握"妙道"这个奇异的客观规律以后,不管现实和未来都是可以理解、对付的,而且"入道(理解掌握客观规律)弥(越)深,所见(发现、了解)愈大(宽广)"(王充:《论衡》)。写作报告也是如此,只要掌握报告写作的基本规律,不管写哪种报告都不会离谱了。因此,本书在介绍每一文种时,力求阐明其写作基本规律。应用文同一般文章的显著区别就在于:它有必须共同遵守的固定格式,这种格式就是其写作基本规律的一种表现。古典诗词也有一定的规律,但是,与应用文相比较就不一样:第一,古典诗词的规律较琐碎,应用文的规律较完整;第二,古典诗词的格律较呆板,应用文的规律较灵活;第三,古典诗词的格律是追求音乐、形式的美,应用文的规律(这里指的是格式)必须与写作基本要求结合,为内容服务,为解决实际问题服务。然而又不能为这些规律所束缚,要像古人说的那样,做到"规矩而能出于规矩之外,变化不测而不背于规矩"(吕本中:《后村先生大全集·夏均父集序》)。关键之处在于:必须从实际出发,以解决实际问题为依据。据《宋史·岳飞传》记载,岳飞为宗泽下属时,宗泽很器重他,要他好好学习阵法,以便获得更多的战绩。岳飞说:"阵而后战,兵法之常;运用之妙,存乎一心。"其意思是:兵法的常规,是摆好阵势再开战,这是不应忽视的。但是,要把兵法运用得灵活巧妙,还要靠自己根据实际情况好好开动脑筋。应用文写作也应如此。因此,本书谈到写作方法、规律时,都尽量以实际情况为依据。这次本书出版的立足点主要也放在实际情况上,基本规律变动很少。当然,主观愿望是一回事,实际情况又是一回事。编写者的想法与实际情况很可能还存在很大差距,尚望读者和专家们多多指教。

  人类至今的一切活动,都是在前人实践经验积累的基础上,有所发明,有所创造,有所前进。特别是像财经应用文这种讲求格式的文体,更不能离开共同遵守的规矩而另搞一套。因此,本书在重新编写过程中参考了不少同类的著作和文献,但由于篇幅所限,未能一一注明,特此致歉致谢。在本书出版和再版过程中,衷心感谢立信会计出版社张立年同志所给予的热情帮助和支持。

文天谷

目 录

第一编 总 论

第一章 财经应用文概述 ········· 3
第一节 财经应用文的含义 ········· 3
第二节 财经应用文的特点 ········· 6
一、实用性(6) 二、程式性(7) 三、强制性(7) 四、针对性(7) 五、条理性(8) 六、专业性(8) 七、时效性(8) 八、信息性(9) 九、协调性(9)

第三节 财经应用文的作用 ········· 9
一、宣传教育作用(9) 二、联系沟通作用(10) 三、指导保证作用(10) 四、凭据参考作用(11)

第二章 财经应用文写作基础知识 ········· 12
第一节 财经应用文的观点 ········· 12
一、观点的含义(12) 二、观点的确立(13) 三、观点的要求(13) 四、观点的表达(15)

第二节 财经应用文的材料 ········· 18
一、材料的来源和类型(19) 二、材料的鉴别和选择(21) 三、材料的使用(22)

第三节 财经应用文的结构 ········· 24
一、安排结构的基本原则(25) 二、结构的基本要求(27) 三、结构的基本类型(30)

第四节 财经应用文的表达 ········· 33
一、表达方法(33) 二、表达工具——语言(36) 三、表达的辅

助工具——数字(43)

第五节 财经应用文写作基本要求 …………………… 51
一、提高政治思想水平(51) 二、提高业务素养(52) 三、提高思维能力(52) 四、养成调查研究的习惯(53)

第二编 财经日常文书

第三章 条据 …………………………………………… 57
第一节 说明条据 …………………………………… 58
一、便条(58) 二、留言条(59) 三、请假条(60)
第二节 凭证条据 …………………………………… 61
一、借条(61) 二、领条(62) 三、收条(63) 四、欠条(64) 五、发条(64)

第四章 书信 …………………………………………… 66
第一节 一般书信 …………………………………… 66
一、一般书信的构成要件(67) 二、一般书信的写作要求(72)
第二节 专用书信 …………………………………… 74
一、介绍信(75) 二、证明信(77) 三、推荐信(79) 四、感谢信(83) 五、慰问信(84) 六、祝贺信(87) 七、申请书(89) 八、倡议书(91) 九、聘请书(94)

第五章 启告文书 ……………………………………… 96
第一节 启事 ………………………………………… 96
第二节 声明 ………………………………………… 98
第三节 告白 ………………………………………… 100
第四节 广告 ………………………………………… 101
一、广告的分类(101) 二、商业广告的作用和特征(103) 三、商业广告的制作(105)
第五节 说明书 ……………………………………… 114

第三编 公 文

第六章 公文概述 ……………………………………… 121

第一节　公文的含义、特点和作用 …………………… 121
　一、公文的含义(121)　二、公文的特点(121)　三、公文的作用(124)

第二节　公文的种类 ………………………………………… 126
　一、按行文的方向分(126)　二、按公文的性质和作用分(126)
　三、按制发者的属性分(127)　四、按公文的来源分(127)　五、按发文的性质分(127)　六、按发送的目的分(128)七、按办理的时间要求分(128)　八、按机密的程度分(128)

第三节　公文的名称 ………………………………………… 128
　一、通用公文的名称(128)　二、专用公文的名称(130)

第四节　公文的格式 ………………………………………… 131
　一、标题(131)　二、受文机关(131)　三、正文(132)　四、附件(132)　五、发文机关、发文日期(132)　六、文件版头、发文字号(133)　七、机密等级、紧急程度(133)　八、附注(133)　九、主题词(133)

第五节　公文的处理 ………………………………………… 135
　一、发文处理和程序(135)　二、收文处理程序(137)

第六节　公文写作基本要求 ………………………………… 138
　一、实事求是,讲求实效(138)　二、依法办事,保证质量(139)
　三、按部就班,有条不紊(140)

第七章　财经常用法定公文 …………………………………… 142
　第一节　通知 ………………………………………………… 142
　　一、格式应讲究(142)　二、根据不同类型的通知,确定不同的写作重点和方式(143)

　第二节　通报 ………………………………………………… 146
　　一、通报的结构(147)　二、根据通报的不同内容、类型,确定不同的写作方式、方法(148)

　第三节　报告请示 …………………………………………… 152
　　一、报告(152)　二、请示(161)

　第四节　批复 ………………………………………………… 166

一、批复的结构(167)　二、写批复需注意的问题(167)
　第五节　函…………………………………………………… 169
　第六节　会议纪要…………………………………………… 171
　　　一、会议纪要的结构(171)　二、写会议纪要需注意的问题(172)

第八章　财经常用事务公文……………………………… 176
　第一节　简报………………………………………………… 176
　　　一、简报的含义和作用(176)　二、简报的特点(177)　三、简报的种类(178)　四、简报的格式(179)
　第二节　调查报告…………………………………………… 186
　　　一、调查报告的含义和作用(186)　二、调查报告的特点(188)
　　　三、调查报告的种类(189)　四、调查报告写作要点(192)
　第三节　计划………………………………………………… 198
　　　一、计划的含义和作用(198)　二、计划种类和写作要点(201)
　第四节　总结………………………………………………… 207
　　　一、总结的含义和作用(207)　二、总结种类和写作要点(209)
　第五节　规章制度…………………………………………… 215
　　　一、规章制度的含义和作用(215)　二、规章制度的种类(216)
　　　三、规章制度的写作要点(220)

第四编　财经专用文书

第九章　经济活动分析…………………………………… 237
　第一节　经济活动分析的含义和作用……………………… 237
　　　一、经济活动分析的含义(237)　二、经济活动分析的作用(237)
　第二节　经济活动分析的种类……………………………… 238
　　　一、按内容分(238)　二、按时间分(239)　三、按范围分(240)
　第三节　经济活动分析写作要点…………………………… 241
　　　一、经济活动分析的结构(241)　二、写经济活动需注意的问题(244)

第十章　市场预测………………………………………… 262

第一节　市场预测的含义和作用…………… 262
第二节　市场预测的种类…………………… 263
　一、按时间分(263)　二、按空间分(264)　三、按内容分(264)
　四、按方法分(264)　五、按范围分(265)
第三节　市场预测写作要点………………… 265
　一、市场预测的结构(265)　二、写市场预测报告需注意的问题(268)

第十一章　可行性报告……………………… 284
第一节　可行性报告的含义和作用………… 284
第二节　可行性报告的种类………………… 285
　一、按内容分(285)　二、按范围分(286)　三、按性质分(286)
第三节　可行性报告写作要点……………… 287
　一、可行性报告的结构(287)　二、写可行性报告需注意的问题(289)

第十二章　经济合同………………………… 296
第一节　经济合同的含义和作用…………… 296
第二节　经济合同的种类…………………… 298
第三节　经济合同的写作要点……………… 299
　一、经济合同的结构(299)　二、经济合同的格式(301)　三、写经济合同需注意的问题(303)

第十三章　经济论文………………………… 312
第一节　经济论文的含义、作用和特点 …… 312
　一、经济论文的含义(312)　二、经济论文的作用(312)　三、经济论文的特点(313)
第二节　经济论文的选题…………………… 315
　一、经济论文的选题含义(315)　二、经济论文的选题原则(315)
第三节　经济论文的材料…………………… 318
　一、材料的来源和种类(318)　二、材料的整理、分析和研究(318)

第四节　经济论文的写作……………………………………319
　　一、安排结构(319)　二、编写写作大纲(321)　三、展开论述(323)　四、锤炼语言(325)

第一编

总论

第一章 财经应用文概述

第一节 财经应用文的含义

　　财经应用文是应用文的一种。要了解财经应用文的含义,首先应了解应用文的含义。

　　什么叫应用文?《辞海》(修订本)给应用文下的定义是:"应用文指人们在日常生活、工作和学习中所应用的简易通俗文字,一般有固定的款式。包括书信、公文、契约单据等。"笔者觉得,上述定义还值得商榷:(1)"简易通俗"的文体,如顺口溜之类,不一定就是应用文;(2)如毛泽东主席的《湖南农民运动考察报告》,以及各级人民政府向人民代表大会所作的《政府工作报告》那样的应用文,就很难说是"简易通俗";(3)"人们"通常指普通人,实际上政府机关、社会团体、人民群众中无论高层或低层的人,无不使用应用文;(4)应用文的本质特征或基本功能是解决实际问题,定义中却避而未谈。

　　笔者认为,应用文的定义可以概括地表述如下:应用文是国家机关、企事业单位、社会团体、人民群众处理日常工作、生产、学习和生活中的公私事务所经常和普遍使用的一种文体。这种文体的特点,不但具有实用价值,而且具有某种法定或惯用的格式。

　　当然,我们研究问题不应从定义出发,而应从实际出发。给应用文下定义,就应从应用文的性质、特点、作用等实际出发。

　　应用文之所以叫应用文(又叫实用文),就因它有用,能解决实际问题,因而就同文学作品的非实用性区别开来了。当然,文学作品不是没有作用,但它那种供人欣赏、给人以美的享受,从而使人的心灵在潜移默化中得到净化的作用,显然与应用文解决迫切的实际问题是大不一样的。文学作品最忌的是公式化、概念化,虽然其中一些体裁也讲究一定的格律,但在内容上、语言上,甚至结构上、表现方法上却力主创新,反对模仿,反对千篇一律;而应用文则不然。为了不致发生歧义,便于共同理解、掌握和使用,公文还由国家规定了统一的格式,如书信、合同等也有约定俗成的惯用体式,甚至一些用语也有统一的规定。文学作品主要是由作家创作的,使用的对象相当有限,且创作一部作品,有时要花上几月、几年甚至几十年的时间。而应用文使用的对象、使用范围却异常广泛,上至国家领导机关、各级政府机构、企事业单位及其领导人员和办事人员,下至每个社会团体和每个公民,无论政治、法律、经济、军事或科技、教育、文化等领域,都经常普遍使用应用文,用以及时地解决工作、学习、生活中各种实际问题。正是根据这些情况,本书对应用文才提出了上面那种看法。

"应用文"这个名称,在宋朝就出现了。宋张侃在《拙轩集·跋陈后山再任教官谢启》说:"骈四俪六,特应用文耳。前辈直谓世间一种苛礼,过为谨细。"所谓"骈四俪六",指的是流行在六朝、初唐的一种两两相对的文体。这种文体常以四字、六字为句,相间成对,所以叫骈文。骈、俪都是相并、对偶的意思。那时的应用文,大都是用骈文写的。但应用文作为一种正式文体,还是清刘熙载肯定下来的。他在《艺概·文概》中说:"文有辞命一体……辞命体,推之即为一切应用之文。应用文有上行,有平行,有下行。"意思是说,按照辞命体的做法,推演开来,就可以写出各种应用文。"辞命"指的是古代各国之间的使者访问、交谈的言词。这种言词都要按君主命令的意思来讲,不能随意发言,可能事先都要拟好底稿。

事实上,应用文早在原始社会文字发明以后就出现了。恩格斯在《家庭、私有制和国家的起源》中指出:"从铁矿的冶炼开始,并由于文字的发明及应用于文献记录过渡到文明时代。"这就是说,人类发展到野蛮时代的高级阶段,随着文字的发明,就出现了应用文字。

我国古代也早已看到了恩格斯指出的那种现象。《周易·系辞》说:"上古结绳而治,后世圣人易之以书契,百官以治,万民以察,盖取诸夬。"什么叫"书契"?清孙诒让《周礼正义》注释说:"凡以文书为要约,或书于符券,或载于簿书,并谓之书契。"契约之类的文书凭证,就是古代的应用文。《周易》那段话中的"夬"(音:"怪"guài)就是决断、解决的意思。这就是说,书契就是"百官"、"万民"用来解决实际问题的应用文。《尚书·序》也说过类似的话:"古者伏羲氏之王天下也,始画八卦,造书契,以代结绳之政,由是文籍生焉。"《释文》解释说:"书者文字,契者,刻木而书(写)其侧。"契是古代用来在龟甲、兽骨上灼刻文字的刀具。所以,后来把甲骨文叫做"契文"。近来考古家发现五千多年前的陶器上也刻画了一些符号或简单的文字,这或许就是应用文的最原始的形态。三千多年前的甲骨文,是在陶文的基础上发展起来的已经相当成熟的文字,今天我们使用的不少汉字,都可以在其中找到它们的雏形。甲骨文记载的是商代有关政治、经济、文化、军事等占卜的记录,因此,也叫占卜文书。这已经是相当地道的应用文了,如:"王大令众人曰:协田!其受年。"意思是说,国王命令奴隶们共同努力耕田,争取获得一个好年成。这不就是公文中的"命令"吗!发展到据说是由孔子编选的《尚书》,就成了古代最早的一部文件汇编,其中绝大部分是当时流行的应用文。西周时期,我国已设有专门起草和管理政府应用文的官吏。《周礼·宰夫》:"掌百官府之征令,辨其八职……五曰府,掌官书以治藏;六曰史,掌官书以赞治也。"治藏,就是保管应用文;赞治,就是起草应用文。

随着时代的变迁、社会的发展,应用文的内容、形式、种类越来越丰富。在当今改革开放迅速发展、市场经济日益活跃的新形势下,应用文在交流思想、反映情况、传递信息、处理事务、贯彻方针政策、解决实际问题等方面,更成为不可缺少的重要工具。

应用文只是一个总名称,根据表达的方式以及使用的对象和范围的不同,可以分成若干不同的种类。从使用的对象和范围看,可以分为公、私两大类。公是用于解决国家、单位、团体等公众事务的文书;私是解决家庭、亲属、个人等私人事务的文书(日记、书信、函电、贺词、悼词、遗嘱、契约,以及用私人名义向公众提出的书表等,便属于私人文书)。公务文书又有通用、专用之分。计划、总结、调查报告、简报、公报、规章制度、函电、启事,以及报告、请示、通报、通知、批复等常用公文,便属于通用文书;具有专业性质的机关、团体为解决专业问题的文书,便是专用文书,如法律文书、军事文书、宣教文书等。必须注意的是:这种分类很粗疏,划分的界限也不十分严格,因而常常可以交互使用。如一些通用的文书用于专业上也可以成为专用文书,一些私人文书像书信之类用于公务也可成为公务文书。但是,各类文书毕竟各有特点,是不容互相混淆的。我们要学会各类文书的写作,就必须掌握它们各自不同的特点。

财经应用文就是一种专用文书,是以财经活动为主要内容的应用文,是反映财经情况、处理财经事务、研究并解决财经实际问题的一种具有特定格式的专业应用文体。财经应用文又可分为日常文书、常用公文、专用文书等几大类。

第二节 财经应用文的特点

财经应用文既是应用文的一种,它当然也同其他应用文一样,具有一些共同特点,即:实用性、程式性、强制性、针对性、条理性。

一、实用性

应用文是反映实际问题、解决实际问题的,必须从实际出发,实事求是。首先,反映的事实要有根有据,真实可靠;引用的数字,要丝毫不差,准确无误。文学作品也讲真实,但它追求的是艺术的真实,不是真人真事。因此,它完全可以虚构,并以虚构为主。而应用文则绝不允许无中生有,面壁虚构。内容真实可靠是解决实际问题的先决条件。其次,解决问题的办法,要有根有据,切实可行,实效可期。

二、程式性

所谓程式,就是有一定的比较固定的规格样式。这种程式是在长期的使用过程中逐渐形成的,此后就成为大家共同遵循的一种不能随意违反的习惯。正如孟子说的"不以规矩,不能成方圆"。但是,由于应用文的文种不同,格式也不完全一样。写作应用文,就要根据不同的文种,使用不同的格式,不能相互代替。

当然,应用文的程式,也不是一成不变的。随着社会的发展、时代的变革,有些早已摒弃不用,有些则有了不少改革。

三、强制性

以国家的政策、法规为指导的应用文,一经制定发出,谁也不能违反,违反了就受到相应的制裁。《尚书·周书》说:"慎乃出令,令出唯行。"所谓"唯行",就是坚决照办的意思,就是强制性,没有商量的余地,实行起来也不能打折扣。不仅是国家机关的行政公文和法律文书具有强制性,就是一个经济合同、一张婚约也必须按照规定要求执行,即使一封书信、说出去的一句话,也必须"言必信,行必果"。这就是应用文强制性的表现。文学作品则不带有强制性,而主要是让人们受感染。

四、针对性

应用文是解决实际问题的,必须具体准确、切实可行,绝不允许泛泛而谈。例如,生产中发现某些新产品质量不高,制订了《关于提高××产品质量问题规定》,针对该产品提出了提高产品质量的一些具体办法,要求有关部门认真执行。

针对性还表现在行文的对象也是确定的、具体的。应用文如报告、通知、信函等都有明确的发送对象。即使布告、广告、启事等，其对象的范围较大，但也有一定的选择性。而一般文章就没有明确的读者，谁都可以看，谁也可以不看。

五、条理性

为了准确无误地解决实际问题，应用文特别强调行文富有逻辑性。

所谓逻辑性，就是要注意整篇文章、整篇说话的结构，开头、中间、结尾要有一种有条有理、先后有序的关系，不要互不相干、互相冲突。

财经应用文除了与一般应用文具有上述共同性外，还有其独特的个性。主要表现为：专业性、时效性、信息性、协调性。

六、专业性

财经应用文，顾名思义，是在财经活动中反映、解决财经实际情况和问题的一种专用文体。因此，就有财经的专业性。

财经应用文的专业性，除了表现在因专业知识的运用而常常需要使用一些财经专业术语（如市场运行机制、经济杠杆等）外，更重要的是应按市场经济规律办事。财经文书应该是经济规律的一种表现、概括、运用。现在之所以特别重视数据的运用，就因为它是一种经济规律，就因为经济活动的质量往往表现在一定的数量中。所以，在多种经济活动中，数据总是处于核心的地位，不但处处需要用数据反映问题、说明情况，还要用数据来分析问题，找到解决问题的数据及其途径。

七、时效性

一切应用文都有明确的时限。而财经应用文的时效性显得更加重要、更加突出。随着市场经济体制的逐步建立，科学技术日新月异地发展，经济运动的节奏越来越快，许多情况瞬息万变、稍纵即逝。如果我们反应迟钝，不能"如影随形"，及时反映，及时解决，那就会在市场竞争中"贻误战机",败下阵来。在经济活动中,时效性就是适时的经济效益,必须高度重视。

八、信息性

人们常说:今天人类已进入信息时代。所谓信息,就是事物发展的消息、音讯、情报、资料的内容和意义的总称。应用文正是传递、储存、加工信息,以求解决实际问题的重要手段之一。现今信息最集中、反映最灵敏、影响最广泛的莫过于市场这个经济活动的大舞台。一个国家生产力和科学技术发展的程度,综合国力的强弱,人民生活水平的高低,往往可以从市场的发展变化中反映出来。因此,在财经应用文中反映各种财经信息是十分重要的。这是因为:经济管理没有准确的充分的经济信息,就不能作出正确的决策,无法及时安排生产;市场经济的特点是竞争,特别是我国加入世贸组织以后,市场更开放,竞争更激烈。企业、个人要想获得较大的经济效益,不但应该了解和熟悉国家制定的经济政策和法规,还要充分掌握和利用各方面甚至世界上的财经信息。

九、协调性

写作本是一种个体活动,但财经活动却常常涉及各个方面,各个部门需要互通声气、互相联系、互相协作,才能互利互惠。不少文书就需要协调一致。拟就经济合同、经济协议书如此,对一些涉及面广又较为重要的调查报告、可行性论证报告,更需多方联系、共同讨论,绝不能"闭门造车",独断定论。

第三节 财经应用文的作用

财经应用文的作用,可以归纳成以下几点:

一、宣传教育作用

我国的财经工作,都是根据党和国家的方针、政策、法律、法规进行的,即便是私营经济、外资企业,也必须遵守国家的政策法令。

只有按照国家的政策、法规办事,才能很好地解决各种实际问题。因为,我们国家制定有关经济活动的各项政策、法规,就是以应用文为工具的。应用文自然也就具有传达、贯彻党和国家的政策、法规,教育广大干部、群众自觉遵守政策、法规的职能。

宣传、教育不只是上对下的事,下对上也可以起到宣传、教育的作用。

经济建设成败的根本标志是经济效益的高低。提高经济效益的关键又在于生产效率和科学技术水平的提高。科学技术水平和生产效率的提高,根本的途径还在于教育(宣传也是一种教育)的发展和劳动者素质的提高。财经应用文可以运用各种不同的方式发挥宣传教育的作用。或推广新的科技,或介绍先进经验,或表彰进步,或抨击落后……就是在处理一些具体事务上,表明支持什么、反对什么,也莫不可以起到宣传教育的作用。

二、联系沟通作用

社会主义的生产是先进的社会化大生产,社会主义的市场是统一的大市场,是同世界市场密切联系的开放市场。为此,社会主义市场经济必须在加强与各个方面的联系和协作中求得快速发展。不管是国与国、地区与地区、单位与单位、上级与下级、个人与个人之间,在交流思想、交流经验、传递信息、处理业务等方面,都需要财经应用文这座桥梁,把彼此联结起来,协调关系,寻找对策,求得问题的解决,推动工作的开展。

三、指导保证作用

不仅是有关国家财经政策、法规的应用文,就是一些规章制度和经济合同等一般应用文,也都具有指导行动和规范行为的作用。

一个企业不论是在生产还是在流通、分配过程中,要保证工作的顺利进行,都非使用财经应用文不可。比如,建一个新工程,事先就要进行深入的调查研究,准确论证其可行性,写出可行性研究报告。报告通过后,再制订出开工计划。根据计划再制订出各种具体措施或规定,逐步加以实施。再如,为了推销某种产品,首先就要对市场作深入的调查,写出市场调查报告。接着还要制发广告,进行宣传,并与有关单位签订销售合同。最后,销售完了还要总结经验、教训,以供下一次推销时借鉴。总之,为了指导、监督、保证企业生产经营的有效开展,无论在哪个环节,都需要使用财经应用文。

四、凭据参考作用

财经应用文既然是指导、监督、保证财经活动顺利开展、经济效益日益提高的一种工具,当然也是解决经济实际问题的一种依据。如上级发来的指示、会议上作出的决定、规章制度的各项条款等,有关单位和人员都要根据它们的规定去安排工作、处理问题。工作完成的好坏,也要以有关文件的规定进行检查、考核、总结。至于当事人双方签订的协议书、合同等,本来就是作为文字凭证而签订的。在执行中如果违背了规定,就可以拿出原订文书追究责任。

《战国策·赵策》说:"前事之不忘,后事之师。"财经应用文虽然是解决现实问题的,但在解决问题的过程中,却积累了大量正面或反面经验,值得有关部门和人员借鉴。既可以作为今后改进工作、发展生产甚至制定方针、政策、法规的参考,也可以作为培育下一代人的宝贵材料。

第二章 财经应用文写作基础知识

第一节 财经应用文的观点

一、观点的含义

财经应用文既是解决实际问题的,那就必须表明当事人对待问题或事物的看法、态度,拿出当事人解决问题的主张。这种看法、态度、主张(意见、要求、办法等都是一种主张)就是观点。

财经应用文的观点同一般文章的主题中心思想或中心论点是相近的。但彼此之间仍有区别。文学作品的主题不是直接表现的,而是通过艺术形象来表现的。正如恩格斯所说:"作者的观点愈隐蔽,对于艺术作品就愈加好些。"(《恩格斯给哈克奈斯的信》)一般论说文虽有明确的观点,但主要是论述、论证某种道理、事理,而不强调解决实际问题。财经应用文既要讲"理",更要解决实际问题,而不是用抽象的议论来论理。

财经应用文的观点,往往不止一个,有主从、大小之分。主要的观点是全文的基本观点,是全文的中心、统帅和灵魂。从属的观点,是用来说明基本观点的,需服从和服务于主要的观点。而从属观点之间,既互相联系,又相对独立,不能互相矛盾、排斥,也不能互相交叉、代替。

有人认为,经济文书的主旨(即主要观点)分思想型、信息型两种。前者有观点,后者无观点。如商品说明书,就没什么思想观点。其实,任何信息、说明书,如果不实事求是地说明其价值作用,岂不是一张废纸,甚至是有害的东西吗?

二、观点的确立

毛泽东主席在《人的正确思想是从哪里来的?》中指出:"人的正确思想只能从社会实践中来。"财经应用文的观点,只能从经济活动中来,从分析研究经济活动的实际材料中来。党和政府的经济建设的方针、路线、政策和法规,既是从经济建设实践中总结出来的,又是经济建设发展的指导和保证。因此,财经应用文的观点,还必须以党和政府的政策为依据。

经济活动的范围极其广阔,地区之间、部门之间、单位之间、个人之间情况各异,财经应用文要解决实际问题,就必须根据不同的具体情况、具体目的、具体角度,同时,还要与有关单位、人员共同商议、讨论来确定合适的观点。

确定观点的过程,就是思维发展的过程。只有按思维的规律来全面、深入的分析研究客观事物,才能获得反映事物本质的观点。

三、观点的要求

财经应用文能不能很好解决实际问题,主要就看它的观点是否符合要求。这些要求综合起来,有以下几点:

(一)正确无误

财经应用文不仅要有观点,而且观点必须正确。否则,不但不能解决问题,反而会产生错误,给经济带来严重损失。

什么样的观点才是正确的呢?邓小平1992年初的南方谈话提出:是否有利于发展社会主义的生产力,是否有利于增强社会主义国家的综合国力,是否有利于提高人民的生活水平,是我们今天判断各方面工作的是非得失的标准。财经应用文的观点也必须符合这个标准,才能正确无误。

具体地说,财经济应用文的观点,必须符合社会主义经济的基本规律,符合国家和人民的利益,符合党和政府的路线、方针、政策、法规。

正确的观点,是正确思想的集中表现。因此,只有提高思想政治水平,深入实践,反复分析研究,才能获得正确的观点。

(二)切合实际

不言而喻,只有切合实际的观点,才能解决实际问题。

实际不是一成不变的,特别是今天的市场经济一直是"变动不居"的,每时每刻形势都有所不同,新情况、新事物、新问题不断出现,如果我们只看到昨天的实际,看不到或忽视今天的实际,弄不清明天的实际,"固步自封"、"抱残守缺",在竞争中就必然失败。因此,只有解放思想,实事求是,才能真正切合实际。

实际不仅仅是指过去和现在已经存在的事实,还包括这些事实的发展趋势。只有掌握事物变化发展的规律,走在事物的前头,提出"瞻前顾后"的观点,才能真正切合实际,起到一定的指导作用。

就是各地区、各部门、各单位甚至每个人的本身的实际也是各不相同,经常在变的。切合别人实际的观点,未必就是切合本身实际的观点。那种照搬照抄照转的"官样文章",看似也有所根据,实际上是不负责任的"衙门作风",必须坚决反对。

(三)全面深刻

任何事物和问题都不是孤立存在的,都与其他事物有千丝万缕的联系。因此,在解决问题和提出意见、办法的时候,决不能把问题孤立起来,割断与周围其他有关事物的联系,而必须照顾上下左右,全面地加以考虑。

就是一个具体问题、具体事物的本身,也不是很单纯的,既有它的现状,也有它的历史与未来;既有它的正面,也有它的反面;既有它的较易看清的表面,也有难以揭示的"内幕"……不把这些都看清楚、弄明白就匆忙地作出结论,或者肯定一切,或者否定一切,那就必然陷于片面性的泥淖,更不要说切实地解决问题了。

强调全面性,并不是要求面面俱到,而是要求我们的观点应在全面研究事物和问题后提出。只有全面地研究了问题,才能弄清问题的症结所在,把握住重点,找到解决问题的关键。只有经过全面地了解、研究,也才能深入事物的内部,抓住事物的特点和本质,获得有规律性的东西。由此形成的观点,不仅是全面的,而且是深刻的。

四、观点的表达

观点不错,但表达不好,仍然不能很好地解决问题。因此,财经应用文必须注意观点的表达。

(一)准确

1. 概念必须准确。过去我国全民所有制的企业都叫"国营企业",中共十四大决定转换大中型"国营企业"经营机制,使企业真正成为自主经营、自负盈亏、自我发展、自我约束的法人实体,便决定政企分开,企业再也不是"国营"了,但所有权仍归国家,所以,改称"国有企业"。为了使概念更加符合逻辑性,还要注意概念的外延不能太大。比如,上面谈到的"使企业真正成为自主经营、自负盈亏、自我发展、自我约束的法人实体"这一句,"法人实体"这个概念的外延非常广泛,现在在它前面加了四句话加以限制,就把转换经营机制后的国有企业的性质、职责、能力规定得非常明确。

2. 判断必须正确。比如,江泽民总书记在中共十四大报告中说:"我们必须把教育摆在优先发展的战略地位,努力提高全民族的思想道德和科学文化水平,这是实现我国现代化的根本大计。""把教育摆在优先发展的战略地位"这个判断十分准确。"振兴经济首先要振兴科技",因为"科学技术是第一生产力",而科学技术又从哪里来呢?从根本上说,取决于提高劳动者的素质,培养大批人才。除了依靠教育,再无别路可走。世界发达国家的经济之所以发展到今天的地步,就是因为他们首先大力发展了教育。就是我国一些先进地区的经验也证明了"治穷先治愚,治愚抓教育"、"教育越发展,经济越繁荣"的真理。因此,党中央就提出了"科教兴国"的伟大号召。

3. 必须作出一个明确的结论。这种结论,往往由一个已知的判断(前提),推出新的判断(结论),这就叫推理。如果推理的前提错了,推理的结论自然也错了。比如,有人对我国建立社会主义市场经济体制不同意,理由是:市场经济是资本主义国家的经济,我国搞市场经济,我国也就变成了资本主义。其实,市场经济是社会化大生产的产物,凡是存在社会化大生产的地方,就必然出现市场经济。社会主义与资本主义的生产都是社会化的大生产,当然都有市场经济。判断一个社会的性质,不是看它搞什么经济体制,而是看它是什么样的所有制。资本主义是私有制,它搞市场经济仍然是私有制。我国搞市场经济仍然以公有制为主体,所以叫社会主义市场经济。

观点的准确,从根本上说,取决于思想认识的正确。思想认识不正确,不管写作技巧有多高,观点也准确不了。当然,实际情况掌握得是否全面、深入,也直接影响到观点的准确。

(二) 鲜明

鲜明就是把观点表现得十分明确、显豁,而不是模模糊糊、模棱两可。

毛泽东主席在《对晋绥日报编辑人员的谈话》中说:"我们必须坚持真理,而真理必须旗帜鲜明……我们党所进行的一切宣传工作,都应当是生动的、鲜明的、尖锐的,毫不吞吞吐吐。""用钝刀子割肉,是半天也割不出血来的。"如果财经应用文的观点,"吞吞吐吐","言词闪烁",那就什么问题也不能解决。

文艺作品和理论著作,虽然也要求具有鲜明性,但与财经应用文要求的鲜明性是不一样的。文学作品的鲜明性是指艺术形象的鲜明性,至于它的思想观点则包含在形象之中,决不明白、显著地表达出来。理论著作的鲜明性,也要求旗帜鲜明地表明自己的态度和主张,反对什么,赞成什么,讲得明明白白,没有丝毫含混之处。但为了更好地说服对方,往往使用"曲笔",经过多方启发诱导后,"水到渠成"地亮出它的观点。然而财经应用文始终是用"直笔",决不转弯抹角,一开始就接触"问题的实质","开门见山"地把观点摆出来,给人以"先入为主"的印象。当然,财经应用文的观点也有放在结尾部分的。但解决具体问题的财经应用文,为了给人以鲜明的印象,其基本观点大多是一开始就提出来的。

(三) 集中

任何事物,只有集中起来,才具有强大的力量。财经应用文的观点也必须具有集中性,才能把问题解决得比较深透。集中,主要是指全篇内容都要为写作目的服务,不能离开写作目的去做文章。比如,目的在提高企业的经济效益,全篇文章就只能紧紧围绕这个中心行文,而不能去谈什么企业过去获得了多大的成绩,今后又会有多大的发展,等等。基本观点只有一个,不能有好几个,以致形成多中心(多中心实际是无中心),什么问题都想解决,结果什么问题也不能解决。又如,提高企业经济效益,涉及增加投入、提高劳动生产率、改善经营管理等许多问题,在一篇文书里很难全面加以解决。只能根据这个企业的具体情况,抓住其中的关键问题来解决。观点不集中,不外乎三个原因:(1)对所写问题了解得还不清楚、不深刻,把握不住问题的实质和重点。写起来老怕说不清楚,于是东也说说,西也讲讲,始终理不出一个头绪。(2)对基本观点无关的材料十分爱惜,总觉得它来之不易,也很重要,怎么也不忍抛弃,于是不加选择地都塞进文书里,结果就弄得旁生枝节,庞杂零乱,喧宾夺主,离题万里。(3)为了照顾各方面的要求,生怕不全面,于是"面面俱到"。如总结经验教训,就把成绩、缺点,不管轻重大小,堆积如山,使人目迷五色,良莠不分。

第二节 财经应用文的材料

凡是用来确立、阐述、证明观点的客观事物、现象、数据、观念等，都叫材料。材料是财经应用文的基础，没有材料根本就写不出任何文章。"巧妇难为无米之炊"，说的就是这个道理。财经应用文是为了表达一定的观点才写作的，而材料是形成观点、表达观点的基础和依据。不但写进应用文中的直接为表现观点服务的事实、情况、理论等，叫做材料，就是那些撰写者原来搜集、摄取和积累而并未写入文中的各种现实情由，它们在确立观点过程中也起过一定的作用，也可以叫作材料。不过，一般则把这种材料叫做素材或原始材料。

有人主张，应把材料改称信息。其实这得看从什么角度来讲。如果从整个物质世界的三大基本要素（材料、能量、信息）来说，材料与信息是不同的两种要素。不能混为一谈。如果就文章的写作来说，文章就是信息的载体，就是传达人们从客观事物那里获得来的信息，而这些信息就是通过文章的材料传达出来的。可以说，材料就是信息。但文章中所传达出来的信息，不一定就是事物的客观信息，而是经过写作者挑选、分析、理解的信息，带有很大的主观性。同一信息，比如某个商品价值，对于不同的接受者，甚至同一个接受者因为时间、场合的不同，往往就有不同的看法，传达出不同的信息。

确切地说，信息和材料是密切联系在一起的。财经应用文的写作就是要求通过真实的材料，传达出正确的、高质量的信息，达到提高经济效益的目的。财经应用文对材料的处理，既不像文学作品那样需要艺术的加工，也不像论说文那样需要深入的剖析评论，主要是让事实说话，以可靠的材料说明正确的观点（在这里，观点也就是最主要的信息）。

一、材料的来源和类型

（一）客观性材料和主观性材料

前面说过，材料本身就包含客观性和主观性两种成分。客观性材料就是客观存在的具体事物、情况，或者是书籍报刊中记载的具体事实，如经济活动，经济事件，统计数字等。主观性材料并不是头脑中想出的东西，而是来源于社会实践，在实践中获得并经过实践验证的观念，如科学原理，定义，观点，结论，格言，谚语等。

（二）历史材料和现实材料

任何事物都是一个过程，都要经历发生、发展以至最后结局的历史。要了解一件事物，就得了解它的整个过程。反映事物过去情况发生、变化情况的材料，就是历史材料；反映事物现状和结果的材料，就是现实材料。所谓历史与现实也是具有相对性的。历史是现实的前身，现在的历史材料曾经也是现实材料；现实是历史的继续，当前的现实材料，过一段时间也会成为历史材料。要深刻地认识一个事物，就必须把现实的材料和历史的材料结合起来，了解事物的全过程，经过分析比较找到解决问题的关键。

（三）综合材料和个别材料

个别材料（有的又叫点的材料）是反映具体事实的单个材料，但它不是孤立的只反映个别情况的材料，而是具有代表性的能反映事物本质的材料。把一些同类的个别材料加以集中、归纳，从而反映出事物整体概况的材料叫做综合材料（有的又叫面的材料）。通常用综合材料来反映事物的广度，因为它有较强的概括性；用个别材料来反映事物的深度，因为它有较强的典型性。两种材料结合（点面结合）在一起，既有广度，又有深度，问题解决得也就更透彻。

（四）正面材料和反面材料

任何事物都有正反两个方面。要想对一个事物有全面的了解，就必须了解、分析它的正面和反面的材料。在对一件工作进行总结时,既要肯定成绩,又要看到缺点,在指出一件工作存在的问题时,也要看到解决问题的有利条件。不仅如此,正面与反面集中在一起,还可以起到"相反相成"的作用。正如《左传·昭公二十年》晏子谈到音乐时所说:"清浊、大小、短长、疾徐、哀乐、刚柔、高下、出入、周(密)疏,以相济(互相配合、调节)也。"如果不是这样用辩证的眼光对待事物,就必然出现片面性和简单化的毛病,给工作带来损失。但是正面和反面也不是一成不变的,有时由于情况的变化或各人看法不同,正面可以变成反面,反面也可以变成正面。

(五)直接的材料和间接的材料

直接材料又叫第一手材料,是写作者亲自实践所获得的材料,它最切实,最具体,最生动,最可信,也最有说服力。间接材料又叫转手材料,是别人提供的,或是写作者从现成的材料(如书籍、报刊、文件、表报等)中获取的材料。人不能事事都能亲身实践,吸取别人实践成果也可以增长自己的见识,弥补自己的不足。因此,也要善于利用转手的材料。

了解了材料的类型和来源,也就懂得了获取材料的渠道和方式。获取材料的渠道和方式是多种多样的,应该根据写作的需要,灵活地、多方面地去搜集各种有关材料。列宁在《统计学和社会学》中指出:"在社会现象方面,没有比胡乱抽一些个别事实和玩弄实例更普遍、更站不住脚的方法了。罗列一般例子是毫不费劲的,但这是没有任何意义的或者起完全相反的作用,因为在具体的历史情况下,一切事情都有它个别情况。如果从事实的全部总和,从事实的联系去掌握事实,那末,事实不仅是胜于雄辩的东西,而且是证据确凿的东西。如果不是从全部总和,而是臆断的和随便挑出的,那末事实就只能是一种儿戏,或者连儿戏都不如。"事实的总和,正是从综合分析上述大量的各种材料中获得的。材料的搜集,不仅要全面、量大,而且要艰苦深入,由表及里,只有由上到下深入基层,深入群众,才能获得切实可靠、生动、鲜活的东西。搜集材料还要靠平时多下功夫,长期积累,勤作笔记,绝不能只靠"临时抱佛脚"来解决问题。鲁迅说:"无论什么事,如果说继续收集材料,积之十年,总可成一学者。"更何况写一篇好应用文呢!上述各种类型的材料,在一篇应用文中,虽然不一定样样俱全,但在搜集材料的时候,却应该"面面俱到"地加以搜集,而且是越多越好。当然不一定全都要写进文书里。然而,只有如此,写作时才能全面地了解事实的真相,才能确立和论证正确的观点,才可能"百里挑一",达到"精益求精"的要求。教书的人有句格言:"你要给学生一碗水,就得准备一桶水。"写作也是如此。马克思写《资本论》,参阅、搜集了一千多种书刊资料。列宁谈到《资本论》的创作时指出:"《资本论》不是别的,正是'把堆积如山的实际材料总结为几点概括的、彼此紧相联系的思想'。"

二、材料的鉴别和选择

材料搜集到手以后,还要经过去粗取精,去伪存真,由此及彼,由表及里的改造制作工夫,才能使用到应用文中去。

"去粗取精,去伪存真,由此及彼,由表及里"是全面认识事物、反映事物本质,了解事物客观规律的科学方法的精髓,也是鉴别和选择材料的必须遵循的根本途径。材料的鉴别和选择,就是要求坚决去掉"假冒伪劣"的货色,选取真实、精确的材料。

所谓真实、精确,不仅是指实实在在的事实、情况,而且是指能反映事物本质的、能说明观点的、没有杂质的典型材料(就像俗话说的那样:"宁吃鲜桃一口,不吃烂杏一筐")。

如何才能辨别材料的真伪、精粗呢?(1)看材料的来源是否可靠,不光是间接的材料要了解它的提供者的可靠程度,就是亲自获得的直接材料,也要认真查对,既不能轻信别人,也不能轻信自己,一切都要建立在科学的基础上。(2)就材料的本身,寻找多方面的印证。俗话说:"不怕不识货,就怕货比货。"比较是医治幼稚、愚昧的有效的方法。(3)端正思想方法,运用辩证的观点,联系、发展地看问题,反对形而上学,静止、片面、孤立地看问题。鉴别的过程,也就是选择的过程。经过严格鉴别,也就容易选取到真实的、典型的、新颖的、能表现观点的材料,为材料的使用打下良好的基础。

三、材料的使用

材料的好坏,固然是应用文一般首先应该解决的问题。但有了好材料,不一定就能写出好的应用文,还看材料使用得好不好。一般说,在材料的使用上应注意以下几个问题:

(一)材料与观点相统一

财经应用文的观点是全文的灵魂,材料则是全文的血肉。观点是从对材料的分析、归纳中形成、确立的,观点确立后,又需要材料来加以说明、证实。因此,财经应用文的观点与材料必须紧密地联系在一起、融合在一起,始终保持两者的同一性。既不能使两者脱节,更不能使两者互相矛盾。不仅如此,材料与观点涉及的范围也要相适应。既不能材料大、观点小,使观点统帅不了材料,使材料说明不了观点,更应注意材料与观点不能仅求形式上的比附,而应从实质上加强两者的融合。

比如,一个企业原来是个亏损户,现在扭亏为盈了,这是为什么呢?经过调查研究,写作者得出一个结论(观点),那就是企业花大力气增强了自身的活力。从什么地方证明该单位增强了企业活力呢?那就必须选择和使用能表明增强活力的一些材料,比如,提高了科学技术水平、改善了经营管理、发挥了职工的积极性和创造性等材料。这些材料,不管哪一种,不用多说,可以看出是与企业活力的增强密切相关的。反之,不管这个企业搞什么生产,都必然会产生亏损的后果。

(二)明于取舍

选取出来的材料,一般地说,大都可以用上。但为了达到一定的写作目的,常常还要进一步的筛选。就是再选上的,也要予以适当的剪裁,这就是写作上所说的取舍。所谓"取"就是拿来使用;所谓"舍",就是弃而不用。"取"也可以取其全部,也可以取其一部或某一点;"舍"也是如此。取舍得是否恰当,往往影响到文章的成功与失败。俄国大文豪托尔斯泰说:"写作艺术之所以好,并不在于知道要写什么,而是在于知道不需要写什么。"契诃夫讲得更深刻:"要知道大理石上刻出人脸来,无非是把这块石头上不是脸的地方都剔掉罢了。"法国艺术家罗丹也说过类似的话。可是,有的人写作的最大毛病,就是总觉得这些材料来之不易,常常不忍"割爱",结果不但使文章冗长芜杂,而且掩盖了本应突出的那些观点。

材料取舍的最根本的标准,就是服从观点的需要。能充分说明观点的就要,不能说明观点的就不要,哪部分能说明观点就要哪部分,哪一点能说明观点就要哪一点。能说明观点的材料,不在于多而在于精,即必须是具有代表性的、能充分表现事物本质的、说服力最强的材料。除此之外,还要考虑:(1)行文的目的。比如,同是工作总结,如果是对一定时期工作的全面回顾,那就必须把有关成绩、缺点、经验、教训等各方面的材料都要全面地加以归纳整理。如果只是为了交流经验,那就取那些带有指导意义的有关成绩、经验的材料。至于缺点、教训方面的材料就可以不用或少用。(2)文书的性质、特点。文书的性质特点不同,使用材料的要求也不同。比如,作为报请性、录存性一类的文书(报告、请示、调查报告、总结、市场预测等),为了能说明情况和问题,就需要选取大量具体实在的、有说服力的材料。但如指导性的文件(命令、决定、指示、批复等),都是在研究了大量的材料而明确了观点以后写出来的,在写作时就不需要再直接引用那些材料,只要把观点说清楚就行了。如计划、章程、条例、合同等文书,只需要讲请具体的要求、规定,而不必使用具体的现实材料。(3)阅读的对象。文章、文书都是写给别人看的,就应为阅读对象着想。对方已经清楚或不需要的,就不写或少写,对方不清楚或需要的材料,就多写。比如,向上级作报告,就要尽量反映上级需要了解的情况,而不要写那些上级不需要或已熟知的情况和问题,更不能大摆一些政策性的大道理。上级对下级所作的指示,也不需要写下级存在的那些具体情况,而应着重阐明方针、政策,提出必须切实实行的意见、措施。

(三)详略得当

应用文贵在简洁。但所谓简洁,并不是一味追求简略,而是说要准确恰当,没有多余的材料或不必要的文字。清代学者魏际瑞说:"切到精详,连篇亦谓之简。"清代戏剧家李渔说:"多而不觉其多者,多则是洁。"这就是说,只要是解决实际问题需要的东西,能充分说明观点的东西,越多越详越好。在这种情形下,多也是洁,详也是简。相反的,对解决实际问题,没有帮助的东西,不能说明观点的东西,哪怕它本身确有价值,写到文书中,就是用一两句话,甚至是一两个字,也是废话,也算不简洁。

财经应用文材料的详与略,完全随情况、需要而定。作为主要论据的材料就应当详细些,作为辅佐性的材料就应当简略些,这样才能突出重点。说明现实问题的、新观点的材料应详写,说明历史性的、过时的见解则应略写。读者对象不了解的或特别需要了解的就详写,反之就略写。

但应特别指出:财经应用文一般最易犯的毛病是冗长,动不动就是几千字,真正打中要害的东西却很少。毛泽东主席在《反对党八股》中批评的"懒婆娘的裹脚,又长又臭"的缺点,一定要尽力避免、纠正。

第三节　财经应用文的结构

有了观点,有了材料,财经应用文也就有了内容,但这只是解决了"写什么"的问题。进一步还必须解决"如何写"的问题,也就是财经应用文的表现形式的问题。所谓表现形式,首先要解决组织结构的问题,其次要解决运用语言反映内容的方法和手段。

所谓组织结构,一般简称结构,就是把观点和材料组织成为一个有机的整体,也就是文章的内部构造。观点好比人的灵魂,材料好比人的血肉,而结构则好比人的骨架。没有灵魂、血肉,当然不成其为人,但没有骨架,灵魂、血肉也无所依托,也不成其为人;没有完整的骨架,也不成其为一个正常、健康的人。具体到文章上说,观点是解决"言之有理"的问题,材料是解决"言之有物"的问题,结构则是解决"言之有序"的问题,后面谈的语言,则是解决"言之有文"的问题。

为什么叫做"结构"呢?这是拿建筑来作比喻的。其实质就是把确定了的观点、选取出来的材料的各个部分、各种因素,组织成为一个和谐的整体,使全部内容准确而鲜明地表现出来。这就要求结构必须做到:首尾完整,前后一贯,条理清晰,重点突出。

一、安排结构的基本原则

(一)正确反映事物的规律和内在联系

财经应用文要解决经济活动中的实际问题,就必须按经济活动中的客观规律办事。财经应用文的结构就要根据这种规律和内部联系来加以安排。比如,要解决一个企业亏损的问题,首先就应弄清:从什么时候开始亏损的;亏损的原因是什么,哪个是主要原因,哪个是次要原因,哪些是主观原因,哪些是客观原因;曾经采取过什么措施,这些措施为什么都没什么效果……接着加以分析,找出亏损的根本原因,然后针对这些原因,根据主客观条件,找出切实可行的解决办法。这一过程就反映了那个企业的客观规律。按照这个规律来安排结构,可以大至确定为以下几个部分:(1)企业亏损的情况。(2)企业亏损的原因(分清主次)。(3)解决亏损的必要性和可能性。(4)解决亏损的具体措施。这几部分联系都很紧密,缺少任何一部分,问题都无法解决。这样的安排正如毛泽东主席在《反对党八股》中所指出的那样：一切文章特别是带有指导性的实用文章所应遵循的客观规律，即首先需要"提出一个什么问题，接着加以分析，然后综合起来，指明问题的性质，给以解决的办法"。相反的，那种罗列现象，如开中药铺、按照事物外部标志来分类、不按事物内部联系来分类的形式主义的办法，就违背了事物客观规律，不能解决任何实际问题。

（二）服从、服务于基本观点

结构的问题，无非是安排开头结尾、先后次序、层次段落、衔接照应等问题。这些问题的处理都要以观点特别是基本观点的需要为转移。如果离开了基本观点，轻重、大小、远近、详略等的确定，就完全没有了依据，全篇内容也无法统一起来。

同是调查报告，如果是反映典型经验的调查报告，就应围绕反映典型经验的基本观点来安排结构，把那些最能说明基本观点的东西放在突出的地位，详细地加以说明。与基本观点关系不太密切，但也能从一个侧面说明基本观点，则放在次要地位，概括地、简略地写。至于存在的问题或缺点，只要无损于经验的成立，就可以一笔带过，甚至完全不提。如果是揭露问题的调查报告，尽管也有一二可取的经验，也可置之不顾，而把揭示问题实质的东西摆在突出的地位，详细、具体地写出来，以便能真正接受教训，纠正错误。就是进行全面总结的工作报告，基本观点也是有所侧重的，如果成绩为主，那就要先写成绩，而且把成绩写够，然后再写存在问题和今后努力方向（写得也要简明些、扼要些）。就是结构形式的选择，比如，是先总说后分说，还是先分说后总说，也要以基本观点的需要来决定。

（三）适应文体的特点

反映不同的事物，解决不同的问题，需要不同的文体。不同文体在反映事物和思想认识问题的角度、容量、表现等也各有不同的特点。财经应用文以解决实际问题为主，因此，大多数都按提出问题、分析问题、解决问题的步骤来安排结构,分为引论(前言)、分论、结论三部分。为了说明、论证观点,往往引用一些具体事实,这些事实的叙述,通常都按事物的发生、发展的自然顺序来安排;而观点的说明、论述,则按事物的内部联系来安排。

财经应用文是多种多样的,结构形式也随之各有不同的特点。有关计划、预算等文体,一般分为编制说明、数字表格两部分。编制说明则多按问题的大小,分项并列。规章制度等条文式的文体,大多分项并列,但往往还分为总则、分则、附则等部分。

财经应用文的格式,主要表现在不同的结构上。掌握了不同的结构形式,也就掌握了不同的格式(与结构相适应,用语也往往有不同的要求,这也属于格式的一部分)。从表面看来,这种格式是一种僵化的程式,是一种八股调,是一般文章所竭力反对的东西。实际上这是一种误解。应用文的程式,正是为了解决不同问题的需要,而采取不同的方式。正是这些不同的方式,才显示了不同文体的特点,这与八股文的千篇一律截然不同。

当然,如果不从内容而从形式出发,财经应用文也有可能写成八股文。比如,写工作总结,不管总结的重点,只是按一般的老套,先写情况,再写成绩和存在问题、体会,最后写努力方向,而且成绩、问题并列,分量也差不了多少。在总结取得成绩的原因时,总是那么几条:(1)上级的正确领导。(2)本单位措施的得力。(3)群众的积极努力。不管用到哪里都合适。这不是八股又是什么?这能怪结构的"程式化"吗?不能。只能怪写作者没有深入实际,没有掌握事物的特点,没有抓住问题的实质,而只是在形式上兜圈子。

二、结构的基本要求

(一)完整性

财经应用文安排结构的目的,是要把全部内容组织成为有机的整体,自然就要求文书的结构具有完整性。

如何才能使财经应用文具有完整性？

1. 各个部分既不能各自孤立，更不能互相矛盾，而要密切地联系在一起共同为阐明基本观点服务。

2. 应该具有的结构环节要相对齐备，不能无故残缺。如公文，除了标题、正文而外，还有编号、主送单位、抄送单位、附件、发文日期、急密程度等结构形式，一般都不能缺少。在行文中，更应随时注意结构的完整，如有了第一，就应有第二、第三；有了"首先"，应有"其次"。否则，就会残缺不全，影响问题的解决。

3. 各个部分的地位、分量要适当。古人要求文章的结构，开头应如"凤头"，一上来就引起读者的注意，而且点明题意，但不能太多；中间应如"猪肚"，饱满、充实，富有营养，而不是干瘪、苍白，没有什么实在的内容，这就需要写得详细、充分；结尾应如"豹尾"，不但简洁有力，毫不拖沓，而且给人启发，耐人寻味。财经应用文也应尽量做到轻重合理，疏密得当，使全篇文书匀称和谐，而不能头重脚轻，尾大不掉，主次不分，喧宾夺主。

(二) 条理性

财经应用文要保证问题的解决，就应该有明晰的条理性，而不能东一锄头西一斧子，想到哪里写到哪里，弄得像乱麻一团，理不出个头绪来。财经应用文的条理性如何才能实现呢？

1. 要有清晰的思路。这种思路表现在文书里，就是所谓的"文脉"或"脉络"。即如人身上的血脉和经络一样，它起自哪里，走向哪里，中间经过些什么地方，起到什么作用，最后达到什么地方，获得什么结果，都要有条不紊，轨迹分明，一以贯之，一气呵成。决不能中途断裂，或者像"断线的珠子"，泼到地下的水，乱滚乱流，不知所终。比如，在一篇打开产品销路的文书中，事先就应对产品原来销售的情况有一个清楚、全面的了解，准确地找到销路不畅的各种原因，然后对症下药地找到解决的办法。在解决问题的时候，又要明确解决的重点和步骤，先解决什么，后解决什么，解决过程中应注意什么,都要弄得清清楚楚。提笔时,就要按照这个思路写下去,说透一层再说一层,一层接一层地连贯地写下去,写到问题全部解决,文书顺势结束,条理性自然就十分明晰了。

2. 观点材料要泾渭分明。为了让人一看就明白,更切实地解决问题,财经应用文绝不能像文学作品那样搞得曲曲折折而变化莫测,必须让人一眼就能看出哪是观点、哪是材料,清清楚楚,毫无混杂、纠缠不清的毛病。为此,财经应用文的结构形成了比较固定的形式:观点——材料——结论。一上来首先说明写作的根据和原因,明确地摆出基本观点;接着在主体部分,运用有关的材料,说明或者论证观点的具体内容及必然性、可行性;最后总结全文,得出观点不可改易或必须实现的结论(这一部分有时也可省略)。为了达到条分缕析、层次分明的效果,常常在每一层或段落之前加上一些小标题。这些小标题就是一些分观点,小标题之下,就是与分观点有关的材料。

3. 提纲挈领地安排材料。遇到问题比较复杂时,就要事先整理好所有材料,把性质相近的集中在一起,再按它们的性质依次排列起来,而且把内容要点或结论放在前面,主次分开,同时加上多档次的序号。实际上这就是一个详细提纲的具体化,是保证文书条理性的常用办法。

序号的档次要保证其条理性,还必须注意各个材料之间的逻辑关系。平行关系放在同一档次,从属关系放在不同档次,不要弄乱了材料之间的内在联系。一般使用档次序号时,都按下列方式处理:

第一档:一、二、三……
第二档:(一)、(二)、(三)……
第三档:1. 2. 3.……
第四档:(1)(2)(3)……
第五档:①②③……

也可以用天干地支符号(甲、丁、丙……子、丑、寅……)或拉丁字母(即古罗马字母)表示序号。不管用什么表示序号,各档次都要层次分明,眉目清楚,自成体系。

(三)严密性

解决比较复杂问题的财经应用文,总是包括较多部分的。为了保证部分之间的紧密联系,使全篇文书构成统一的整体,就要求各部分之间有严密的逻辑联系。首先要求材料和观点统一,并要求各个分观点互相配合,共同为阐明、论证基本观点服务,决不能互相抵触、矛盾。其次要找到各个部分之间逻辑上的必然联系。这种联系往往表现为一种因果关系。比如,一个企业经济效益之所以不高,不外乎是因为:(1)科学技术落后。(2)经营管理不善。(3)工人积极性没有调动起来,等等。要提高这个企业的经济效益,必须针对产生效益不高的那些原因,逐一加以解决。如果写成文书,那么上面提到的几项就是事物的因,经济效益不高就是果。不仅如此,原因中的各条虽是并列的关系,但根据实际情况,很可能其中第二条就是最主要的原因。因为领导不力,经营管理不善,所以,才会不重视科学技术的提高,影响甚至扼杀工人的积极性。因此,在这些并列的因素中,也有一种因果关系,要找到它们之间的逻辑联系。只有找到了这种联系,文书的内容才能真正统一起来,才能真正解决实际问题。最后必须全面地考虑问题,不能顾此失彼,不能强调一面就忽略另一面,不能只顾眼前而忘记未来。这样,表现在结构上就不会破绽百出,经不起推敲。比如,上面谈的提高企业经济效益的问题,就必须全面地检查效益不高的原因,一个也不能遗漏。找到这些原因之后,还要把企业的现状、发展的可能条件,以及当前市场的情况联系在一起详细分析研究,最后形成文书,其结构自然也具有严密性了。

三、结构的基本类型

事物的特点,往往表现在不同的结构形式上。财经应用文有各种不同的文体,这些文体的特点也表现在不同的结构形式上。这些结构形式往往形成了一种定型化的模式,彼此之间各具特色,不能混淆雷同。如经济合同的结构,绝不同于规章制度的结构;经济预测报告的结构,绝不同于经济工作总结的结构。这种结构形式的不同,完全是由实际用途的不同所决定的。也就是说,为了更好地解决实际问题,就必须从不同的实际出发,采取不同的形式,在长期的实践中加以定型化,从而使写和看都更加方便,工作效率也相应地得到提高。财经应用文尽管文体很多,结构形式也多种多样,但归纳起来,常用的也不过以下几种类型:

(一) 总分式

财经应用文通常是以论断的方式来说明事理、解决问题的,在结构上就常需要按照逻辑思维的方法来加以处理。把演绎法和归纳法运用到结构上就成为总分式的结构。

用演绎法处理结构,就成为先总后分式,即把全文的内容集中概括成为一个总的或基本的观点,放在全文的开头,然后再分成几项或几部分——加以说明或论述。在财经应用文中,一般的做法是:先提出总方针、总政策或基本原则作为依据或指导,然后再推论或引申出具体方案、意见、措施等。这种结构方式,大多用在贯彻执行有关方针、政策、法令、制度或既定策略、打算而提出相应意见、办法的文书中。

用归纳法处理结构,就成为先分后总,即把全文的内容分成若干部分或条款,首先顺序地一一摆出来,然后加以归纳,得出一个结论。在财经应用文中,一般的做法是:先分述一系列具体材料,然后根据这些材料总括出一个原理、原则、方案、主张之类的东西。这种结构方式,大多用在需要一些材料来阐明、论证一个观点的文书(如一般调查报告、总结、情况反映)中。

在解决比较复杂问题时,财经应用文的结构也往往较为复杂,常常把先总后分、先分后总两者结合在一起。即先总述再分述,又从分述到总述。比如,一篇有关经济开发区的调查报告,其基本观点是经济开发区不能一哄而起,必须讲究实效。文书一开头就提出了这个基本观点。然后就以正反两方面的具体事实来说明:注重实效的经济开发区所获得的经济效益,以及其讲求实效的具体要求;不注重实效,不顾主客观条件,只是跟着别人跑的经济开发区所遭致的不良后果。——这就是先总后分式。然后又根据上述正反两方面的事实,得出经济开发区必须以发展经济、获得经济效益为目标的结论,深化了基本观点。——这又是先分后总式。

(二)并列式

并列结构方式,只有分述,没有总述。就是把全篇内容横向展开,分为几个平行的部分,不分主次,各自从不同的方面或角度,共同为完成写作目的服务。比如,总结几条成功的经验,剖析事物构成的几种要素、特点,反映几种值得注意的情况,确定一些必须遵循的规定、守则等的财经应用文,就常常使用这种结构方式。但是,这些并列在一起的部分,虽说是平行的关系,却不能毫不相干,而必须在同一写作目的统帅之下,发生内在的联系。否则,就会像毛泽东主席在《反对党八股》一文中所批评的那样,只是"甲、乙、丙、丁,开中药铺"式地在那里搞形式主义。

(三)递进式

递进结构方式,常常有总有分。但在分论的时候又与并列式不同,这些分论的部分不是平行关系,而是纵向展开的逐层深入的递进或发展的关系。因此,各部分的先后次序不能随便更动。它们的先后位置必须按照事物、事理的内部逻辑联系来安排。一般对经济活动进行综合分析的财经应用文,大多用这种结构方式。运用这种结构方式,必须对事物或问题有全面的、透彻的认识和理解,能揭示出问题的实质,从而切实地解决问题。

(四)图表式

把全部内容表格化。即根据内容的性质,分设成若干栏目,然后逐项填写。这不仅节省了文字,而且醒目、直观,不易产生歧义。经济活动分析和经济合同,以及一些经济报表,常用这种结构方式。但单独使用的不太多,通常总是结合其他结构形式使用。

上述几种结构方式的区别不是绝对的。在实际使用中,常常互相交叉,互相结合。并列式结构方式,从全篇看没有总论,但在每个分论部分中也可能有总论或小结;递进式结构方式,分论的部分中也可能包括几点并列的内容。图表式结构方式,可以先用文字作总述,然后列出表格。总分式、并列式、递进式也可附列一些表格来说明问题。总之,各种结构方式都是根据写作目的和内容的需要来确定的,不能只顾形式而不顾内容。但形式选择不当,也会影响内容准确、清楚的表达。

第四节 财经应用文的表达

上节谈的结构,着重解决表达方式的问题。本节谈的表达,着重解决表达方法、表达工具(语言和数字)的问题。

一、表达方法

财经应用文同其他文章一样,使用的表达方法有叙述、说明、议论、描写、抒情等五种。但常用的只有前三种,后两种只偶尔在消息、调查报告中出现。就是前三种表达方法,财经应用文与其他文章也有明显的区别。

(一)叙述

财经应用文同一般文章一样都是反映客观事物的,反映的重点不同,就形成不同的反映(表达)方法。着重反映客观事物发展、变化进程的方法就是叙述。所谓客观事物,既包括自然界事物,也包括人类社会事物,主要的还是人类社会事物。财经应用文反映的客观事物,不同于一般多以写人为主的记叙文,而是多以记事为主的记叙文。如记叙经济活动的情况,介绍生产经营的过程,反映市场信息,交代事件原委,叙述典型材料等,在情况报告、调查报告等文体中就常常使用。

清刘熙载《艺概》根据叙事的方式,分为类叙、正叙、带叙、实叙、借叙、详叙、约叙、顺叙、倒叙、连叙、截叙、豫叙、补叙、跨叙、插叙、原叙、推叙等十余种。其实归纳起来,也不外如下几种:(1)按照事物发展的自然顺序加以叙述(或按时间先后,或按空间位置,或按因果关系)。(2)综合整理,根据需要来叙述(或先总后分,或先分后总,或先果后因,或夹叙夹议)。(3)排列对比,突出重点的叙述(或纵向对比,或横向对比,或轻重对比,或正反对比)。不管什么叙述都要像刘熙载所说:"惟能线索在手,则错综变化,惟吾所施。"同时,财经应用文的叙事,要求清楚明白、准确无误。因此,在叙事的时候,常常是直截了当、平铺直叙,而不像文学作品那样追求曲折,含蓄委婉。叙事也是把握其有助于问题解决的主要方面,常用概括的叙述,而不作细节的缕述,情节的开展。

(二)说明

任何事物都包含各种各样的信息,比如形态构造特征、性能、作用、价值等等。对这些信息加以解释或介绍,使人对这一事物获得一定的科学知识,从而准确认识这一事物,这就叫说明。财经应用文是运用说明最多的一种文体。凡反映问题、陈述情况、通知事项、介绍产品、总结经验、提出建议等,无不需要说明。

财经应用文是为解决实际问题而写的。因此,首先必须注意严格的科学性。这种科学性也就是说明的第一位要求。在解释或介绍事物的有关信息时,一定要实事求是,不能有半点虚假和非科学性的东西。像目前某些广告中那种夸大其词、欺骗顾主的说明,必须坚决反对。像某些广告中"报喜不报忧"的现象,也绝对不能容许。其次,必须注意表达的清晰和准确。这不单单是语言文字表达能力的问题,主要的是作者对说明对象认识和理解的问题。只有对被说明事物有深入的了解、深刻的认识,才能有清晰、准确的说明。那种一知半解、道听途说的说明,只能有害于实际问题的解决。再次,必须给人以科学的知识。那就必须用科学的态度即客观的态度来对待事物,绝不能以主观的兴趣爱好和感情的喜恶作为评价、解说事物的标准。如果能做到上述三点要求,说明也就自然具有说服力。

(三) 议论

财经应用文要确实解决实际问题,那就必须对经济活动中存在的事实和问题进行分析,弄清是非,揭示其本质和规律,提出自己的见解和主张,这就叫做议论。在财经应用文中,不仅论文主要应用议论方法写成,就是市场分析、调查报告、工作报告、总结报告等,也常常使用议论的方法。如果不使用这种方法,就不能充分阐明作者的观点,获得对方的赞同,求得问题的解决。

但是财经应用文的议论,同一般议论文的议论是有区别的。一般议论为了充分阐明事理,说服对方,要求完整地具备论点、论据、论证三要点,有严密的逻辑推理过程,分析不仅力求深透,而且要全面周到。财经应用文着重在实际问题的解决,以坚实的事实为基础,确切的政策、法规为依据,论证力求简明,议论则要抓住要点,点到为止。绝不能像一般论辩文章那样,滔滔不绝地施展议论。特别是在一些条文式和呈送上级的财经应用文中,更不允许发出一些不切实际的议论。

上述三种表达方法,在实际运用中常常是互相交织、互相融合的,不能截然分离。叙述中往往包含说明、议论,说明中往往包含叙述、议论。特别是在解决一些比较复杂问题的财经应用文中,必然要运用多种表达方法,使这些方法互相配合起来。这样,才能充分、完善地表达全部的内容。

二、表达工具——语言

列宁说:"语言是人类最重要的交际工具。"财经应用文为了解决实际问题,就必须运用这个工具,把对问题解决的见解、主张、办法清晰地表达出来,以便有关部门和人员根据它去求得问题的解决。如果没有语言这个工具,尽管有好的见解、主张和办法,别人也无法了解,问题也就无法解决。就算有了这个工具,如果运用得不好,不能把解决问题的见解、主张和办法正确、明白地表达出来,问题依然不能切实的解决。可以说,财经应用文质量的高低,在一定程度上就要看语言这个工具运用得怎样。

财经应用文在语言运用上,应注意以下几点要求:

(一) 准确

问题要求得切实的解决,财经应用文的语言就必须准确,不能含混不清,也不能产生歧义。遣词造句一定要掌握分寸,对客观事物的反映和评价必须恰如其分。

语言要准确,既不能含糊不清、模棱两可,也不能走向极端,过于绝对。如"大约"、"也许"、"差不多"、"据不完全统计"、"百分之百可靠"……这类过与不及的词语,财经应用文中应尽量不用。一些影响语言精确度的词语,如"非常"、"十分"、"蒸蒸日上"之类,最好换成数字来说明。如某个企业2001年人均产值已经从2000年的10 000元上升到50 000元。这就比说某个企业已经"大大地扭亏为盈",既准确得多,也具体得多了。要做到用语的准确,更应注意每一经济概念的确切含义,特别是相近概念的内涵与外延,一定要区分清楚。比如"翻番"与"倍数","速度"与"效益","发展速度"与"增长速度"等等,就不能不加区别地混用。

逻辑上的错误,也常常造成语言的混乱。比如:"该厂各个车间都超额完成了任务,只有个别班组未达到原定的指标。"这句话就有两个毛病:(1) 车间是属概念,班组是种概念,不能并列。(2)

既然说的是"各个车间,都超额完成了任务",各个班组当然就包括在内了,怎么还说"个别班组未达到原定的指标",岂不是自相矛盾。

语法上的错误,同样也影响语言的准确性。比如:"推广了技术革新后,全厂的经济效益就显著改善了。"这句话也有两个毛病:(1)推广是动词,它后面的宾语必须是名词性词语,"技术革新"具有动词性,不能做它的宾语,后面加上"的经验"变成名词就行了,或者改成"推广了新的技术"也可以。(2)"经济效益"不能说"改善",只能说"提高"。第一个毛病,属于句子成分残缺的问题;第二个毛病,属于词语配搭不当的问题。关联词语配搭不当,同样也会使语言表达不准确。比如:"只有提高劳动生产率,就能提高产品数量。"这就错了。应改为:"只有提高劳动生产率,才能提高产品数量。""只有"必须与"才"相匹配。如后面一定要用"就",前面就要将"只有"改为"只要"相匹配。

打错标点符号或写了错别字,同样也会损害语言的准确性。财经应用文往往具有法律的性质,有时一点之误、一字之差,就会引起法律纠纷。因此,绝不能马虎从事,"因小失大"。周恩来在重庆时,要各类报道文章"不能错用一个字,应该认清每一个字的分量,它有时甚至与四亿五千万人民的利益有关"。"大跃进"和"文化大革命"的"大",大到差一点亡党亡国。请看,一个字的分量有多重啊!

(二) 简明

简明就是古人所说的"言简意赅",即话不多而意思却明白地表达出来了。恩格斯说:"言简意赅的句子,一经了解,就能牢牢记住,变成口号;而这是冗长的论述绝对做不到的。"我国的成绩,绝大多数就是这样的句子。我们今天处在社会主义市场经济迅速发展的时代,经济运动的节奏不断加快,财经应用文只有用简明的语言,才能迅速获取和传输经济信息、增大信息的容量和密度，求得问题的及时解决。那种拖沓冗长的财经应用文，既不符合时代的要求，也必然贻误实际问题的解决。

简明包含两层意思：一是简练，二是明白。

简练有两个要求：一是简洁，二是精炼。

简洁就是字字句句都是必要的，全篇没有一个废字、一句废话。鲁迅告诫人们写文章一定要"竭力将可有可无的字、句、段删去，毫不可惜"。能做到这一步，文章就简洁了。哪些东西是可有可无的呢？财经应用文主要是以正确、深刻的观点来解决实际问题的。因此，属于以下几种情况应当精简：(1)凡是不能说明观点，或与观点关系不大的都应删去。(2)凡是人人皆知，特别是不说对方也知道的(在向上级请示或报告情况的文书中有关党和政府的政策理论，在向下级做指示的文书中有关对方的具体情况)，就不必多说，甚至可以不说。(3)凡是重复啰嗦的语句，不但无助于问题解决，而且使人生厌，要毫不留情地删除。(4)有些人不管需要与否，一写起文章来总爱穿靴戴帽，照搬一套又一套的现成套话。比如，一上来不管有没有必要，总要先说一通在什么什么领导下，在什么什么的努力下，形势如何如何的好，然后才说到正题。末尾，也照样要套上一段什么展望未来、前景如何如何令人鼓舞之类的套话。这种八股习气的东西，不仅是废话，而且是一种很坏的文风，必须坚决抛弃。

精炼就是以少胜多，以一当十，"文约事丰"，即用较少的话表达出丰富的内容。如毛泽东主席的《中国社会各阶级的分析》，论述了当时整个中国各个阶级、阶层的情况，问题十分复杂。要是别人来写，恐怕几万字也说不清，而他却只用了三千七百多字，就把各个阶级的特点、地位，对革命所起的作用等，讲得十分全面、深刻，真可算得精炼的典范著作。搞生产必须讲究降低成本，就得反对浪费、厉行节约。财经应用文要求语言精炼，正是在时间、精力上的节约，是追求高效率的一种表现，决不能仅仅把它看成是一种文字上的考究。简练是用较少的语言表达丰富的内容,关键是要表达得清楚、明白。如果话是简短了,但却说得不明不白,那就失去简练的作用了。因此,简练必须以明白为基础。明白就是让人一看就懂,既不会发生误解,也不致使人东猜西猜,捉摸不定。如"重视工人的建议"一句,既可以理解为"对工人的建议""重视",也可理解为"重视工人"的"建议"。这就使人无所适从了。碰到这样的情况,上下文一定要交代清楚。每一种专业都有它的专业用语,财经应用文也必然要使用许多财经行业的专门用语,才能准确反映财经活动的情况。但不分对象、不管场合,过多地使用"行话",也会使行外人看不明白。在当今事务纷繁的情况下,为了简便易记,常常使用许多"简称",如"财贸办"、"外经委"之类,已成为一种普遍的习惯。但是,如果别出心裁地任意简化的话,也会让人莫明其妙。如有的地方把"五讲四美三热爱办公室",简称"五四三办",不了解的人就很难知道它是怎么一回事。更有一些喜欢"生造除自己之外谁也不懂的形容词之类",那就更使人莫知所云。因此,要使财经应用文写得明白清楚,就一定要纠正上述种种弊病,力求语言合乎规范。

语言的简明,归根到底是思维的缜密和明晰。唐代史学家刘知几说:"盖作者言虽简略,理皆要害,故能疏而不遗,俭而无阙。"意思是说,只有抓住事物、事理的要害,才能做到言简意赅的要求。清代散文家刘才甫说:"凡文笔老(经过长期锻炼,富有写作经验)则简,意真(思想感情真实)则简,辞切(用语确切)则简,味谈(朴实无华,不乱形容)则简,理当(观点正确)则简,气蕴(气势充沛而不随便发泄)则简,品贵(风格高雅)则简,神远而含藏不尽(思想内容深刻,含义深远,而又善于含蓄,能启发人们丰富的想象)则简。"简单地说,只有对事物有清楚、深刻的认识,抓住关键,说理恰当,措辞精确,才会写出简明有力的文书。

(三)平实

平实就是平易、朴实的意思。财经应用文为了能切实地解决实际问题，就必须使其语言平易近人，通俗易懂，而不是"装腔作势"、"华而不实"、"哗众取宠"。领导对群众，上级对下级，作指示，发号召，要使人们心悦诚服，认真执行，发出的文书固然要严肃庄重，但也不能板起面孔，动不动就打官腔。而必须不骄不躁，有一说一，有二说二，简洁明了，朴实无华。

与平实相反的是假、大、空、绝。大跃进的各种各样浮夸风，诸如亩产几万甚至十几万斤产量的报导、报告，不仅害死了好些人，还使我们的经济蒙受几千亿元的损失。至于十年浩劫，那就更不用提了，如果再多搞几年，不但我们的经济要全面崩溃，恐怕我们的国家也会"国将不国"了。当然，责任不能都推到假、大、空、绝的文风上去。但文风就是世风、社会风气的反映；反过来，它又会给世风、社会风气以极大的影响。

只有思想上、工作作风上坚决摒弃了假、大、空、绝，才能真正树立起平实的文风，才有助于社会风气的改变，有助于财经工作的切实开展。

（四）生动

有人认为，财经应用文只要能解决问题就行了，不必像文学作品那样要求生动。这种看法是不够全面的。毛泽东主席早就指出马克思主义的文风，就是要求一切讲话和文章都应具有准确性、鲜明性和生动性三个特点。应用文自然也不例外。毛泽东主席写的文章包括工作报告、调查报告、指示、总结等带有应用性质的十分严肃的文书，都是写得很生动的。我们古代的文书，就像《尚书》那样非常简古的东西，也不乏十分生动的语句，如《盘庚》的"若网在纲，有条而不紊"，"若火之燎于原，不可向迩（靠近），其犹可扑灭"，毛泽东主席还把它们引用到自己的文章中去。马克思写的理论著作，哪怕是很枯燥的事物，在他的笔下也写得生动有趣，如剖析资本家在证券交易中的阴险竞争，他就是这样写的:"在每一次证券欺诈中,每个人都知道,暴风雨必然会到来,但每个人都希望,暴风雨会在自己已经捞到大钱、把钱藏好后,打在自己邻人的头上,等我过去以后再发洪水吧!这是每一个资本家、每一个资本国家的标语。"资本家的贪婪、自私、无情、残酷的本质、如果不是用这种生动的语言,就不可能揭露得如此具体、深刻。

一提到生动,也许有人就会想到堆砌大量的形容词之类的东西。恰恰相反,一味地追求形容和描写,不但不会生动,反而使人生厌。

要使语言生动,首先就得反对"学生腔"。

"学生腔"的主要表现就是脱离实际,专在文字上卖弄小聪明。生动的语言,就要反其道而行之,像前面提到的马克思对资本家的揭露那样,完全是如实地从外到内地反映了资本家的行为和心理,虽然也运用了一些形象化的语言,但却是从实际出发,没有一点背离实际的地方。也就是说,要使语言生动,就应如实地抓住事物的特征,然后形象化地把它表达出来。如毛泽东主席在谈到党委会的工作方法时,就拿"弹钢琴"来说明"党委要抓住中心工作,又要围绕中心工作而同时开展其他方面的工作"的道理,既形象、又深刻。第八届全国人大和政协开会谈到机构改革时,有人说:"政府职能不转变,人员也就精简不下来,换了汤而药不换,问题也就无法根本解决。"这里引用了"换汤不换药"这个成语,不但显得很生动,也抓住了机构改革的关键。又如,谈到过去计划经济的弊端时,有人也做了十分生动、形象的说明:"在传统计划经济体制下,国有企业像牛似的被绳子拴着,活动范围限定得很死;集体、乡镇企业像猫,不大受管,很灵活;而私营、三资企业就像鸟,可以飞来飞去,活动的空间很大。"再如,谈到农民负担过重的主要原因时,有篇调查报告就引用了两位农民生动、深刻的比喻说:"一个部门一道坎,一条战线一道关。""农民的收入好像一盘酱,哪儿来的小葱都要蘸一下,盘里还能剩下多少?"

"学生腔"的另一表现是喜欢搬弄书本上的语言,而不喜欢人民大众的日常用语。书本上也有生动的语言,但"学生腔"搬用的却是那些艰深难懂的半文半白和极其专门化的外来术语,以及诘屈聱牙、转弯抹角的欧化式的冗长的语句。毛泽东主席早就指出:"人民的语汇是很丰富的,生动活泼的,表现实际生活的。"上面举的那些生动的语言都是一些日常生活的用语,而不是一些晦涩艰深的书面用语。文言词语不是不能用,就是在财经应用文中还存在不少的文言词语,如"因"、"为荷"、"特此"、"据此"、"业经"、"是否有当"、"请予核示"……已经成为习惯用语,可以使文书显得简练。像前面谈到的"如火燎原"之类的文言,只要是"还有生气的东西",我们就要充分地合理地利用。至于外国的东西,在改革开放的时候,不但要吸收他们的先进科学和理论,也要吸收他们的"新鲜用语",如"市场经济"一词。但吸收的必须是先进的、适合中国国情的,容易理解的,而不是故作高深、使人莫明究竟的东西。

"官腔"、"八股腔"同"学生腔"一样,也是破坏语言生动性的大敌。

"官腔"、"八股腔"的主要特点就是搬用老一套的现成的东西,不能随着事物的发展变化而发展变化。我们要求语言生动,思想上就得解放、洒脱,敢于接受新事物,敢于应变求变。在语言上就要根据事物的发展变化,选择不同的句式,灵活配搭,交错使用,使其变化多姿,具有吸引力。如一些较长的工作总结,为了层次清楚,醒目易记,常常把一些小标题写成整齐的对偶句,如"一、解放思想,更新观念;二、抓住机遇,开拓进取;三、降低成本,提高效率……"等,这就比用一些长短不一的散句生动得多。再如,叙述说明情况时免不了要用一些"是"字句、"有"字句,但用多了,就显得沉闷、呆板。如果,我们去掉这些"是"字、"有"字,换上另一种说法,语句的效果就会好一些。如"这个厂的历史是很长的,经验是很丰富的,还拥有大量的技术人员,工作的积极性也是很高的。因此,他们是很有发展前途的。"就显得拖沓没劲。如果改成:"这个厂历史长,经验丰富,技术人员多,工人积极性高。因此,发展前途很大。"就显得干净利落,活泼上口。

人民群众的语言,通俗易懂的语言,才是最生动活泼的语言。

有人认为,文学作品需要描写人民的生活,所以要用人民群众的口语,而财经应用文是解决经济中的实际问题的,如采用了通俗的口语,就会有损于它的严肃性。这实在是一种偏见。我们看《毛泽东选集》中的文章,里面就运用了大量的留在人民群众口头上的日常用语,不仅丝毫没影响它的严肃性,而且格外生动、深刻。如三大整风文献之一的《反对党八股》,就有许多生动活泼、耐人寻味的人民群众的语言。如一开头谈到反对主观主义和宗派主义时,就说要把它藏身之地的党八股也打倒,那就算对它们"最后地将一军,弄得这两个怪物原形毕露,'老鼠过街,人人喊打',这两个怪物也就容易消灭了"。请看,这是多么的生动、深刻!谈到党八股的罪状时,人民群众的语言也运用了不少,如"懒婆娘的裹脚布,又长又臭","到什么山上唱什么歌","看菜吃饭,量体裁衣",等等。现在有些财经应用文也有不少运用人民群众语言的好例子,如讲到生产和节约的关系时,就引用群众的话说:"不能外边挣块板,家里丢扇门。"有些领导只在表面上大做文章,不抓实际工作,群众就批评说:"马屎两面光,里头一包糠。"显然,如果用书面语言,就不会有这样的生动形象。

三、表达的辅助工具——数字

任何事物的发展变化都是数量与质量的交互变化,先从数量变化开始,最终达到质量的变化。新质形成以后,又开始了数量的变化。不仅如此,在数量的变化中就包含了质量的变化,在质量的变化中,也包含了数量的变化。在经济活动中,质量的判定往往还由数量来表现。比如,分析衡量一个企业经济效益,只有通过数量才能看清楚它的质量。现在往往把分析化学中的定性分析和定量分析运用于一切事物的质量、数量的分析中。财经应用文的数字就是用来作定量分析的工具,表现出事物的数量特征,达到准确解决实际问题的目的。数字虽然不像语言那样是一种主要表达工具,但在财经应用文中却是经常、大量使用的一种辅助工具。当然,这个辅助工具只有和语言这个主要工具有机地结合起来,才能有效地发挥它的作用。

(一) 数字的类别

财经应用文常用的数字是统计数字,或叫统计分析数字,即用数字来作统计分析。统计分析的方法不同,数字的名称也各异。大体说来有绝对数、相对数、平均数三种。

1. 绝对数。

绝对数又叫总量指标,是反映客观事物(包括社会现象)在一定条件(包括时间、地点)下总的规模和水平在数量上的表现。一个国家、一个地区或单位的生产总值、人口总数、投资总额等都属于绝对数。如1992年我国国民生产总值接近24 000亿元,钢产量达到8 000万吨,原煤产量达到11亿吨,城镇居民人均纯收入达到1 826元,农村居民人均纯收入达到784元。了解了这些数据,不仅懂得了我国经济建设已经取得的成就,而且为今后加快经济发展、制定政策措施获得切实可靠的依据。在日常财经活动中,不管是编制计划、安排生产,还是调查研究、检查工作,都必须掌握绝对数,才容易做到心中有数,举措得当。不仅如此,相对数和平均数没有绝对数作基础,也根本无法计算。

2. 相对数。

相对数又叫相对指标。它是把两个绝对数对比以后得出来的数量指标。通过绝对数虽然能了解事物总的规模和水平,但不能了解此事物与他事物的联系,不能了解事物发展变化的程度。如某个企业去年总产值达到两亿元,原订计划是1.5亿元,把两个数对比之后,就得到一个计划完成百分数,从而了解到这个企业发展的具体程度。任何事物都是与其他事物相联系的,只有在事物的相互联系和对比中,才能获得正确的认识。相对数就能起到表明事物之间量的对比关系和事物发展的差异程度。相对数通常用倍数、百分数、千分数来表示,财经应用文普遍应用的是百分数。

3. 平均数。

平均数是一种综合指标,亦称"平均指标"。它是反映同质事物一般水平的数量指标。客观事物是很复杂的,发展速度极不一致,但它们之间又是互相联系的,需要了解它们发展的规模和水平时,就需要作平均数的分析。如我们要了解1992年全国物价比1991年上升或是下降时,只要把两年物价指数作个比较,就十分清楚了。这两年的物价指数就是一种平均数。

绝对数、相对数、平均数提供的基本上是一种静态的分析。在反映事物发展变化了解其发展规律、发展趋势时,往往需要把上面几种数字结合在一起,从动态方面加以分析,形成动态数列(即按时间顺序把一系列统计指标排列在一起)。如我们要了解中共十一届三中全会实行改革开放以来我国经济发展的轨迹和取得的伟大成就,就需要进行这样的动态数列分析。

(二)数字的运用

1. 运用数字的基本要求。

(1) 全面性。为了全面说明问题,常常需要把绝对数和相对数结合起来使用。如有两个汽车制造厂,生产条件都差不多,但年终统计:甲厂完成了年度生产计划的120%,乙厂完成了100%。单从相对数来看,显然乙厂不如甲厂。而实际上乙厂总产值的绝对数却高过甲厂,只是它原定的计划偏高,相对数也随之降低。因此，必须把相对数和绝对数结合起来，才能避免片面性。又如，2000年我国国民生产总值89 404亿元，这是很了不起的成就，但若从人均产值来看却只有七八百美元，与发达国家相比，还相差一二十倍。这就要求我们绝不能盲目乐观，而必须深化改革开放，进一步加快我们经济建设的步伐。

（2）明晰性。有些情况，如果只用一种数字，就难以使人有清楚的了解，甚至产生怀疑。如某收录机厂投产当年产量为100台，五年后达到10万台，如果只用相对数表示，为1 000倍。如光说1 000倍就很难使人了解该厂的实际生产情况。若改为绝对数，收录机五年后由100台增加到10万台，便可使人获得具体的印象。有时用相对数比用绝对数更清楚一些。如某市偷税漏税异常严重，其中个体户就达5 000万元。但光是5 000万元这个绝对数，还不能充分说明其严重性，若改为"占应交税款的96.6%"，其严重程度就非常惊人。

（3）确切性。数字的准确，不仅仅是计算的真实无误，没有丝毫弄虚作假的地方，而且还要注意数据来源是否可靠、合理，以及计算方法是否对头。如有的企业明明亏损了，但在总产值上却出现了盈利，原来把折旧费也全部计算到总产值中去了。再如，某市的教育经费，实际只占国民生产总值的2%，但在公布时却变成了2.5%，原来他们把厂矿企业和其他社团办学，甚至民间办学的投入也计算在一起了。类似上面两个例子的情况，除非作清楚的说明，否则，人们就会认为是不真实的。

2. 计算的技巧和方法。

数字是比较枯燥的东西，为了提高它的表现力，扩大它的信息接受面，使其鲜明、易懂，常常需要加工换算。换算的方法很多，通常有如下几种：

（1）扩算法。有些现象从局部或当前来看并不怎么样，但如果扩展开来、发展下去就相当严重了。如20世纪80年代以来，我国的耕地面积逐年减少。如果仅就一个县市来看,每年最多不过减少 1～2 万亩,但如从全国来看,每年就达到几百万亩,再过一二十年就会达到几亿亩。我们全国可耕土地也不过 15 亿亩,如此发展下去,岂不成了大问题。因此,中央一再强调,一定要坚决制止乱占耕地的现象。

(2) 化小法,有的又叫缩算法。有时数字太大,不但难于记住,而且很难把握。如某市针织厂年产袜子 31 104 000 双,如果把它改成每秒钟产一双,那就会给人以深刻的印象,永记不忘了。

(3) 比较法。比较是认识事物特征的常用方法。比较可分为纵比和横比。

在反映事物发展变化时用纵比。如我国第六个五年计划期间(1981～1985 年)平均每年生产粮食 37 062 万吨,到"七五"计划(1986～1990 年)结束时,为 45 000 万吨,比"六五"期间年产量增长 12%。这就说明我国粮食生产发展的速度也是较高的。

在反映事物之间的差距时用横比。比如 1992 年人均国民生产总值达到 400 美元,比 1950 年增加了二十倍,可以看出我国发展速度之快。但若同发达国家如美国和日本的人均国民生产总值作个横向比较,则相差二三十倍,可见差距之大。

要想对事物有全面正确的认识,就应该把纵比和横比结合起来进行分析。即就人均国民生产总值这个问题来说,用纵比可以看出我国发展速度相当快,用横比又可以看出我国生产力还很落后。但是,有了如此快的发展速度,尽管现在落后,我们仍有十足的信心在 21 世纪中叶赶上中等发达国家的水平。

(4) 对比法。它也是一种比较,但不像比较法那样是拿同类事物相比,而是拿相反的事物来相比。如俗话说的"一文钱逼死英雄汉",就价值很小的一文钱与价值很高的英雄汉对比,可以看出事情的严重性。这种对比要求两者之间有较大的差异性。

又如一个企业经营管理不善,"从赚5 000万元变为亏5 000万元",说明经营管理的重要性。这种对比要求两者数字相似,但性质却相反。

(5) 形象法。数字不但比较枯燥,也比较抽象。数字太大就不容易了解大到什么地步,数字过小也不容易了解小到什么程度。为了使人容易把握,获得鲜明的印象,就常常把数字形象化。形象化的方法也是多种多样的,常用的有如下几种:

① 转换法。有些数字太大,人们难以想象,就换成较熟悉的数字来说明。如有人谈到吸烟的危害,就说:"现在全世界因吸烟导致死亡的人数,每年高达25 555 000人。"这25 555 000人就很难想象,于是就转换为"相当于每天有满载50人的140辆大客车翻车,乘客全部死亡。"再如,四川乐山大佛,是全世界最大的佛像,到底有多大呢?如果仅仅用数字表示,身高71米,头长14.7米,宽10米……人们还是难以获得清晰的印象,如转换成"佛身有三十多层楼高,耳朵有四个人高,一只脚背上可以停五辆大卡车,脚的大拇指上可以摆一桌酒席",其高大的形象就十分清楚了。

② 分化法。有些大的数字一下难以理解,就把它化成几部分,再把这几部分加在一起,人们也就容易获得清楚的印象。如有位地质学家八十多年来在祖国各地考察,行程达十二万多公里。这个十二万多公里有多长呢?一般人很难想象。如果把它改成:"等于绕地球走了三圈。"即使不知道地球一圈有多少公里,也可以理会到路程的遥远。

③ 计时法。具体的时间,人们都较易掌握,因此,一些大的数字,如用具体时间来计算,看的人也就容易了解了。如国民党统治时期物价飞涨,从1937年至1949年上涨了8.5万亿倍,即原来一元钱一碗面涨到8.5万亿元一碗。这8.5万亿元到底是多少呢?如果用时间计算,那就可以这么说:"一秒钟数一元钱,不停地数下

去要数二十六万九千一百七十多年才数得完。"

④ 移用法。有些数字,仅从原来的情况看似乎算不了什么,但如果换在别的地方,其严重性立刻就露出来了。如报上揭露某市市长带着五六个人出国"考察",回来什么也没了解到,却花去公款100万元。对于这个国民生产总值年近一百亿元的城市说,也没什么了不起。但是若将100万元用在该市尚未脱贫的农民身上,却可以让5 000名农民足够开销一年,这就不是一件小事了。

3. 文字的配合要恰当。

前面说过,运用数字常常需要文字来配合,否则,问题也不易说清楚。但文字只有配合得恰当,才能正确的解决问题。

(1) 准确。首先,要弄清各类数字如基数、序数、分数、小数、倍数、概数等用法及其区别,不能乱用、混用。如"二"和"两",有相同又有不同之处。作为度量衡单位称数时,可以通用。如"二斤"或"两斤","二尺"或"两尺",怎么说都行。但"二吨"、"二公里",通常都说成"两吨"、"两公里";在读数目字和在序数("第二")、分数("二分之一")、小数("三点二")中的"二",都不能写成"两";在量词前("两个人"、"两条路")和概数中("过两天"等于"过几天"、"吃两口"等于"吃几口")只能用"两",不能用"二";在多位数中,百、十、个位用"二",不能用"两",如"二十二"、"二百二十二",而千、万、亿的前面,"两"和"二"可通用,但如"四万二千"、"三亿二千",即千在万、亿后,一般多用"二"。其次在说明数量的增加或减少时,一定要弄清是否把原数包括在内,否则就要发生错误。要表明数量增加时,有两种情况:一是在"提高、扩大、增加、增长、上升"之后,带上"至、为、到"等词,是包括原数说的,即说明是加上"增加数"后的"和数"。如:"无线电厂彩电年产量由5万台增加到30万台,效率提高了5倍。"这"30万台"就包括了"5万台"的原数,而成为"和数";二是在"增加"之后带个"了"字或不带任何字,则不包括原数,只是说增加了多少数目。如:"无线电厂彩电年产量增加(了)25万台,效率提高了5倍。"要是把这句写成"增加(了)30万台"而原数仍为5万台,则"和数"就变成了"35万台",效率变成"提高6倍"了。

数量的减少,也有两种情况:一是在"降低、下降、减少、缩小"等词后面带上"至、为、到"等字,说明原数减去"减少数"后的差数。如:"棉纺厂年产总值由2亿元减少到1.8亿元。"这1.8亿元就是从原数的2亿元,减去2 000万元的"减少数"后得到的"差数";二是在"降低"等词后带"了"或不带任何字,是说明后面数字是"减少数"。如前例就可说成:"棉纺厂年产总值减少了2 000万元。"如果把"了"错写成"到",那就变成原来的2亿元只剩下2 000万元,意思就完全不同了。

增加和减少都可以用百分比来说明,但倍数却只能用于增加,不能用于减少,说成"减少(降胝)×倍",就违背了事理。因为"倍"指的就是跟原数相等的数,某数的几倍,就是用那个数乘几。

(2)清楚。首先,数字的界限一定要划分清楚。任何数字都表明了数量的范围,在几个数字并列在一起时,为了不致使范围含糊不清,常用"以上"、"以下"一些词语来给数字分界。使用"以上"、"以下"词语给数字分界时有三种情形:①"以上"包括了本数,但常需"不到、不满、不足、小于、少于"等词同它配合。如:"60分以上为及格,不满60分为不及格。"②"以下"不包括本数,但常需"满、够、大于、多于、超过"等词同它配合。如:"满60分为及格,60分以下为不及格。"③"以上"、"以下"都排除本数时,则把本数单独写出。如:"超产20%或20%以上获一等奖,超产20%以下获二等奖。"其次,数字本来是文字的辅助工具,为的是把事物说得更清楚。但是如果数字引用得过多,反而会弄得人眼花缭乱,什么都看不清楚。因此,使用数字时,一定要使用那些关键性的、能反映事物本质的、有助于阐明观点的数字。

同样,数字也需要文字的配合。如果用文字来叙述报表的内容,使数字文字化,那也会叫人望而生厌。如:"服装厂7月份生产计划完成情况:总产值达100万元,超过计划2万元,增加20%。其中:衬衣20万件,超过计划2万件,增加10%;牛仔裤……文化衫……连衣裙……"。这就不如列表说明,不仅省了不少文字,也使人一目了然。

第五节 财经应用文写作基本要求

财经应用文是文章中的一种,在写作上当然必须了解、掌握一般文章的知识、技能,不能违背一般文章的写作规律。但它又有自身的特点,更应抓住它的特点来行文。把一般文章的写作规律和财经应用文的特点结合起来看,要写好财经应用文必须做到如下的一些基本要求:

一、提高政治思想水平

要想解决经济活动中的实际问题,首先就应对这些问题进行深入的分析研究,得到一个清楚、正确的认识,然后才能提出正确的主张和办法。没有正确的立场、观点、方法,就根本不可能对事物作出正确的分析,获得正确的认识和见解。为此,就必须努力学习马列主义和毛泽东思想、邓小平理论,逐步提高自己的认识能力、思想水平。政治思想水平提高了,才能理解建设有中国特色社会主义的理论,坚持党的基本路线,理解和掌握经济建设的路线、方针、政策,从而能在复杂的市场经济中,不迷失方向,得心应手地参加竞争,获得最大的经济效益,写出较高水平的财经应用文。

较高的政治思想水平的获得,除了加强马列主义、毛泽东思想、邓小平理论学习外,还要坚持实践,处处以党的思想路线指导自己的实际活动。财经应用文是一种实用文体,必须坚持党的思想路线,理论联系实际,一切从实际出发,以实践为检验真理的唯一标准,才能真正解决实际问题,发挥它的实际作用。

写作本身就是一种实践活动,但它不是一种盲目的实践,是在一定政治思想指引下的实践。只有政治思想水平高了,实践才会获得较好的成果。

二、提高业务素养

财经应用文是一种专业性较强的应用文,不了解、不熟悉财经业务,就根本无法在经济活动中发现问题,对问题进行深入的分析研究,看清问题的实质,找到解决问题的办法。要写好财经应用文,不仅要具有本行业、本部门、本系统的专业知识,还要懂得社会主义市场经济的规律,熟悉经济运行过程中生产、分配、交换、消费各个环节的特点及其相互关系。

提高业务素养,除了要从书本上学习业务理论知识外,更需要注重业务实践。只有通过业务实践积累的实际知识,才是真正有用的知识。何况当今市场经济变化非常迅速,活动异常复杂,不深入实际,不了解新情况,不掌握新信息,不采用新技能,就无法应付不断出现的新问题。

三、提高思维能力

写作活动,实际上是种思维活动。文艺作品主要用形象思维、灵感思维反映现实生活,塑造艺术形象表达思想感情。社会科学著作和实用文章(包括财经应用文)主要用逻辑思维来分析问题、解决问题。

毛泽东主席多次指出,不管写什么文章,都要提倡马列主义文风。马列主义文风就表现在"三性"(准确性,鲜明性,生动性)上。文风同人的思想、思想方法、语文修养有密切的关系。因此,要使文章具有"三性",就必须提高思想水平,讲究思想方法,加强语文修养。

　　思想方法对头与否,决定于思维能力的强弱,特别是逻辑思维能力的强弱。

　　逻辑思维包括形式逻辑和辩证逻辑。形式逻辑是研究思维形式和它的规律的科学。它是从一般思维形式结构上研究概念、判断和推理及其联系的规律。掌握了这些规律,人们才能正确地使用概念、判断和推理,从而正确地认识客观事物和表达自己的思想。如果违反了这些规律,就必然导致认识错误、思想混乱。辩证逻辑虽然也研究思维的规律,但它是从客观世界辩证发展过程来研究人类思维形态的。辩证逻辑早就产生了,但只有马克思、列宁主义哲学产生以后,才有了科学的辩证逻辑。辩证逻辑不是研究思维的外在形式,而是研究概念的矛盾和转化,是从人对世界认识的历史的总和中来考察现实的矛盾运动的思维运动的变化形态。简单地说,辩证逻辑就是要求人们用马克思、列宁主义哲学的辩证法、认识论,来认识事物、反映事物。没有辩证逻辑的指导,形式逻辑就不容易从事物的发展变化、事物的相互联系上真正掌握客观事物的规律。但辩证逻辑也不能代替形式逻辑。因此,要提高我们逻辑思维的能力,不仅要学好形式逻辑,还要努力学习马克思、列宁主义辩证逻辑,正确地解决问题。

　　四、养成调查研究的习惯

　　"没有调查,就没有发言权。"财经应用文解决的是经济活动中的各种实际问题。问题解决的好坏,首先决定于实际情况掌握得是否全面、深入。其次看对这些情况认识、研究得是否正确、深刻。为此,就必须进行深入的调查研究。不少财经应用文,如经济预测报告、经济活动分析报告、市场调查报告、可行性研究报告等,不搞调查研究就根本写不出来。

　　特别是处在当今市场经济变化异常迅速、异常纷繁的时代,经常的、及时的调查研究是提高市场竞争力的一个重要手段。古人云:"知己知彼,百战百胜。"调查研究就是知己知彼的最好方法。

调查研究,就是要求我们实事求是,深入实际,对客观事物进行深入细致的观察了解,详细地占有材料,然后运用逻辑思维特别是辩证逻辑,"去粗取精,去伪存真,由此及彼,由表及里"地分析研究,最后找出规律性的东西来,问题自然迎刃而解了。

不仅要掌握调查研究的基本方法,还应养成调查研究习惯,才能不断提高调查研究的能力。

第二编

财经日常文书

第三章 条 据

条据是人们日常生活和工作、学习交往中,发生财务或其他日常事务关系时,最常用的一种简便文体。条,就是条子、纸条的意思;据,就是根据、凭据的意思。根据内容和性质,可以分为两大类:一类是说明条据,只是说明某件事情或情况,如请假条、留言条、便条等;另一类是凭证条据,具有一定的行政约束或法律效力,如领条、借条、收条等,往往作为收支、报销、保存查考的根据,又称为单据。

条据虽然是一种简便的文体,写法也不一样,但还是有一定的规格,不能随便乱写。从格式上说,它包括:(1)标题。在条子开头中间写上条据名称,字迹要大些,如"借条"、"收条"、"领条"等。有的不写"×条",而以"今借到"、"今领到"等字样代替标题("请假条"、"留言条"等说明性条据,一般可省去标题)。(2)正文。写明条据的事由或事实。如果涉及到财务,应具体写明名称、数量、规格等;如果是借条,还应写明还款日期和方式。(3)结尾。如果是凭据性条据,正文后另起一行空两格,写"此据"两字;如果是说明性条据,则写"谨致"或"致以",再另起一行顶格写"敬礼"之类的致敬用语。(4)落款。在右下方写明出具条据者的单位名称、经手人姓名,必要时还要加盖印章,署名下面写明年月日。

从语言上说,它要求简洁、明了、准确无误。因此,应注意:(1)有关财物的条据,需保存下来作为凭证,不但不能有一点疏漏,书写字迹也要正规、清楚,而且所用纸笔也不能马虎,一般用毛笔或钢笔书写,以免时久变色。(2)财物的数额必须大写,数额前后不留空格,免被增减涂改;如现金还需先写上币种名称(如"人民币"、"港元"之类),再写数额及量词名称("元"、"角"、"分"之类),最后写个"整"字表示完结,以防添改。(3)凭证条据不能随便涂改,如需涂改时,应在涂改处加盖印章,以示负责。(4)目前许多单位备有正式印刷好的凭证条据,当事人只要逐项填写清楚即可,但填写时也要按上述有关要求办理。

第一节 说 明 条 据

一、便条

便,简便的意思。便条就是一种简便的书信。所谓简便,一是不用交邮局传递,而是托人代交或留在某处等对方来取;二是不用信封,即使用信封也不封口。便条的内容十分广泛,如托人办事,相约游玩,告知情况,等等,只要是可以公开而又不十分重大的事,都可使用便条。但是,它也同书信一样,具有一定的格式:(1)称呼。写在第一行顶格,后加冒号。(2)正文。第二行低两格开始写,把所要传递的信息简单明白地交代清楚。结尾写上"谢谢"、"敬礼"之类的敬语。(3)署名。正文后另起一行,空大半行处写上书写人姓名,必要时姓名前还加上谦称(如"学生"之类)。(4)日期。署名下一行,写明具体年月日。称呼也可以写在正文之后。即正文完后,写上"此致"、"此上"、"此呈"等字样,再另起一行,写上受条人的称呼。这里必须注意:有的人前面写了称呼,正文完后要写敬语时,也写"此致"、"敬礼"的字样。这是说不通的,因为,这里的"此",指的是正文所写的全部内容。"致"是送达、送给的意思。致礼的是书写的人,而不书写的内容。因此,"敬礼"之前,只能写"致以"或"谨致"等字样。

【例1】

×××同志:

　　本月26日下午5时,我要乘1075航班客机赴××订购一批建材。您如需托我带买些什么,请于24日前打电话告诉我。

　　致以

敬礼!

　　　　　　　　　　　　　张学经

　　　　　　　　　　　××××年×月×日

【例2】

　　所需板材,昨已运到。请即派人前来选购。此致

××先生

　　　　　　　　　　　　　李运鸿

　　　　　　　　　　　××××年×月×日

二、留言条

没有见到对方,而又有话需要告诉对方,于是,就把话写在条子上留给对方,这种条子就叫留言条。需要写留言条,一般有三种情况:(1) 去找人,人不在,又不能久等,就把要说的话写张条子,留给对方。(2) 与对方事先约好在某处相会,到时对方却未来,自己又没有时间多等,就写张条子留给对方,说明自己的去向或需要对方知道的事。(3) 有事需要外出,而事先却又约人前来相会,或虽未约人,但怕有人来找,于是就写了张条子留在家里、门上或其他显眼的地方,说明自己的去处或回来的时间。这种条子与便条差不多,但接受者多为熟人,因此写得简便,称号常常只写名不写姓,或只写姓不写名,署名也可如此。时间只

写月日,更可以只写"即日"两字,但一般都注明上下午或几点钟。应注意的是:要说的事或时间、地点等一定要交代清楚,字迹也不能太潦草,免得误事。

【例3】
小刘:

　　陈经理要我和你今晚八时到他家去,讨论与×××厂签订协议书的事。请一定准时到达。

小　郑
即日下午2时

【例4】
俊明:

　　你回来后,请即打电话到小陆家找我。

志　友
4月2日

【例5】

　　下午五时左右,我才回来。有事请到时前来相见,或打电话告诉我!

居　平
3日下午3时

三、请假条

因事、因病不能上班、上学,不能参加某项活动时,都要写条子向有关负责人请假,说明请假原因、时间,这种条子就叫请假条。有的单位也有事先印好的请假条,请假人领来后填好交上即可。有时,请假还要有请假的有关证据,如医生证明、电报等,那就附在请假条后面。请假条一般由本人书写,必要时也可由他人代写。

【例6】

丁主任：

　　我患感冒，需住院治疗，特请假×天，希予核准。谨致敬礼！

　　附：医院请假证明单1份。

梁玉明
××××年×月×日

【例7】

陈厂长：

　　车间正在抢修3台发电机，实在抽不出时间参加明天上午关于×××的讨论会，希准予请假。致以敬礼！

余　钧
7日下午4时

第二节　凭证条据

一、借条

　　借条是指借用公家或个人的钱财、物品时，写给对方的一种字据，以便作为将来偿还的凭证。钱物归还后，即将借条收回或销毁。如因某种原因借条仍留原处时，对方则需另开收条交给借贷人。借条比较正规，一般包括：标题、正文、署名、日期四个部分。标题有两种写法：一是开头居中写"借条"两字，二是开头一行写"今借到"字样。正文主要写清向谁借什么、借了多少、何时归还等项目。如果是向公家借用财物，还应写明借用理由。如果标题是"借条"两字，正文开头则直接写有关内容。署名之后有时还要加盖印章，并必须把年月日都写全。写年份时也不能简写，如不能把1993年写成93

年。借条也有事先印好的,需用时,按项填好即可。

【例8】

今借到

李裕民先生人民币××××元整,定于××××年×月底如数归还。

此据

借款人:何新德(签名盖章)

××××年×月×日

【例9】

借　条

今借到房管科三屉书桌1张。

此据

严正思(签名盖章)

××××年×月×日

二、领条

一个单位发放财物时,需要领取人出具领取财物的书面凭证,以便发放人报销、结账,这种书面凭证便是领条。领条的格式与借条格式相似。不过有时可请别人代领。代领时,应把"今领到"改成"代领到",把"领取人"改为"代领人",同时,在正文中写明是代谁领取的。领条多半是事先印好的,按项填写即成。

【例10】

今领到

厂工会发给细纱车间会员的×月×日《××××》电影入场券50张。

经手人:汪翠明

××××年×月×日

【例 11】
　　　代领到
福利科发给唐俊大号劳保服 1 套。
　　　　　　　　代领人：周发和（签名盖章）
　　　　　　　　　××××年×月×日

三、收条

收条又叫收据，是在收到对方送来的财物时，写给对方的一种字据。对方送来的财物，可能是应该交纳的（如学费之类），也可能是预先订购的，还可能是原先借出而现在归还的。如果归还的是财物，就不一定写收条，可将原来的借条退还本人；如果归还的财物已入账，应另开收据；如果经手人不在场，也可由他人代收。收条的格式与领条相似，一般也需具备标题、正文、署名、日期四个部分。

【例 12】
　　　　　　收　　条
　　今收到××电器行送来十月份订购的××牌空调×台，经检验全部合格。
此据
　　　　　　经手人：邓　权（签名盖章）
　　　　　　　××××年×月×日

【例 13】
　　　今收到
财会 2 班学员赵廷补交本年度学杂费伍拾叁元整。
　　　此据
　　　　　收款人：×××（个人或单位名称、盖章）
　　　　　　××××年×月×日

四、欠条

欠条是在购物或归还财物时尚拖欠一部分,根据拖欠的情况而给对方出具的一张条据,以便对方将来据此索取拖欠的财物。其格式与借条相似。

【例14】

  2000年3月原借谢菲同志人民币伍佰陆拾元整,今归还肆佰元整,尚欠壹佰陆拾元整,定于××××年×月底还清。

  此据

      欠款人:顾江萍(签名盖章)
      ××××年×月×日

【例15】

  ×××公司本年3月份向我厂订购××电脑20台,原定9月份交货,兹因原材料短缺,现在先交送15台,余下5台定于12月底交齐。因迟交所造成的经济损失,待货物交齐时,我厂愿按约负责赔偿。

  此据

      经手人:(个人或单位名称、盖章)
      ××××年×月×日

五、发条

出售物品对方交款后,按照国家规定,应给顾主开具正式发票。由于某种原因,一时无法开发票时,则用发条代替。购物者凭条提货,并持条交会计报账。发条写法与收条基本相近,只是在标题上小有不同。除写"发条"两字外,也有以"承购"或"今卖(售)给"字样为标题的。正文也就随标题的变化而变化。其变化方式与借条差不多。

【例 16】

发　条

今售给×××厂××牌×型××匹马力柴油发电机 5 台，每台人民币伍仟元整，共计人民币贰万伍仟元整，如数收讫。

此据

　　　　　　　经手人：(个人或单位名称、盖章)
　　　　　　　××××年×月×日

【例 17】

×型××匹马力柴油机 5 台，每台人民币伍仟元整，共计人民币贰万伍仟元整，如数收讫。

此致
×××厂

　　　　　　　经手人：(个人或单位名称、盖章)
　　　　　　　××××年×月×日

第四章 书　　信

　　书信是个人与个人、个人与团体(组织)、团体(组织)与团体(组织)彼此交流思想感情、沟通情况、传递信息、联系工作的一种常用文体。

　　书信是一种古老的文体,早在三千多年前商代的甲骨文中,就有君臣用马传递书信的记载。书信虽然早就出现了,但因书写工具的缺乏和传递的困难,古代除了天子与诸侯、诸侯与诸侯、君主与臣僚之间外,一般人很少用。汉魏六朝以后才逐渐普及。

　　书信原来是分开说的。书,指的是写出来的文字材料;信指的是送信的使者。到了六朝,书信二字才合而为一。古代因书写的工具和材料以及写作方式的不同,书信也有许多叫法,如书札、信札、书表、书函、书简、书疏、书翰、书牍、尺牍、尺素、尺牒、帛书,等等。

　　今天的书信,也因用途的不同,分成好些种。从总体来看,主要有一般书信和专用书信两种。

第一节　一　般　书　信

　　一般书信,又称为普通书信或私人书信,是指个人与个人之间交往的通信。一般书信大体由称谓、问候、正文、结尾、具名、日期、信封等六个部分构成。有的写完后又想起了一些话,还可加上附言。

一、一般书信的构成要件

(一) 称谓

写信人对收信人的称呼,写在第一行顶格,后加冒号,独占一行。

称呼往往表明写信人与收信人的关系,也表明写信人对收信人的态度,应称呼得当。一般地说,平时怎么称呼,信上就怎么称呼。大体可按以下不同情况,分别对待:

1. 亲属、亲戚。

一般按辈分相称,如"祖父"、"妈妈"、"姐姐"、"姑父"、"舅舅"、"岳父"、"表哥"等。如果不是直系亲属,前面还加上名字,如"××堂叔"、"××堂弟"等。对晚辈,一般前面都要加上名字,如"×儿"、"×侄"等;也有对弟、妹、儿、女或其他晚辈直呼其名,而不加表示辈分关系的称谓。

2. 对同学、朋友、同事。

在姓名后,一般加上"同学"、"同志",也可只写名,不写姓;关系密切的,还可直呼其名,不加任何表示关系的称谓;更亲近的还可以在姓或名前,加上"小"、"大"、"老"等字样,如"小刘"、"大王"、"老孙"等;初次通信或不太熟悉的,一般都要写出姓名,再加"同志"、"先生"、"小姐"、"女士"之类的称呼。

3. 对领导、前辈和地位较高的老人。

情况不全一样:如果是写信人的上级,可以在姓名后加"同志"或他的职务,如"×××局长",也可以只写姓和职务,如"张书记";如果收信人是自己的老师、师傅,既可以写姓名加"老师"、"师傅",也可以只写姓加"老师"、"师傅",或只写"老师"不加姓名;如果是老前辈或地位较高的老人,一般地在姓名后加个"老"字,如"鲁老";如果姓名是三个字的,现在都通行取前两字,再在后面加个"老"字,如"张陶定",就称为"张陶老"。

4. 对与自己亲近的人。

根据往来的亲疏、思念的程度、相隔的久暂远近等情况，常常在称呼的前面加上修饰语。如"敬爱的爷爷"、"亲爱的妈妈"、"尊敬的李老师"；对自己的爱人，则直称"亲爱的"；有的还在称呼后面加个后缀语，如"××吾妻"、"××吾儿"，或者只写一个后缀语，如"吾爱"、"我的心上人"之类；为了表示对收信人的尊敬，过去在姓名后还有大量的后缀语，如"阁下"、"左右"、"台鉴"、"台览"、"惠鉴"、"如晤""如面"等等。今天在与港、澳、台同胞和海外侨胞通信的时候，也可以根据不同的情况适当采用。

（二）问候

称呼后，另起一行，空两格写问候话，单独成为一段。如果双方关系较密切，也可不分段接着写正文。

问候不仅是一种礼节，也表示写信人对收信人的关心和爱护。如果是至亲好友，也可不写问候话，称呼后就写正文。问候话要针对不同的对象和情况，选用恰当的语言：(1)一般写"您好"、"你好"、或"近来可好"之类的话。(2)对年老体弱的人或病人多讯问身体健康状况，如"您的精神一定很好吧"、"你的身体可好"等。(3)问候工作、学习、生活情况，如"近来工作忙吗"、"你的大作快完成了吧"、"你的业务肯定又扩大了许多吧"、"最近学习还那么紧张吗，可不要累坏了身子"，等等。(4)节日、季节性的问候，如"新年好"、"天气太热，您的身体如何"，等等。(5)对港、澳、台同胞和海外侨胞，问候话还有用文言写的，如"福体可安"、"暑热难当，起居安泰否"，等等。

（三）正文

正文一般包括缘由、主体、总括三部分。

1. 缘由。

缘由就是正文的开头，空两格写，说明写信的缘故、目的。如果要托对方办什么事或者对方要自己办什么事，特去信回答办理情况；如果是直接提出问题，有的还常用"谨启者"、"兹启者"等文言开头。如果是回信,就说明什么时候已收到来信。这里,也常使用文言,如"来函奉悉"、"接读大札"、"顷接手示"等。这类话要写得简洁得体,切忌不必要的客套。也可不要这一部分,直接就从主体写起。

2. 主体。

主体是书信的主要部分。开头空两格,如果内容较多,可分段写,最好一段一个意思。为了醒目,一般有关经济活动问题,常用第一、第二、第三或(1)(2)(3)序数来逐一分写。每项都另起一行,空两格写。

主体的写作要求:(1)话要写得具体、清楚,不要笼统含糊。特别是远在外乡的人,更期望写信者尽量把情况说得具体一些。郭沫若青年留学日本时,就批评他的弟弟给他写信太简单,他要求把一些看似琐碎的事,如"菽米鱼盐,……父母饮食如何,天气何似,乡中月内可有奇异事",都尽量写给他。在一些财经来往信件中,有关产品的规格、质量、商品价格的变化等等,更应写得具体、明白。(2)具体、详细,绝不等于冗长。当今时代,一切都应讲究高效率、快节奏。古人说:"一寸光阴一寸金,寸金难买寸光阴。"德国诗人歌德说:"时间就是财产。"鲁迅说:"时间就是生命。"深圳人说:"时间就是金钱。"写信绝不能空耗别人的时间,要尽量写得简洁明快,力戒空话、废话。要抓住要点,写那些对方最需要、也最愿意听的话。(3)语言要得体,语气要恰当,语言的感情色彩要因人因事而异。写给至亲好友的信,要写得亲切;写给同学、同事的信,要写得诚挚;写给长辈的信,语气要尊重、恭敬;给晚辈的信,也不能摆架子,要表示关切、爱护;就是一些外事信件,既要不卑不亢,也要显得诚恳、郑重。

3. 总括。

总括语是在主体写完后,把全信内容概括一下,用以加深对方的印象,或提请对方重视,或只提出自己的希望、要求,如"所托之事,务希鼎力相助";"上述事宜,请查照办理";"拙见当否,尚祈抽暇赐教";"希研究见复为感";"不克成交,尚希见谅";"特此函达";"请予批示",等等。如无必要,总括语也可不写。

(四)结尾语

正文写完后,要写上祝愿对方的话作为结语。即向对方致敬或祝颂,这不仅是礼节的需要,也显示了写信人的一种心愿。祝愿的话要根据双方的关系和收信人的年龄、职业、身份、地位等决定:(1)给平辈一般写"致以敬礼"、"即请近祉(佳)"、"即颂台绥"、"祝(你)工作顺利"、"祝好"。如果写给夫妇两人,可写"敬祝俪安"等。(2)给长辈一般写:"敬祝健康"、"恭请安泰"、"敬请钧(福、金)安"、"谨祝康乐"等。(3)给晚辈一般写"祝进步"、"望学习努力"、"希注意身体"等。(4)逢节日、时令,一般写"祝节日愉快"、"敬颂时祉"、"即请春禧"、"敬颂秋安"等。(5)针对职业写如"敬颂教安"、"即颂教祺"、"祝撰安"、"敬问商安"等。(6)针对对方当前情况写,如在病中,就写"祝早日康复";如在旅游,就写"旅途愉快";如逢对方生日,就写"祝生日快乐";如刚结婚,就写"祝新婚幸福"。祝愿话一般分成两截写,前半截即"祝你"、"敬颂"、"即请"等,可以紧接正文末尾写,也可以另起一行空两格写,还可以干脆不写,而直接写后半截(即"×安"、"好"、"健康"等),可以另起一行,顶格写,也可以空两格写。前半截之后,不加标点符号,后半截之后可加"!"号,也可以不加。

(五)具名

结尾语写完后,在下行空半行处写发信人的姓名。具名的方式也应由双方的关系来决定。如关系不太密切的,姓和名要写全。关系密切的只写名(如名是两字的,还可只写后一字),也可只写姓,再在姓上加"小"、"大"、"老"等字。至亲好友之间,连姓名也可以不写,只写称谓,如"父"、"母"、"儿"、"表兄",等等,或者写昵称,如"小熊猫"之类。有时称谓之后也加上姓名,但称谓写在姓名的左上角,字体略小些,如"您的学生张定"、"弟及明"、"晚刘亭",等等。为了对长辈、上级或有地位的人表示尊敬,具名之后,还常常写上"敬禀"、"敬上"、"上"、"谨呈"、"敬启"、"鞠躬"、"书"、"白"等后缀语。

(六) 附言

信已写完,临时又想起一些事情时,可以作为附言写在最后。可以先写一个"附"字,再加上冒号(也可以不写),然后写出还要讲的话。写完之后,另起一行再写上"又及"两字,以求醒目。如果还要问候别人,或托收信人代替问候,一般在日期之后,另起一行,写上"××并此致候,不另"、"请代问××安好"之类的话。

(七) 信封

信封过去分横式和竖式两种,现在以横式为标准样式,包括以下四部分:

1. 邮政编码。

收信人的邮政编码,填入左上方的方格内;寄信人的邮政编码,填入右下方的方格内。

2. 收信人的详细地址。

寄往城市的信,按省、市(县)、区、街道、门牌号码次序写;寄农村的信,按省、县、乡、村的次序写。地址字数太多要分行写,一般第一行写省、市(县)、区名,第二行写街道、门牌号码。如果给机关、团体、工厂、学校等写信,单位名称要在地址之后另起一行写,而且要与收信人姓名平齐。地址中每个单位要写得紧凑些,大地名和小地名之间要有一点空隙。地名中的字和数目字不要拆开写,免得辨认不清。地址之前有的人往往加上"寄往"、"邮至"等字眼,这完全是多余的。如果是发往本市的信,那就不必写出本市的地名,只需写上"本市"两字,再接写×区×街×号即可。如果是寄往本省、本县内的信,则省、县名地名和"本省"、"本县"字样都可不写,而直接写具体的地址。

3. 收信人的姓名。

收信人的姓名写在信封当中,字要写得大一点。收信人的姓名主要是给邮递员看的,在姓名后加上"同志"、"先生"、"小姐"或"老师"、"教授"、"主席"、"局长"等一般称呼即可,而不能写上表示某种关系的称呼,如"父"、"母"、"儿"、"叔"、"好友"等等。因为这些称呼对邮递员不适合。姓名称谓之后,一般写"启"、"收"、"展"、"台启"、"亲启"等字样,也可以不写。

4. 寄信人的地址、姓名。

写在右下边。地址姓名一般只写姓不写名,但挂号信则必须把姓名写全,以便对方回信,或寄不到时可以退回。姓名写完之后可以写上"缄"、"封"、"寄"、"谨封"之类的字样,也可以不写。如果不是付邮而是托人转交的信件,一般不写地址,只写"烦交"、"请交"、"面陈"等字样。寄信人的地址也不必写,只写姓名,或只写名字,再在后面写上"托"、"敬托"等字样(也可不写)。

二、一般书信的写作要求

(一)一切从对象出发

写信是给对方看的。因此,写些什么,怎么写,处处都要根据对方的具体情况与自己的关系,以及对方的年龄、身份、地位、职业、政治文化水平等,恰当地确定话题,运用语言,选择表达方式。只有如此,才能更好地表达自己的思想感情,便于对方接受,加深彼此的理解和关系。

(二)语言要优美得体

语言不仅要求简洁明快,使人一看就懂,不致产生歧义,而且要优美得体,注重文明礼貌。即使是对方有错,也不要盛气凌人、出口伤人,而应心平气和地据理申述。

(三)字迹要正规端正

既不能潦草凌乱,使人无法辨认,也不能随意乱写简化字。

给港、澳、台同胞和海外侨胞写信用繁体字时,也要写得正规。纸笔也应适当讲究,一般写信最好用蓝、黑色钢笔或毛笔书写,不能用铅笔书写,更不能用红墨水写(习惯上把它作为绝交的表示)。

【例1】

鲁迅给母亲的信①

母亲大人膝下,敬禀者,4月24日来示,已经收到,第二次所寄小包,也早收到了。上海报载26日起,北平大风,未知寓中如何,甚以为念。大人胃病初愈,尚无力气,尚希加意静养为要。上海天气亦不甚顺,近来已晴,想可向暖。寓中均安,海婴亦好,可请释念。男身体尚好,但因琐事不少,故不免稍忙,时亦觉得无力耳,但有些文章,为朋友及生计关系,亦不能不做也。专此布达,恭请

　　金安

　　　　　　　　男树　叩上　广平及海婴同叩
　　　　　　　　　　4月30日

【例2】

毛泽东给马叙伦的信②

夷初先生:

　　闻病甚念。务请安心修养,不限时日,病愈再工作。有何需要,请随时示知。敬祝

　　早日恢复健康!

　　　　　　　　　　　　　　　毛泽东
　　　　　　　　　　　　　　　10月5日

---

① 引自《鲁迅书信集》下卷第806页,人民文学出版社1976年版。
② 引自《毛泽东书信选集》第467页,人民出版社1983年版。

【例3】
给要求建立业务联系的客商的回信

×××先生台鉴:

　　×月×日来函奉悉。获知贵体安康,宏图大展,甚慰。

　　来函表示欲与我厂建立经常性业务联系,愿意大量购买我厂生产的获得××金奖的××牌曲酒,我厂甚为欢迎。兹将我厂一般交易条款奉上(详见附件),请予鉴察。如贵公司同意接受,请即来函询价,以便尽快达成首批交易,使双方业务顺利地建立起来。

　　谨此布复,即颂

筹安

×××手复
××××年×月×日

　　附:一般交易条款(略)

第二节　专 用 书 信

　　专用书信是用于某种特定场合,针对某种特定事务或特殊需要的具体专门用途的书信。既可用于个人与个人之间、团体(组织)与团体(组织)之间,也可用于个人与团体之间。它有二十多种类型,而且随着社会事务的日益繁杂,交往的日益扩大、增多,它的种类也在逐渐增加。如介绍信、证明信、申诉信、公开信等。还有一种有人称做"书表"的信件,其实也是一种专用的书信,如申请书、邀请书、倡议书、建议书、决心书、保证书、请战书、挑战书、聘请书、检讨书等。

　　专用书信与一般书信的格式大致相近,但也有不同的地方:(1)一般书信无标题,专用书信有标题,即在第一行居中写上书信的类型,如"慰问信"、"申请书"等。(2)一般书信由自己手写(也有打印的),专用书信有的事先已经印好格式,需要时按空格填写即可。(3) 专用书信需要具备一定的手续:有的应经领导人审批,并按审批手续办理;用单位名义发出的,要加盖单位公章;以众人名义发出的,要经参与者共同讨论和署名(盖章);具有凭证性质的,除盖公章(有的还要盖骑缝章)、编号外,还要留有存根。

一、介绍信

介绍信是机关团体、企事业单位的人员与其他单位或个人联系工作、了解情况、洽谈业务或参加各种社会活动时使用的一种书信。它具有介绍与证明的双重作用。持信人可以凭此获得对方的了解与信任,收信者可以凭此获知对方的情况(单位、职务、希望和要求等),从而使双方发生联系,洽商有关的事务。

(一) 介绍信的种类

介绍信有两种:(1) 填表式介绍信,有固定格式,印刷成册,使用时逐项填明即可,这种介绍信,一般都有编号,并留有存根;(2) 书写式介绍信,用信笺(常常是公用信笺)临时书写,无固定格式,可根据需要灵活处理。

(二) 介绍信的基本格式

1. 标题。

第一行中用大号字写上"介绍信"三字,有的还在它的前面加上发信单位名称;也有不写标题,直接就写正文的,但正文第一句开头需写上"兹(现)介绍"的字样。

2. 收信者(单位或个人)名称。

第一行顶格写,如系个人还需在姓名后加上相应的称谓(如"同志"、"先生"之类);也有第一行不写收信者名称,而放在正文结束后,另起一行顶格写,但需在正文之后写上"此致"、"此上"之类的字眼。

3. 正文。

包括三项:(1) 被介绍者的姓名、身份、人数。如果事关保密,还应写明被介绍者的政治面貌、职务、级别等。(2)需要办理的事务或要求等。(3)结束语,一般写祈请语、致敬语,如"希予接洽"、"请协助"等,然后再写"致以"或"谨致",再另起一行顶格写"敬礼"。

4. 落款处写明发信者的名称并加盖公章。

5. 发信日期。

年月日应写全。

6. 有效期限。

应在信末右下角注明。

(三)使用介绍信应注意的几个问题

使用介绍信应注意:(1)不能将盖好公章的空白介绍信交给持有人自己填写。(2)一份介绍信只能用于一个单位,收信单位接受后不退回。(3)需经领导批准的重要介绍信,领导人要在存根上签字后才能发出。(4)介绍信只能交被介绍者持用,不准冒名顶替。(5)底稿和存根的内容要与介绍信完全一致,底稿和存根都要保留,以备查考。(6)接洽或联系的事项要写得简明扼要,不得涉及与此无关的东西。(7)字迹要工整,不得涂改,如有涂改,则应在涂改处加盖公章。

【例4】

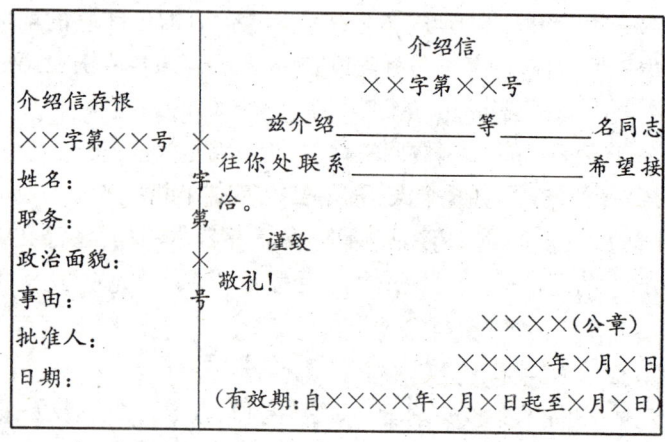

【例5】
介 绍 信
××××公司：
　　兹介绍我厂经营部三处处长×××等×人前往贵公司洽谈销售××××，请予接洽为荷。致
敬礼！
　　　　　　　　　　　××××厂（公章）
　　　　　　　　　　　××××年×月×日
（有效期×天）

【例6】
介 绍 信
　　兹介绍我厂×××等×人，前往贵公司联系××××，望接洽，请予协助！
　　此致
××××公司
　　　　　　　　　　　××工厂（公章）
　　　　　　　　　　　××××年×月×日
（有效期：自××××年×月×日起至××××年×月×日）

二、证明信

证明信是机关团体、企事业单位或个人证明有关人员的身份、经历、学历或某件事情真相的一种专用函件。

从作用看，证明信可分为两种：一种是作为旁证材料用的（见例8），一种是作为身份证件用的（见例9）。

作为旁证材料的证明信，既可以是组织写的，也可以是个人写的。

（一）证明信的格式

证明信的格式主要是：(1)标题。第一行居中写"证明"、"证明信"，或"关于×××问题的证明"等字样；个人书写的证明信，也有不写标题的。(2)收信者（单位或个人）名称。占一行，顶格写。(3)正文。根据对方的要求，如实地写清有关内容。(4)结尾。另起一行，顶格写"特此证明"四字，不用写致敬语。(5)署名。出具证明的单位或个人写在结尾下一行偏右处，并加盖公章或私章。(6)发信日期写在署名下方。如系个人写的证明信，其所在单位还应在证明后面签署意见。

作为身份证明件用的证明信，只有两点与旁证材料的证明信不同：(1)正文主要是证明持信人的身份。因此，必须写明他（她）的所在单位名称，本人的姓名、性别、年龄、职务（职称），以及所经路途、所负工作任务，提出希望和要求等。(2)正文之后，注明证件有效时间。这种证明信，现在许多单位也是按格式印好，用时逐项填写而成的。

（二）写证明信的要点

写证明信的要点：(1)内容必须确凿有据，一点不能虚假，否则，写作者应负相当的责任，甚至法律责任。(2)语言要明确清楚，绝不能含糊其辞，模棱两可。(3)必须用蓝、黑色笔墨书写，不能用铅笔，圆珠笔书写。(4)字迹端正规范，不能涂改，如有涂改，应加盖印章。

【例7】

证 明 信

×××厂：

贵厂设计师×××从××××年×月起在我处担任××工作，三年来工作认真负责，积极肯干，曾于××××年×月，获得××奖。特此证明。

××××所（公章）

××××年×月×日

【例8】

××××公司:

　　贵公司×××先生××××年×月至××××年×月,曾与我厂共同研究××××,发明了×××。于××××年×月获得国家专利(专利证明号为×××)。在研究工作中,×××提出了××等建议,对×××发明起到了重要作用。特此证明。

　　　　　　　　证明人:×××(签名或盖章)
　　　　　　　　××××年×月×日

　　证明人×××系我厂工程师,所具证明材料,经查属实,兹提供贵公司参考。

　　　　　　　　×××厂(公章)
　　　　　　　　××××年×月×日

【例9】

身份证明信

　　兹有我厂会计师×××,男,汉族,40岁,前往××参加×××会议,希沿途有关单位在其解决交通、食宿等问题上,适当予以协助为荷!

　　　　　　　　×××厂(公章)
　　　　　　　　××××年×月×日

(有效期:自××××年×月×日至××××年×月×日)

三、推荐信

　　推荐信,就是把有关的人或物品向对方推荐,希望对方接纳或采用的一种专用信。这是一种很古老的文体,但过去多用在荐人上,且不常用。今天,在市场经济的需求下,这种信件的使用越来越普遍。国外一些大学在接受学生时,还首先要求学生提供专家、教授写的推荐信。在荐人时,不仅可以荐举他人,也可以荐举自己。不管是荐人还是荐己,都要说明荐举人有条件、有能力担任某项工作或从事某项活动,从而希望对方加以录取、任用或予以协助。

(一)推荐信的格式

推荐信格式主要是:

1. 标题。

第一行居中写"推荐信"或"关于推荐×××的函",也可不写。

2. 收信者(单位或个人)名称。

占一行,顶格写。

3. 正文。

荐人荐物各不相同。

荐人的信包括:(1)被推荐者的基本情况,如姓名、性别、年龄、政治面貌、职称、职务等;(2)被推荐者所具备的政治、业务素质和工作能力,如工作经历、业务专长、科研或工作成果、适合担任什么工作等;(3)与被推荐人的关系。如果是自荐信,则着重写(1)、(2)部分。如果对方已经了解自己的基本情况,则(1)也可省略。

荐物的信包括:(1)被推荐物品的名称、性能、特点、作用和实际效果等;(2)被推荐物品的使用方法和适用范围;(3)产品价格,购买与付款办法。

4. 署名。

推荐者(单位或个人)名称,写在正文下一行偏右处,并加盖印章。

5. 发信日期。

写在署名下面。

(二)推荐信的写作要点

推荐信的写作要点:(1)推荐者对被推荐的人或物,必须有较清楚的了解，不能凭一知半解或道听途说，随便推荐。(2)要实事求是地介绍真情实况，不能夸大其辞。自荐的信也要分寸得当，有什么长处就直说什么长处，不必过分谦虚，但也不能"扬长避短"，文过饰非，自吹自擂。(3)推荐他人的信，如非邮寄而由被荐者面交时，信封一般不封口。

【例10】

×××经理：

贵公司日前来函，拟于我校本届毕业生中招聘会计2名。现在我校本届毕业生考试已经全部结束，特从成绩最好的学生中选出2名，推荐给贵公司。一名×××，女，20岁，××人，共青团员，每学年均被评为三好学生，为人诚实、刻苦，学习一贯认真努力，每学期成绩均列前五名，实际操作力亦较强。另一名×××，男，19岁，××人，共青团员，每年均被评为三好学生，担任班干部工作，认真负责，善于团结同学，学习成绩期期优良，毕业实习成绩亦位居第一。我们认为上述2名学生，颇适合贵公司的会计工作，特此推荐，希予接洽、录用为荷！致以敬礼！

×××财会学校(公章)
××××年×月×日

附：×××、×××历年学习成绩表2份。

【例11】

×××公司：

顷阅××日报，获知贵公司欲招聘经济管理人员×名。我于××××年×月毕业于××市××经济管理学院，学的正是经济管理专业。毕业后又到××市××公司从事经济管理工作×年，并于××××年×月，因工作成绩优异,获得××一等奖。但××公司于今年×月与××公司合并成为××集团后,机构发生很大变化,人员调动也异常之大。我以新任职务与所学专业不对口,遂向公司提出改行要求,已获批准。现在贵公司所需人员,我认为我的条件颇相符合,故特将本人学历、经历和××公司业务鉴定书各一份送上,请予审查。无论合格与否,均望早日告知为幸!

  谨致

敬礼!

×××上

××××年×月×日

  附:本人学历、经历及××公司业务鉴定书各一份。

【例12】

××商行:

  据××公司介绍,贵行对我厂出产的×××甚感兴趣,愿意大量购进经销,我厂至为欢迎。现将购买该产品有关事项开列如下,请予查阅考虑。如欲订购,请即派人前来我厂具体洽商。

  1. 产品性能、特点、用途和使用的方法等,请见附件"产品说明书";

  2. 产品价格(略)

  3. 付款和运送办法等事宜,均由面议决定。

  致

敬礼!

××××厂(公章)

××××年×月×日

  附:产品说明书一份。

四、感谢信

对某个单位或个人,对自己(或自己一方)的关怀、帮助、支持表示感谢的信,叫感谢信。可以用于单位与单位、个人与个人、个人与单位之间。感谢信以感谢为主,但也包含了表扬的意思。它可以直接寄给对方或对方所在的单位,也可以用大红纸写好,送到对方单位,张贴在醒目的地方,还可以送交报刊、电台发布。

(一)感谢信的格式

1. 标题。

第一行正中写"感谢信"或"致×××的感谢信"字样。

2. 称呼。

标题下一行顶格写收信者(单位或个人)的名称,如系个人,姓名后还应加上"同志"或"先生"等相应称谓,并在其后打上冒号。

3. 正文。

一般包括三部分:(1)开头。总括感谢的内容和感激之情,也可省略不写;(2)主体。具体而精炼地叙述对方助人或救人的品德和先进事迹。对事迹有关的人物、事件、时间、原因、结果等,必须交代清楚。特别是对方的关怀、帮助、支持所产生的效果,要作为重点来叙述;(3)在热情赞扬对方的高贵精神和良好影响之后,表明自己向对方学习的态度和决心。

4. 结尾。

写上"致敬礼"或"致以崇高的敬礼"之类的致敬语。

5. 署名、日期。

与其他书信相同。

(二)写感谢信应注意的问题

写感谢信应注意:(1)先进事迹较多时,要分项叙述,不要有所遗漏,特别是主要事迹应首先抓住交代清楚。(2)叙述要满怀激情,对事迹的意义和价值,可作恰当的评论,但不可任意夸大或拔高。(3)语言要精炼,篇幅不宜过长,特别是张贴的感谢信,最好一张大纸就能写完。字迹不能太小,更不能潦草。

【例13】

感 谢 信

×××厂:

  我店营业员刘×××于×月×日携带人民币×万元赴×市××厂订购一批产品,不料行至××处,突遇两个手持匕首的歹徒。歹徒当即将刘××打伤倒地,抢去全部携带款项。刘××流血过多,已经昏迷而不省人事,恰逢贵厂××车间工人李×同志,骑自行车路过此地,见状即抱扶刘××上车,推车迅速送往附近××医院抢救。等到刘××抢救过来,恢复知觉,李×同志立即问明其受伤原因,了解了歹徒的一些面貌特征后,便又马上骑车到附近××公安分局报案,并带公安人员奔赶现场查看。最后,公安人员经过多方侦查,终于将两个歹徒抓获,追回了劫去的款项。如果不是李×同志及时相救,不仅劫去的款项追不回来,就是刘××的生命也很危险。

  李×同志这种见义勇为、扶危救困、不辞辛劳、不计报酬的高尚品德和共产主义精神,不但刘××本人感激不尽,万分钦佩,我店全体职工亦深受感动,认为李×同志是我们学习的好榜样。因刘××尚未痊愈,特由我本人代表刘××和全体职工,谨向李×同志表示衷心的谢忱和敬意!

××××店经理×××
××××年×月×日

五、慰问信

  慰问信是以组织或个人的名义向对方表示热情关怀、亲切慰劳和问候的专用书信。接受者可以是单位,也可以是个人或家庭。

内容可以赞扬对方的功绩,也可以慰问对方的辛劳,可以向对方表示自己的关怀、思念,也可以安抚对方不幸的遭遇。慰问信可以直接寄给对方,也可送交报刊、电台发布。节假日慰问信也可用红纸印好送给对方。

(一)慰问信的格式

慰问信的格式与其他专用书信基本相同。标题可写"慰问信"或"×××致×××的慰问信",也可不写,直接就以称呼开头。正文一般分三部分:(1)开头。说明写信的背景、原因及问候用语。(2)主体,根据写信的目的和收信者的情况,内容各有侧重,要写得具体实在。(3)结尾,写慰问与祝愿用语,有的还表示共同的愿望和决心,如"祝你们取得更大的成绩"、"让我们共同努力,为重建家园而奋斗"等。最后写发信者名称和发信日期。

(二)写慰问信应注意的问题

写慰问信应注意(1)针对性要强,慰问对象不同,写法亦随之变化;哪怕同是节假日慰问,今年也应与去年不一样。(2)感情要真挚,语言要亲切,要多为对方着想,切忌空讲大道理。(3)文字要简练,篇幅要短小。

【例14】
周恩来致邹韬奋夫人沈粹缜的慰问信[①]

粹缜先生:

在抗日胜利的欢呼声中,想起毕生为民族的自由解放而奋斗的韬奋先生已经不能和我们同享欢喜,我们不能不感到无限的痛苦。您所感到的痛苦自然是更加深切的了。我们知道韬奋先生生前尽瘁国事,不治生产,由于您的协助和鼓励,才使他能够无所顾虑地为他的事业而努力。现在,他一生光辉的努力已经开始获得报偿了。

---

① 《周恩来交友录》第134页,中共中央党校出版社1992年版。

在他的笔底,培育了中国人民的觉醒和团结,促成了现在中国人民的胜利。中国人民一定要继续努力,为实现韬奋先生向往的和平、团结、民主的新中国而奋斗不懈。韬奋先生的功业在中国人民心目中永垂不朽,他的名字将永远是引导中国人民前进的旗帜。想到这些,您,亲切地了解韬奋先生的人,一定也会在痛苦中感到安慰吧!您的孩子——赤瑙,在延安过得很好,他的品格和勤学,都使他能无负于他的父亲,这也一定是可以使您欣慰的事吧!

　　谨向您致衷心的慰问,并祝
您和您的孩子们健康!

周恩来启
1934年9月12日

【例15】

××省人民政府××军区
致奋战在抗洪救灾第一线广大军民的
慰　问　信

奋战在抗洪救灾第一线的广大军民同志们:

　　我省抗洪救灾的斗争已经取得了重大的胜利。为此,我们特向你们致以亲切的慰问和崇高的敬意!

　　最近一段时期,我省××江沿岸一带广大城乡地区遭受了百年未遇的特大洪水灾害,国家和人民的财产和生命受到严重的威胁。正是你们在党和政府的领导和号召下,挺身而出,不避艰险,不畏牺牲,奋力拼搏,涌现出大批可歌可泣的英雄人物和英雄事迹,取得了一个又一个的胜利。全省人民为你们感到自豪!向你们学习、致敬!向你们表示衷心的感谢!

同志们,我们和全省人民一定继续全力支援你们,相信你们一定能够发扬不屈不挠的顽强斗争精神,再接再厉,团结奋进,夺取抗洪救灾斗争的最后胜利。

×××人民政府
× × 军 区
××××年××月×日

六、祝贺信

表示祝贺、赞颂的信叫祝贺信,简称贺信。凡遇值得喜庆的事情,不论大小都可以祝贺,如结婚、生子、生日、节日、获得奖励、取得好的成绩,以及开业、开会、任职、重大工程的完成、重要纪念活动的举行,等等。可用于单位与单位、个人与个人之间,也可用于国家与国家之间。如遇时间较紧,或事情较重大,也可拍发电报。既可直接寄给对方,也可送交报刊、电台发布。

(一)祝贺信的格式

祝贺信的格式与慰问信基本相同。标题可写可不写,写时一般写"贺信"、"祝贺信"或"×××(单位或个人)祝贺×××(祝贺的内容范围)"等字样。收信者名称之下即写正文。正文开头即表示热烈祝贺之意,包括向谁祝贺,祝贺什么,为什么要祝贺等。接下去是正文的主体,写值得祝贺的具体事实。事实不同,写法也就不同。祝贺重大节日或纪念活动,就着重写节日或纪念活动的重要意义;祝贺重要会议的召开,就写会议的重要性,以及对会议的希望和要求;祝贺对方取得的成绩,则简析取得成绩的主客观原因,说明成绩对有关方面的作用和影响;祝贺生日,则应写对方的人品,在事业上的成就及其贡献;祝贺公私企业开业,则写该企业在社会主义经济建设中的作用,以及对它发展前途的展望。正文最后写表示祝愿与希望之情的语句。上级祝贺下级的,一般写希望、要求;发给同级的,一般还表示向对方学习的诚意;下级写给上级的,祝贺之后一般还表示自己的某种决心;祝贺会议的,一般写"祝大会(会议)取得圆满成功";祝贺寿辰的,一般写"衷心祝愿健康长寿";祝贺开业的,一般写"祝鸿图大展、生意兴隆"。

(二)写祝贺信应注意的问题

写祝贺信应注意:(1)情真意切,字字句句都应使人感到温暖、愉快,而又觉得深受启发、教育和鼓舞。(2)颂扬、赞美,不能变成阿谀奉承,而必须实事求是,恰如其分。(3)贵在及时,祝贺会议、生日、节日的一定要提前几天或当天送到。(4)需要张贴的贺信,一定要用红纸写,切忌白纸黑字或蓝纸黑字。(5)字数不宜太多,一般千字左右即可。

【例16】[①]

中国体育代表团:

在刚刚胜利闭幕的第11届亚洲运动会上,中国体育代表团高举"团结、友谊、进步"的旗帜,弘扬"更高、更快、更强"的奥林匹克精神,以优异的运动成绩和良好的精神风貌,出色地完成了祖国和人民的重托。党中央、国务院向你们致以热烈的祝贺和亲切的慰问!

在这次规模空前的亚洲体育盛会上,你们以顽强的意志和精湛的技艺,奋勇拼搏,力争上游,刷新了一大批亚洲记录,在一些项目中创造了世界最好成绩。你们为祖国赢得了荣誉,为亚洲体育的发展作出了贡献。你们的成绩特别是赛场上表现出来的不甘落后、锐意进取的精神,对奋战在改革开放和社会主义现代化建设各条战线上的全国人民,是巨大的鼓舞。

体育战线肩负着增强人民体质、提高运动技术水平、

---

① 1990年10月8日《人民日报》。

建设社会主义精神文明的光荣使命。党中央、国务院希望我国体育健儿,把这届亚运会作为新的起点,戒骄戒躁,再接再厉,力争更好的成绩,努力攀登世界体育高峰。体育战线的同志们在取得巨大成绩的同时要看到我们的差距,要进一步振奋精神,深化改革,大力开展群众体育,把我国体育运动推向新的广度和高度,为建设四化、振兴中华做出贡献。

中共中央　国务院
1990 年 10 月 7 日

【例17】

×××公司:

　　欣逢贵公司开业之际,请接受我厂职工对你们的热烈祝贺。

　　人所共知,国有大中型企业机制的转变,对社会主义市场经济体制的建立起着十分重要的作用。贵公司的成立和开业,正是国有企业机制转变的一个具体表现。我们相信贵公司业务的开展,不但能在市场竞争中赢得良好的经济效益,为国家积累更多的财富,而且为本市市场结构的日益完善,也将作出不小的贡献。我厂现在也正在为增强企业活力,大力转变经营机制。为了深化改革,加快四化建设步伐,希望我们今后能密切联系,共同努力奋斗!

××××厂
××××年×月×日

七、申请书

个人或单位需要组织帮助解决某个问题,或实现满足某种希望和要求,而提出请求的书信,就叫申请书。申请书的内容很广泛,如个人入党、入团、入学、入会、参军、开业,以及分配住房、调动工作的请求,下级单位在生产、工作、人事等问题上要求上级帮助解决的请求,等等,都可以写成申请书。申请书不管是个人的还是单位的,都是下对上,没有平行,更没有上对下的,也就是说,它的对象是领导、组织、机关、团体、单位或上级。内容也较单一,基本上是一事一信。

(一) 申请书的格式

申请书的写作格式与一般专用书信相同。标题写明"申请"、"申请书"或"××(如开业)申请书"字样;"抬头"(即接受申请者的称呼)之下,就写正文。正文首先写申请什么,即申请的具体内容;其次写为何提出申请,即申请的理由;最后写申请书的决心、希望和要求,如以"敬请核准"、"可否,望早日核示"之类的话作结。署名和发信日期与一般书信同。

(二) 写申请书应注意的问题

写申请书应注意:(1)充分考虑有无申请的必要,自己是否具备申请的条件。(2)讲清申请的事情及理由,务使对方充分了解自己的意愿和具体情况,以便对方研究处理。(3)根据对方的情况,如职责、权限等,确定申请的内容、用语的分寸。一般要求语言准确、朴实,切忌以夸大困难、阿谀对方来求得问题的解决。(4)要掌握时机,有些事时机未到,或时机过了,请求就难实现。

【例18】

开 业 申 请 书

××市工商局:

我们3人原来都是建筑设计师,退休以后,虽然都已年过60,但身体尚好,觉得还能发挥余热,为祖国社会主义现代化建设继续做出一些贡献。因此,我们共同商议决定,集资×万元,以×××所有、位于××路××号临街房屋一间(共××平方米)为办事场地,成立"×××建筑设计所",以我们几十年的设计经验来为公私建筑设计服务。特此申请,希予审核,发给营业执照,准予开业为感!

  致

敬礼

      申请人:××× ××× ×××

          ××××年×月×日

  附:×××建筑设计所章程一份

八、倡议书

倡,是首先提出或发起、发动的意思。倡议书就是个人或集体希望更多的人来共同完成某项任务或开展某种活动时,首先向大家公开提出一种建议或意见而使用的一种专用书信。倡议书不仅是广泛联系群众的纽带,是把组织和领导意图、号召变为群众自觉行动的重要途径,而且是发动群众维护社会公益、转变社会风气的有力手段。

(一)倡议书的格式

倡议书的格式与其他专用书信相近。标题,最简单的是只写"倡议书"三字,详细一点,可以在"倡议书"前面写上倡议者(都为单位)名称、倡议内容,或只加倡议内容;更详细一点,则分成正副题,正题写倡议内容,副题写倡议书名称、收信者名称,再加"倡议书"三字(如《×××致全市人民的倡议书》)。如果收信者名称未在标题中出现,那么"抬头"就要首先写明,或写单位名称,或写收信者所在系统或行业的名称。正文,根据倡议书的性质可以作不同的处理。如果是领导机关发出的开展某种公益活动的倡议,开头就说明倡议的依据、目的,主体着重说明倡议的内容,结尾写安排或做法。如果是内容较多的倡议书,开头和主体与上一种相同,只是结语改成决心与希望之类的话。如果是一般的倡议书,则分条写明倡议目的、倡议事项、倡议要求等。署名,如果是一个单位发出的,可以写在结尾处,也可以写在标题正下方;如果是几个单位联合发出的,必须写在结尾处。日期写署名下边,以发出日期为准。

(二) 写倡议书应注意的问题

写倡议书应注意:(1)倡议的事项应具有一定的普遍性,能产生一定的社会效益,而且具体明确、简便易行,容易为广大群众所接受。(2)理由要充分,感情要真挚,语言要简洁有力,富有鼓动性和号召力,但态度必须平和,切忌居高临下、发号施令。(3)如果是几个人或几个单位联合的倡议书,必须共同讨论并取得一致意见后,才能写成发出。(4)发出的方式可以根据内容和收信者的情况灵活处理,给本单位的,既可以用大字抄写在纸上张贴,也可以印发给群众;给外单位或全地区以至全国的,则可送交报刊、电台发布。

【例19】

倡 议 书

全省个体劳动者同志们:

我省去年在邓小平同志南巡谈话的指引和鼓舞下,经济建设取得了迅速的发展,国民生产总值达到了×××亿元,比前年增长了12.5%,人民生活得到了进一步提高,人均年收入已达××××元,接近了小康水平。

但是,由于我省幅员广大,人口较多,交通还不够发达,经济发展也很不平衡,处在边远山区的人民,尚有×××万人未能脱贫。省党委、省人民政府已为贫瘠地区的人民做了大量工作,去年已使××万人脱贫致富。最近省人民政府又专门召开了脱贫工作会议,作出了尽快帮助贫困人民脱贫的决议。

尚未脱贫的同胞,他们的生活现在还十分困难。有的地方,不单是"衣不暖体,食不饱腹",而且人畜饮水也成问题。这绝不是他们不肯勤奋努力的结果,恰恰相反,他们已经做了巨大的努力。但由于自然条件的极端恶劣,生产一直搞不上去,他们的生活也就很难改善。他们的贫困不仅使他们的生活得不到改善,而且严重影响了我省经济更快、更大、更全面的发展。

我们广大个体劳动者,不但依靠了党的政策的优惠、鼓舞,而且凭借了社会、自然条件的优越,以及广大群众对我们的支持,早已解决了温饱问题,绝大多数人的生活已相当富裕,甚至几十万、几百万元的富户也在我们中间出现了。我们和边远山区的人民是同胞、是同乡,我们怎么能对他们的贫困不闻不问、袖手旁观呢?我们绝不能忘了党和政府之所以要一部分人先富起来,正是需要他们帮助未富的人走上共同富裕的道路。如果富的只顾自己,不顾别人,越富越想富,造成像资本主义那样巨大的贫富悬殊,哪还叫什么社会主义呢?为了感谢党和人民对我们的关怀,为了支援贫困地区人民的脱贫致富,我们××市个体劳动者特捐款××万元,以尽我们的一点心意,并向全省个体劳动者同志们提出如下几点建议:

一、在党和政府的领导下,积极参加扶贫活动,有钱出钱,有力出力,帮助贫困地区人民,发展生产,尽快摆脱贫困,找到致富之路。

二、俗话说:"治穷先治愚,治愚靠教育。"为使贫困地区人民从根本上改变落后面貌,必须大力帮助贫困地区发展教育、发展科技。当前,首先就要抓义务教育和职业教育。我们除了捐资兴学之外,还可以凭我们知识、技术及经营管理经验给贫困地区人民提供多方面的帮助。

　　三、我们要进一步为社会主义物质文明和精神文明建设,特别是为社会主义市场经济的建立和完善,遵纪守法,优质服务,为社会创造更多的财富,为国家作出新的贡献。

××市个体劳动者协会
××××年×月×日

九、聘请书

　　聘请书,又叫聘任书、聘书,就是聘请有关人员到本单位工作的一种专用书信。中共十一届三中全会以后,随着改革开放的逐步深入,业务活动的日益开展,迫切需要扩大人才的交流和流动,聘请的方式也就应运而生。不但可以聘请外面的人来工作,就是在单位内部,也有实行聘任制的。国家实行公务员制以后,就是政府机关也采取聘任制度。这种制度,对于尊重人才、促进人才交流、"打破铁饭碗"观念、增强受聘者的责任心和荣誉感等方面都具有不可忽视的作用。

　　(一)聘请书的格式

　　聘请书的格式同其他专用书信相近。标题,写"聘请书"、"聘书"或"聘约",也可加单位名称,写成"××××公司聘书"。被聘者的姓名、称呼,可以在标题下一行顶格写,也可写在正文中,如"兹聘请×××为×××"。正文的主体,根据情况写明聘请的原因,承担的职务、职责、权限,应得的待遇,聘请的起止日期,对被聘者的要求、希望等,有的则只简单的写明聘请其做什么就行了,至于其他的问题则写成"聘约",作为附件处理。署名(盖章)、日期写在最后。现在市面上有专门印好的"聘书"出售,一般买来填上有关的内容即可。

（二）写聘请书应注意的问题

写聘请书应注意：(1)聘请的具体内容，如做什么，怎么做等，要交代清楚。(2)语言要准确简洁、恳切热情。(3)如果由单位负责人名义发聘请书，则署名要由其签字盖章，姓名前还要加上职务名称。

【例20】

聘 请 书

×××先生：

　　我公司已于××××年×月×日获准成立，兹特聘您为××部主任，全面负责××部的工作。聘期三年，自××××年×月起到××××年×月止。月薪××××元，其他福利按公司规定办理。望你于×月×日到职视事，领导全部工作人员，协同有关部门，迅速开展各项工作。

　　致

敬礼！

××××公司（盖章）
××××年×月×日

第五章 启告文书

第一节 启　事

　　旧时书信常常用"敬启者"开头。"启"就是陈述、告诉的意思。启事,就是单位或个人把需要公众知道或者请求帮助的事写出来而公布于众(或发表于报刊、电台,或张贴在公共场所)的一种文书。古代常把简短的书信叫做"启",如"小启"、"谢启"等。启事,其实也就是一种简短的公开信,只不过它涉及的事情不如公开信那样重大并具有普遍意义罢了。启事的种类很多,常见的有三类:(1)告知类,如开业、停业、聘请(如聘请法律顾问)、迁移、更名、更正、改期、竞赛、讲座等。(2)征求类,如征集、征地、征稿、征婚、招标、招租、招工、招生、招领、换房等。(3)寻找类,如寻人、寻物等。种类虽多,但格式基本相同。标题一般只写"启事"两字;也有只写事由的,如"寻物"、"招领"之类;也可把文种和事由合在一起,如"寻物启事"或"××××公司招聘启事"。正文,主要写启事的内容,包括原因、目的、意义、要求、条件、待遇等。结尾可以写"此启"、"特此启告"之类的话,也可以不写。署名和日期,按一般文书处理,如果说标题中已有启事者的名称,则不再署名。

　　写启事应注意:(1)标题要醒目、简短,为加强吸引力,有时还应注意文面设计的艺术性。(2)提出的事项要完整单一,具体实在,使人一看就清楚。(3)语言要准确、通俗,有分寸,讲礼貌,以获得读者的信任,达到预期的目的。(4)启事者的姓名、联系人、联系地点和联系电话、邮编号码等一定要交代得清楚、完备,便于读者联系。

【例1】

××摩托车总汇××路分店开业启事

　　××摩托车总汇成立以来,承蒙各界人士大力支持,业务日益发展。为适应市场需要,方便顾客购买,特于×月起在××路增设一家分店。现已购进中外名牌豪华摩托车一批(排气量70CC～450CC),批发零售,均所欢迎。一流产品,理当一流服务,如蒙光顾,必使高兴而来、满意而归。

　　店址:××路××号

　　电话:××××××

　　经理:×××

××××年×月×日　　

【例2】

诚　　聘

　　我公司系经有关部门批准、登记注册的独立法人企业,主要经营房地产开发和商品楼房销售。现因业务发展,需要招聘一批工程专业技术和长于经营管理的人才,待遇从优。

　　招聘人才及条件:

　　1. 建筑设计2名(中级职称以上);

　　2. 土建工程3名(中级职称以上);

　　3. 经营管理4名(助师以上职称,有三年以上工作经验)。

　　上述人才,除特殊情况外,年龄均不超过五十岁。

　　有意应聘者请持身份证及有关证明来我公司洽谈。

　　洽谈日期,即日起至×年×月止。

联系地址：××市××路××号
联系人：李×× 王××
电话：×××××××
邮政编码：××××××

×××市×××公司
××××年×月×日

【例3】

寻 人 启 事

×××，女，12岁，身高1.12米，齐耳短发，眼大，唇薄，身着白底红碎花连衣裙，脚穿白色运动鞋。本地口音，有些口吃。就读于×××中学，初二班。于×月×日下午放学后，至今未归。知其下落者，请与××××路××号张××联系（电话：××××××××，邮政编码：××××××）。定当重谢！

×××启
××××年×月×日

第二节 声　　明

声明是公开说明意思。需要公开说明的，常常是一些比较重大的有相当影响的问题。比如，国家、政府、社团及其领导人，对国际、国内一些重大问题，要表明自己的立场、态度、主张时，也常常使用声明这种文书。但这里所说的声明是单位和个人在社会生活中所作的一般性声明，但也可能涉及到一些比较重要的事情，有的往往还与法律有关。通常可以分为两种：一种是单位或个人的合法权益受到损害，而向对方提出警告的声明。这种声明的内容，主要是说明发表声明的原因，表明自己对事件的态度、立场，提出解决问题的意见、办法。另一种是较为重要的物品遗失后发出的声明,如支票、证件等遗失,若被人拾到,就可能产生不良后果,如不声明,自己还可能负法律责任。这种声明不仅要说明遗失什么、在什么时候、什么地方遗失的,如系支票、证件还要写明其原有编号并声明作废,以免被人冒领或拾去进行非法活动。

【例4】

××酒厂授权××律师事务所
李××律师严正声明

××酒厂生产的××牌曲酒,多次获得国内外重奖,深得顾客喜爱,一直畅销不衰。近来,一些外地企业竟然假冒××牌商标,制造劣质曲酒,牟取暴利,不仅严重损害了消费者和××酒厂的合法权益,而且扰乱了社会主义市场秩序。除已报请工商行政管理部门严肃查处此种违法行为外,本律师受权特作严正声明如下:假冒××酒厂××牌生产、销售劣质曲酒者,必须立即停止生产、销售,如仍执迷不悟,一经发现,将依法追究其法律责任。同时,敬告广大消费者,认清××牌商标,勿被假冒者所骗。如能查获假冒产品及假冒者行径,请告知工商行政管理部门、××酒厂或本律师事务所,当予以重奖。特此声明。

××××年×月×日

【例5】

遗 失 声 明

本人遗失××市××字第×××××号个体营业执照一份。特此声明作废。

×××

××××年×月×日

第三节 告　白

告白是单位或个人向公众传达某种信息,或说明某件事情的真相、原委,引起大家的注意,希望予以协助办理的一种文书。告白是一种古老的文种,在今天已成为常用的文书。可惜因使用太乱,不少人常常把什么"安民告示"、"通知"、"布告"、"公告"等等当成告白来使用。有的又以启事和声明代替告白。虽然它的格式和写法同启事、声明也相近,但作用却不相同。告白主要具有知照性,是给对方以确切的信息,希望对方注意处理某些事宜。标题,可以写"告白"两字,也可以写"告读者"、"告顾客"或"敬告读者"、"敬告用户"等字样,也可以不写标题,一开头就写称呼,如"敬爱的读者(顾客)"。正文,为了明白清楚,往往分段逐项地写,写明什么事情、怎样去做、应该注意的问题、可能产生的后果、告白者的希望和要求等。落款与一般启告文书相同,应该特别注意的是:语气要诚恳,感情要真挚,切忌使用强硬的或命令的口吻。

【例6】

敬　告　顾　客

我店新到一批上海名厂出产的名牌羊毛衫,花色齐全,款式新颖,规格多样,价格优惠,欢迎光临选购!

×××百货商店

××××年×月×日

【例7】

告　　白

一、《××××》已经运到,凡已预订者,请于×月×日前携款来我店购买。

二、《××××》第二批预订于×月×日开始,需要者请到时至本店服务台办理预订手续。

　　三、远地读者需邮购《××××》时,亦可来信或托人来店预订。

×××书店

××××年×月×日

第四节　广　　告

　　从字面上讲,广告就是广泛告知的意思。从性质、作用上讲,广告是一种通过一定媒介广泛地向公众传递某种信息的宣传手段或形式。

　　广告的目的,在于"推销自己",说服别人。就是把自己或自己拥有的事物、自己从事的活动的特点、长处、用途等,公开向广大公众宣传,说服公众同意自己的观点,或者接受自己的服务,或者购买自己的商品。这种目的可以是经济的(如商业广告),也可以是非经济的(如中央电视台的"广而告之"、公立学校的招生广告)。

　　一、广告的分类

　　广告的种类随着商品经济的发展越来越多。

　　(一) 按内容、性质分

　　1. 推销商品的广告。

　　包括推销新产品、滞销商品、降价商品等广告。这种广告,着重宣传商品的"物美价廉",加强商品的竞争能力。为此,常提出送货上门、保用保修、有奖销售等优惠条件。

　　2. 提供劳务的广告。

　　包括技术咨询、室内装潢、上门美容、家庭治病、搬家、讨债等服务项目。这种广告着重说明服务的周到和价格的优惠。

　　3. 公关性的广告。

　　主要是介绍、宣传一个机构(企业)的情况,树立其形象,提高其信誉。它不直接推销商品,但同样可以使其商品或服务获得顾客的青睐。这种广告着重说明企业的规模、经营的范围、突出的成绩、发展的远景等等。

(二) 按传播的媒介分

1. 印刷广告。

包括报刊、商品包装、挂历、电话簿、书籍等广告。特别是报刊上的广告,流传面广,不受时间的限制,影响也最大。

2. 电波广告。

即利用广播电台、电视台作广告,特别是电视广告早已打入千家万户,不仅有专门播放广告的时间,而且常常在其他节目间隙乃至中间插入广告(政府有关部门一再发出通知,不准广播与电视中断节目在中间插播广告。但是,至今全国电视台绝大多数都没有执行这个规定,几乎每个电视剧中总是中断几次,插入各种商业广告,严重影响观众的收看和情绪,引起观众对电视台的强烈不满。但愿这种只为自己求利、不为观众着想的现象能尽快消除)。因此,这类广告越来越多,收费也越来越贵。近几年因特网上兴起的网上广告,更突破国界与地域阻隔,深入全球各地。

3. 户外广告。

包括路边牌匾、霓虹灯、建筑外表、运动会等公共集会场所等广告。这种广告也越来越普遍、混乱,甚至一些桥栏杆上、路灯柱上也贴满了广告,严重影响了市容。

4. 影剧广告。

包括影片、幻灯放映和影剧场内张贴的广告。

5. 商场广告。

包括商店内外的橱窗、货架、墙壁等处写画或张贴的广告。

6. 流动广告。

包括各种运输工具(飞机、车辆、轮船)上和人穿戴的衣帽上张贴或印制的广告。现在还有一些企业专门派一些"广告模特",穿上特制的服装,上街或到一定场所去做广告。

(三) 按表现形式分

1. 文字广告。

2. 美术广告。

包括绘画、摄影、录像、雕塑等形式。

3. "图文并茂"即文字与图画结合的广告。

本书主要讲的是商业广告及其文字表现的形式。

商业广告是一种很古老的广告,可以说有商品和商品交换就有商业广告。

沿村(街)叫卖,就是一种最原始而又一直流传到今的商业广告。发展到今天,商业广告也越来越发达,已经成为一个专门产业,业务日益扩展。可以说,今天不但住在城市中的人生活在广告世界里,就是处在穷乡僻壤,也常受着广告的冲击。打开电视机或收音机,要看到或听到广告;翻开报章、杂志,要看到广告;走在路上,随处可见广告;看戏、看电影、看球赛,那更少不了五花八门的广告。这也没什么可以奇怪的,因为我们今天就生活在商品世界里,谁也离不开商品,离开了商品谁也无法生活。不但出卖商品的需要广告,购买商品的也需要广告。广告不仅使买卖双方联系在一起,也推动了商品经济的不断发展。特别是在我们大力建立社会主义市场经济体制的时候,更不能忽视商业广告的作用。

二、商业广告的作用和特征

(一) 商业广告的作用

1. 为生产企业走向市场"鸣锣开道"。

生产企业的产品要想投放市场、占领市场,首先就得通过广告,把产品信息输送到市场中去,把人们的注意力集中到产品上来,从而增强产品在市场中的竞争力。

2. 为商业经营扩大销售"制造舆论"。

商业经营者是通过广告的宣传扩大商品的影响,引起购买者的兴趣、欲望,才使商品迅速、大量销售出去的。

3. 为消费者购买商品"指引迷津"。

在商品的海洋中,消费者被弄得眼花缭乱,无所适从。广告介绍商品的知识,说明商品的性能、规格、质量、使用方法等,就为消费者选择商品提供了信息,起到了指导消费的作用。

4. 为供求双方的联系"牵线搭桥"。

在市场中常常有这样的情况。有货的找不到买主,买货的找不到卖主。通过广告,供求双方便很容易地取得联系,达到有无相济、货畅其流的目的。

5. 为精神文明建设"锦上添花"。

广告不仅具有经济价值,而且具有精神价值。它为了吸引公众的注意、兴趣,激发公众的需求欲望,特别是影响、提高社会的风尚和道德水准,就必须以艺术的手段,趣味高尚的形式,引人向上的内容,来增强自己的说服力和魅力。这样,不仅美化了环境,丰富了社会文化生活,消费者的精神境界也在潜移默化中得到了提高。

要使广告的作用得到发挥,就必须根据广告的特征来进行制作、写作。

(二)商业广告的特征

1. 科学性。

广告学本身就是一门独立的科学。它在传达商品信息、介绍商品知识时,必须有可靠的科学依据,必须进行准确的科学分析,必须实事求是。只有如此,才能具有说服力,才能取得消费者的信任,发挥广告应有的作用。如弄虚作假,夸大其词,欺骗顾主,消费者完全可以根据法律,要求执法部门予以制裁。

2. 艺术性。

广告不仅大量运用绘画、摄影、电视、电影、歌曲、雕塑等艺术形式,就是在文字的写作上,也必须运用生动、形象、富有感染力的语言,才能具有强烈的、诱人的吸引力,激发起人们购买的欲望。国际广告协会规定优秀的广告,必须具备五个条件:给消费者以愉悦感;具有创新、改进的精神;提示信息的个性,能为消费者解决问题;有明确的承诺;有潜在的推销能力。如不具备艺术性,这些要求就很难达到。

3. 宣传性。

过去有这么一句俗话:"好酒不怕巷子深。"意思是说,只要酒好,不用宣传,哪怕是在很偏僻的地方出卖,人们也会跑去买来喝的。这话最多只说对了一半,还有一半就没说着:不宣传,再好的酒也无人知道。广告正是通过向公众的说明、讲解或者描绘,使企业的形象或产品的性能、特点鲜明地表现出来,获得公众的信任,从而使公众产生与企业联系或购买产品的行动。许多名牌产品之所以有"名",大多是由广告的广为宣传而获得的。但违背了科学性、艺术性,也就失去了宣传性。

三、商业广告的制作

(一)商业广告的格式

同其他启告文书一样,商业广告也包括标题、正文、结尾(落款)三部分。

1. 标题。

它是广告的眼睛,要求"醒目"、"引人入胜",可以"一语道破",直截了当地写出需要顾主了解的最重要的东西。通常多以厂商名、商品名称或商品主要特点为标题。如"××厂××牌电冰箱"、"春花空调"、"××蚊香,香到蚊除"。也可以采用"曲径通幽"的方式,即不直接点明主旨,而是用暗示性的耐人寻味的语句,诱使顾主去了解主要的东西。如"冬暖夏凉何足奇,四季长春才叫妙",在这个标题之下,引出所要介绍的"××牌空调器"。

2. 正文。

它是对标题的具体解说,一般由三个层次组成:(1)引子。

即对标题作简要的解释,求其能引出并统帅下文,使人获得一个总的印象。(2)主体。它是正文的主干,内容包括:企业的历史、规模、成就、商品的品种、规格、特点、性能、用途、价格、使用及保养方法,商品的制作过程、方法、经营范围,商品的信誉(如获奖与销售情况、权威部门的鉴定、消费者的赞誉等),对顾客承担的责任(如保换、保修、保退、送货上门等)。这部分主要靠事实说话,要求写得具体而不繁琐、生动而不僵硬。可以采用多种体式(如陈述、问答、布告、论说、描写、诗歌、对联、新闻等)、多种手法(如类比、证明、旁证、衬托等),务使读者相信所述内容,获得深刻的印象。(3)结语。

3. 结尾。写明经办、经销单位的名称、地址、电话、联系人及经销办法等。

(二)写广告需注意的问题

1. 内容健康,情趣高尚。

广告是在大庭广众之中出现的东西,影响面很广。它不仅表现了一个企业的形象,也代表了我们民族的文明风貌。因此,必须坚持社会主义政治方向,坚决反对反动、迷信、淫秽、低级庸俗的东西,既要注重经济效益,更要注意社会效益,注意精神文明建设。有些广告为了迎合某些人的低级趣味,大肆宣传穷奢极欲的享乐主义观点,拼命夸赞摆阔赛富、卖弄风姿的腐朽作风,那是非常有害的,必须予以批判。

2. 实事求是,反对虚夸。

《广告管理暂行条例》写得很清楚:"广告内容必须清晰明白,实事求是,不得以任何形式弄虚作假,蒙蔽或欺骗用户。"但是有些广告为了推销商品,却反其道而行之。比如,什么"国内首创"、"世界一流"、"领导世界新潮流"、"部优国优誉满全球"……真是你追我赶,一个比一个吹得"高级"。要知道,言过其实,人们就会产生怀疑。因此,广告必须考虑商品的信誉,必须讲究职业道德,不能欺骗顾客,不能搞"一锤子买卖",用户因你的不切实际的宣传上了当,不但再也不买你的了,而且会给你作反宣传,使你的信誉扫地,那就得不偿失了。

3. 新颖独特,过目不忘。

AIDCA 这个英文广告公式,首先强调的是 A-Attention(注意),其次是 I-Intrest(兴趣)。这就是说,只有引起人们的注意,使其发生兴趣,然后才能使他产生 某种 D-Desire(欲望),C-Conviction(确信)你说的话,从而 A-Action(购买)你的产品。要能引起人们的注意和兴趣,广告的立意和语言就必须新颖独特,不落俗套。特别是主题词语,一定要生动醒目,使人一见而久久不忘。用得较多的手法是化用成语,比如,解放前的牙刷是猪鬃做的,容易脱落,一家牙刷厂就用"一毛不拔"这个成语来做广告,便获得了巨大的成功。有一种驱蚊器的广告,化"默默无闻"这个成语为"默默无'蚊'的奉献",而且把"蚊"字用另一种颜色印出,真是又醒目又别致,也相当贴切。用谐音字道出新意也是一种常用的手法。如"中意冰箱,人人中意",前一个"中意"是中国和意大利的简称,也是电冰箱的牌名,后一个"中意"是称心如意的意思,前一个"中"读阴平,后一个"中"读去声,联在一起就是谐音。有一种热水器的广告开头说:"为您提供热的泉流,使您随心所'浴',痛快淋漓。"也是用了谐音。用形象的语言,也会收到良好的效果,如一种"傻瓜"照像机的广告说:"您只需按一下快门,其余的工作由我们来做。"也是颇为有趣的。还有一种"睹影知竿"的写法,即刘熙载在《艺概》中说的:"正面不写写反面,本面不写写对面、旁面。"如不写电视机质量如何好,而只写维修部冷冷清清,无人光顾。应该特别注意的是:在市场竞争中,要能战胜同类商品,非突出自己的特点不可,不能面面俱到,平铺直叙。或以质量最优、样式最新、价格最低取胜,或以材料特殊、副作用全无、长期保修取胜。总之,要显示出"与众不同"之处。广告不能人云亦云。如别人得了个省优,自己就来个国优;别人写了"春风得意",自己就写"东风浩荡";别人说:"购买×××是您最佳的选择",自己就说:"购买×××是您明智的抉择"……这种"千人一面"、"千篇一律"的写法,是绝对不能引起人们的注意和兴趣的。

4. 通顺简明,符合情理。

文理通顺本是写作的起码要求,但现在有些广告为了"一鸣惊人",常常写出一些文理不通的话。如有些商店为了招引顾客,悬挂上写着"血本大酬宾"的巨幅广告幡,这是说不通的:第一,"血本"是旧社会对经商老本的称呼,用在这里是说亏了老本来酬谢顾客,事实未必如此。第二,"血本"不是人,它不能主动来酬宾,前后必须添加一些词语,话才说得通,如"不惜血本大酬宾"之类。前面说的化用成语的手法,现在也用得太滥、太糟,如一种口服液,将"口蜜腹剑",改为"口蜜腹健";一种口腔药,将"脍炙人口"改为"快治人口",简直破坏了汉语的特点。适当的夸赞用得好也很引人。但像有则广告:"过年不收礼,收礼只收×××。"简直前后矛盾,文理不通。广告的语言就是贵精不贵多。因为一般人绝不会花很多时间去读那些密密麻麻的广告文字的。这也是一些广告喜用警句或格言式主题词的一个原因。可是现在不少广告同样一句话却反反复复,大叫三四遍,看了听了只能让人讨厌。但简要必须简得明白、通顺,绝不能"苟简"、生造,弄得文理不通,让人看不懂或者讥笑一番。那不仅是某个商家的损失,也影响了我们文明古国的形象。

5. 先进文化,尽力促进。

《新华文摘》总第360期摘刊了《如何发挥广告在促进先进文化建设中的作用》一文,真可以说是广告论述文中一篇先进的作品。一般总认为广告是普通的文,所起作用只不过是促进产品的尽量推销,从未深刻认识到广告还具有促进先进文化建设的作用。如果能认真努力地按这个观点来制作广告,不仅大大地提高了广告的质量,而且使先进文化建设也必然不断得到发展,不仅产品的推销和购有者双方品德日增,为国为民作出可喜贡献,而且对全社会、全世界的和谐也会产生值得肯定的作用。

作者不仅观点先进,论述亦不平凡。本文特加转载,务希接触从事广告业务的人,为了提高自己的能量和品德,大力促进和谐社会的不断发展。

【附录】

如何发挥广告在促进先进文化建设中的作用

广告在建设先进文化中发挥的积极作用

广告在传承和传播社会主义先进文化方面所发挥的巨大作用,决定了广告业在社会主义先进文化建设中的独特地位。

从信息传播媒介的角度看,广告作为大众传播媒介的一部分,同新闻媒体一样,也在向社会、向受众、向广大消费者传递着一种文化观、道德观、价值观、世界观和人生观。实践证明,制作精良、格调高雅、富有艺术感染力的广告,对传承我国优秀文化,宣传健康文化,弘扬先进文化,起着重要的作用。同时,广告还可以把其他地域的文化观念和生活方式传播给不同的地区,从而促进异地文化的交流和沟通。

从教育引导功能看,广告一是有道德教育功能。如公益广告。那些创意新颖、形式活泼的公益广告所蕴含的社会文化价值观,对受众的道德观、价值观产生了潜移默化的影响。二是普及科学知识。在科学技术不断得到应用、新产品不断问世的情况下,如何使消费者更快地了解和接受科技含量高的新产品,从而形成现代化的消费理念,这就赋予了广告传播各种商品信息、承担部分新知识和新技术的社会教育功能。三是行为方式的引导,尤其是经济行为方式的教育引导。如在广告中使用明星、社会名人等,带动消费者接受新的消费理念和消费方式,尤其是对青少年进行引导,以形成潜在的购买力。

以科学发展观为指导加强广告监管工作

在目前我国的广告传播中,存在一些不容忽视的问题。一些广告主、广告公司及广告媒介急功近利,为最大限度地获取利润不惜迎合低级趣味,设计制作不良广告,在社会上造成了恶劣的影响。这些不良文化现象主要表现在:有的广告不讲诚信,内容虚假夸大;有的内容格调低下、用语粗俗、滥用成语,某些广告甚至含有淫秽色情、封建迷信等不良内容;有的受西方文化的影响,背离我国传统社会道德和规范,过分强调极端个人主义;一些针对儿童的广告,不考虑儿童的是非辨别能力和心理承受能力,诱导攀比,在某种程度上抵消了社会和学校的道德教育成果。

"文化的力量,深深熔铸在民族的生命力、创造力和凝聚力之中。全党同志要深刻认识文化建设的战略意义,推动社会主义文化的发展繁荣。"党的十六大报告的这段论述提醒我们,在当前落实科学发展观、构建和谐社会的新形势下,各级工商行政管理机关应当进一步领会党中央关于建设社会主义先进文化的重要决策的深刻内涵,以高度的政治感和大局意识,认真履行广告监管职能,发挥广告在建设社会主义先进文化中的积极作用。

从努力实践"三个代表"重要思想的高度出发,工商行政管理机关应该通过进一步加强广告监管,达到"广告应反映先进生产力的发展状况,表现先进文化的前进方向,体现人民群众的根本利益"的目标。就广告内容监管而言,工商行政管理机关主要有两项任务:一是尽快消除虚假违法广告,提升广告的诚信度;二是清理广告中的不良文化内容,不断提升广告的格调和品位。

要实现上述监管目标,我们必须以科学发展观为指导,树立科学的广告监管观,以依法履行广告监管职能为保障,以科学的监管手段为支撑,树立全方位、全过程监管的理念;要加强部门协调配合,通过综合治理逐步完善广告监管的长效机制;要将促进广告业全面、协调发展作为第一要务,树立通过发展解决广告监管问题的理念。这对于提高广告监管的效能和水平,具有重要的现实意义。

当前我国的广告监管体制是以政府监管为主、行业自律为辅,政府在广告市场监管中起主导性作用。政府主导性作用的有效发挥,需要中国广告协会及各级广告协会等行业组织,进一步加强行业自律,协助政府强化广告市场管理。在清理不良广告的工作中,各级工商行政管理机关要充分发挥行业组织的作用,通过广告协会倡导广告主、广告经营者及广告发布媒体,坚守公德,反躬自省,赋予广告健康娱乐性、丰富知识性和审美教育性。

公益广告是传播先进文化的一种重要方式

要进一步加强公益广告活动的组织和引导工作,发挥公益广告在建设社会主义先进文化方面的排头兵作用。公益广告是旨在弘扬和倡导公共利益,宣传社会良好风尚,倡导社会良好道德,促进社会主义精神文明建设的一种非商业性的广告。公益广告是新形势下传播先进文化的一种重要方式和渠道。在市场经济条件下,如何建立一个运转有效、影响广泛、有比较充足的后续资金支撑的公益广告运行机制，使公益广告与商业广告的发布行为进入良性互动状态，与商业广告保持同步增长，为广告传播先进言语化提供坚实的基础，是当前工商行政管理机关需要研究并迫切解决的一个新课题。

和谐与创新是新时期中国广告业发展的两条主线，也是我们以广告营造先进文化的重要理念。工商行政管理机关作为广告监管机关，采取措施积极促进广告发展与先进文化建设有效互动、良性循环，是在广告监管实践中贯彻落实"三个代表"重要思想和科学发展观的具体体现。我们一定要进一步增强政治意识、大局意识和责任意识，努力增强忧患意识、阵地意识、创新意识，以整治虚假违法广告和打击不良文化广告为契机，充分发挥广告在建设先进文化中的积极作用，开创广告监管工作的新局面。

（摘自《人民论坛》2006年第3期）

【例8】

公共关系广告

国有×××劳动防护用品公司成立以来，承蒙各界人士关照，企业从小到大，不断发展。商业部批准为二级店企业，省政府确定为本省劳保用品定点销售单位。荣获全国劳保用品经营管理先进单位，银行金融部门评为银行特级信用优等企业。现在，我公司已与全国三十多个省市劳保用品经销单位和××、××、××等三大劳保用品产地建立了稳固的销售关系营业网络，决心为社会主义市场经济体制的建立做出最大的努力。

经营范围：（略）

经营宗旨:顾客至上,信誉第一,服务周到,质量第一。

经营方式:批零兼营。市内免费送货上门。

地址:×××× 电话:×××××××

电报挂号:×××× 邮编:××××××

【例9】

商 品 广 告
××牌电冰箱

××牌电冰箱,经国家质量检测中心测试,耗电仅为0.70度/天,比国家规定的双门电冰箱耗电量A级标准(1.08度/天)还低0.38度/天。测试负责人说:这是同类型双门电冰箱中耗电最少的,与单门电冰箱的耗电水平相当。也就是说,买了这种双门电冰箱,十年中,至少可少付三年电费。您如果需要电冰箱,不妨买去试试。要是耗电量超过了0.8度/天,本厂保修保退。

××××电冰箱厂

地址:××××××

电话:×××××××

电挂:××××

【例10】

服 务 广 告
昼夜银行 昼夜服务
××银行昼夜营业部××日隆重开业

为了适应市场经济发展的需要,为省城开放提供配套金融服务,××银行于本月××日晚开始在××路×号实行昼夜营业,24小时开办转账、现金、储蓄业务。

为了方便客户,××银行××储蓄所、××储蓄所将于同日升格为分理处,增办开户、转账、贷款业务。

二十四小时不间断开展业务

转账存取时刻为您提供服务

地址:××××

电话:×××××××

第五节　说　明　书

说明书是一种用途很广的应用文,不仅可以用来介绍商品,也可以用来介绍旅游景点、影剧内容、建筑规模和结构等。如果把文字说明换成口头表达,那就成了解说词。介绍商品的说明书主要是对商品的成份构成、性能、规格、特点、用途、使用、维修保养方法进行介绍与阐述。商品说明书根据放置的地方可分为两种:一种是印制在外包装或内包装上的说明;一种是放在包装里面单独印制的说明。根据文字的繁简和说明目的的不同,也可分为简短的说明和详尽的说明两种:简短的说明多用在民用消费品上,主要是介绍有关产品性能、用途及使用、维修保养方法方面的知识;详尽的说明则用在各行业使用的专用产品上,如科学仪器、机器设备等,不仅详细介绍产品的性能、特点、用途、使用、维修方法等,还要详细说明制作产品的科学原理、工艺流程等,而且还附有有关的图表和数据。某些高档民用消费品如空调器、电视机、电脑等说明书,也往往采用详尽说明的方式。

商品说明书,其实也是一种广告,而不同的是:商品说明书是和商品附在一起的,而广告则是走在商品前面,单独出现在各种媒介物(报刊、电台、墙壁等)上的。从性能作用上说,说明书更注重实用性、知识性、客观性,目的不在吸引顾客来购买商品,而是在顾客购买商品以后,指导、帮助顾客正确有效的使用商品,充分发挥商品的作用。因此,说明书必须实事求是,直截了当,有一说一,有二说二,既不需要采用修饰、夸张等艺术手法,也不能掺杂主观意识和情感。

说明书的格式与广告相同。首先是标题,一般由商品名称与文种构成,如"感冒灵说明书"、"飞凤牌电冰箱简介"之类。也可以不写文种只写商品名称,如"星光牌滴眼液";详细一点,还可以把商品的特点写进去,如"×××益生精——抗衰延年的菁华"。其次正文,按照是什么、怎么样、怎么做的顺序,把商品的成分构成、性质、特点、规格、用途、使用、保养维修方法等,分条分款逐一加以说明。最后结尾,写明企业名称、地址、电话、电挂、邮编号码等项,以便顾主联系、查询。

写说明书需注意的问题:

1. 准确、可靠地反映出商品的特点。不但各种商品各有各的特点,就是同一种商品,因厂家的不同,在生产工艺、形状、包装甚至性能上也各有各的特点。只有抓住了这些特点,才能科学地揭示出商品的本质属性,才能与相近、相同的商品区分开来。为此,不仅要深入生产实际,具体了解商品生产的全过程,掌握商品的全部真实数据,而且要做深入的市场调查,既要了解消费者的实际需求及心理态势,又要了解相近、相同商品的销售情况,从而做到"心中有数"。这样,商品的特点也就不难把握和表现了。

2. 根据对象,选择说明形式。说明书的形式,一般分短文式和条款式两种。短文式就是用简洁的文字,把商品的有关内容综合、连贯地予以说明。条款式就是把商品的有关内容,分条列款地逐一加以说明。这两种形式也可以结合起来使用。内容的繁简,还应根据消费者的情况来确定。如果是一般消费者用的民用商品,往往只要简明地介绍商品的性能、特点、使用和保养维修的方法就行了;如果是专业的消费者使用科技产品,还应将制作原理、使用原料、工作原理、性能特点、使用和维修方法等详细地加以介绍。为了使人易于理解、接受,还可以采取图文并茂的形式,使图表、照片与文字有机地结合在一起,显得形象生动,便于使用、保管、维修。

3. 语言要通俗、通顺。

说明书是给各层次的人看的,必须使人"一目了然"、"尽人皆知"。切忌搬用一些专门术语,洋文洋码,使人莫明其妙。现在有些说明书,不但故作高深,而且不通顺、不简练,严重影响了消费者的了解和使用。这是对消费者不负责任的一种表现,必须注意克服。

4. 适当结合广告的写作手法。

说明书的特点以客观性为主,广告的特点以主观性为主。现在有些说明书,就把客观与主观结合起来,在客观的、科学的介绍商品情况的同时,还主观的、艺术的赞扬商品的质量、社会的信誉(得奖、用户的美好反映)、使用价值的保证等等。此外,还把单一说明,化为多项解说。比如,除了说明商品的本身情况外,还介绍生产商品企业的有关情况,以及外界与企业的关系等等。

【例11】

×××儿童营养液
通过国家级新产品鉴定
在国内同类产品中处于领先地位

"×××"儿童营养液经由亚洲营养学会执行理事、中国营养学会名誉理事长×××教授、中国营养学会理事长×××教授、××省儿童保健医院小儿科专家××教授等著名营养专家、小儿科专家、中医专家组成的鉴定委员会审查,一致认为该产品选用中国传统的补益健胃的食品为原料,补充了少年儿童容易缺乏的几种营养素,是一种国内新颖的儿童营养液。其特点是:通过机体自身调节,增进食欲,以摄取足够的营养素,达到增强体质的目的。

该产品不含性激素,经人体试验无不良反应。食用是安全可靠的。据大量科学实验结果表明,×××儿童营养液具有明显的促进食欲,增强智力,提高人体免疫能力的效果。

厂名:××××××
邮编:××××××
地址:×××××
电话:××××××

【例12】

碧螺春茶

"碧螺春"是我国十大名茶之一。产于江苏省吴县洞庭东山和万顷碧波中的洞庭西山。洞庭东山在太湖之滨,洞庭西山是太湖中的小岛,这两个地方风光秀丽,相传已经有1300多年的采茶历史。据《太湖备考》记载:东山碧螺春石壁,有野茶数枝,山人朱正元加以采制,其香异常,便把这种茶叫作"吓煞人"香。清代王应奎著《柳南随笔》说,公元1675年,康熙皇帝在江南一带巡游,到了太湖,巡抚以这种茶进呈。康熙皇帝以其名不雅,改名为"碧螺春"。其实,这只是一种传说。"碧螺春"的得名,大概是由于它的形状蜷曲如螺,最初的采摘地在碧螺峰,采摘的时间又在春天。

碧螺春由采摘茶树嫩梢初展的一芽一叶制成。叶片长约一点五厘米。嫩叶背面密生茸毛。茸毛也叫白毫,白毫越多,说明茶叶越嫩,品质越好。碧螺春的品质特点是:色泽碧绿;外形紧细,蜷曲,白毫多;香气浓郁,滋味醇和,饮时爽口,饮后有回甜的感觉;泡出茶来,汤色碧绿清澈,叶底嫩绿明亮。碧螺春茶中含有咖啡碱、茶碱和多种维生素,有兴奋大脑和心脏的作用,以及润喉、提神、明目的功效。喝了之后,能使人精神振奋,消除疲劳。

制作碧螺春是一项辛苦细致的劳动,又是一项技术性很强的传统工艺。一斤碧螺干茶,要采摘55 000到60 000个嫩芽,经过精拣、杀青、揉捻、搓团等工序,采摘需及时、精细,做工也十分讲究。春天的清晨,在一个个茶园里,采茶姑娘神采飞扬,敏捷地从茶树上精采细摘一片片嫩叶,情景动人;入夜,山村里万家灯火,一片忙碌。焙茶手把拣好的鲜叶倒进滚烫的锅里,叉开手指,不停地翻拌,看看叶芽深绿了,变软了,就让锅里保持中等温度,开始揉捻,使叶芽水分蒸发,条条紧缩,蜷曲成螺形。以后一边降温,一边搓团,等到茶叶捏拢放开就能自行松散时,一锅优质碧螺春就制成了。

第三编

公文

第六章 公文概述

第一节 公文的含义、特点和作用

一、公文的含义

公文是法定机构(包括党政机关、社会团体、企事业单位)在解决公务活动中的实际问题,如传达、贯彻党和国家方针、政策,发布行政命令、法规或规章,请示或答复问题,指导或商洽工作,报告情况,交流经验,传递或反馈信息等所使用的具有法定效用和特定格式的信息记录材料,一般又称文件。简单地说,公文就是处理公务的文书。它是应用文中最重要、也是用途最广泛的一种文体。

甲骨文中"王大令众人曰:协田!其受年。"就是我国公文的一种雏形。我国最早的一部文献总集——《尚书》,绝大部分都是公文,书中按朝代分为《虞书》、《夏书》、《商书》、《周书》四部分,这"书"可能就是当时(主要是商、周时期)对公文的一种称呼。汉代正式把公文叫做"文书"或"文案(又作按)"。"公文"一词,最早出现是在晋朝陈寿《三国志·魏书·赵俨传》中:"公文下郡(公文下达到郡里,郡,相当于今天的专区),绵绢悉以还民(人民上缴的绵绢等纺织品完全又归还给人民),上下欢喜,郡内遂安。"

二、公文的特点

与一般应用文相比,公文从内容到形式都有其显著的特点。

(一)具有鲜明的政治性

公文的政治性,不同于一般的政论、新闻、文艺作品的政治性。首先,公文使用者的法定机构,不仅党政机关、企事业单位与政权紧密联系,就是社会团体也在国家政权领导之下,它们的一切活动都带有鲜明的政治性,它们所处理的公务涉及的不是某个人的私利,而是国家、人民的集体利益。其次,它们在处理这些公务时,又必须以党和国家的路线、方针、政策和有关的法规为依据,其政治性更加明显。财经应用文中的公文也毫不例外。我们今天建立的市场经济体制是社会主义市场经济体制,也就是说,它是为了建设有中国特色的社会主义而建立的。因此,在激烈的市场竞争中,我们的一切行为都要服从社会主义法制、维护社会主义利益。

(二)具有法定的权威性

制作使用公文的党政机关、社会团体、企事业单位等法定机构,都是依法建立、合法存在的,具有法定职权和权威。它们通过公文反映了国家的政治意向和根本利益。因此,公文的贯彻、执行得到了国家法律的充分保证,有关机关和个人必须严肃对待、认真执行。

(三)具有体式的规范性

为了维持公文的严肃性,便于公文的处理,使公文日趋科学化、简明化,更好地传达、贯彻发文者的意图,提高工作效率,国家对公文的种类、格式、行文规则、处理办法等都作了统一的规定和要求,形成了固定的程式。建国以来,我国对公文的体式作了不断地修订,1987年2月国务院办公厅发布了《国家行政机关公文处理办法》,1989年国家技术监督局批准发表了《国家机关公文格式》(中华人民共和国国家标准),1993年11月21日国务院办公厅修订发布了《国家行政机关公文处理办法》,使我国的公文进一步规范化。任何单位和个人都必须按照文件的规定来处理公文,绝不允许"自作主张",任意违反。当然,除了党和国家规定的公文文种以外,各机关还使用了其他一些文种,如计划、简报、工作要点、调查报告等,国家虽没有统一的规定,但经过长期的实践,习惯上也具有一定的规范性。体式的规范对于办公的现代化、电脑信息的贮存处理和输出也起到了一定的作用。

（四）作者与读者的特定性

公文与一般应用文不同，它的作者必须是依法成立并能以自己的名义行使权力和承担义务的组织或单位负责人，而且只能根据其职能与权限，在符合党和国家的方针、政策之下，结合实际的需要制发，而不能按个人的意愿行事。这里所说的作者，指的是公文的制发者，而不是公文的草拟者。草拟公文的人员，可以是单位的负责人，也可以是秘书工作人员，可以由一个人草拟，也可以由几个人草拟。草拟者不但需按有关政策及该机构和它的领导人的意图拟写，而且公文拟就后，也只能以该机构或其负责人（代表该机构）的名义发布。1981年5月7日，中共中央发出《关于各级领导干部要亲自动手起草重要文件，不要一切由秘书代劳的指示》，这不但说明草拟公文应有的责任性、重要性，也对提高和加强领导作用、克服官僚主义指明了一条途径。与此相应，公文的读者（即公文发送到的收文单位或个人）也是特定的，有时候文件还特别注明了接受者的范围，范围之外的人无权收读。

（五）具有表达的庄重性

公文的首要任务是"传达贯彻党和国家的方针、政策，发布行政法规和章程"（1993年修订的《国家行政机关公文处理办法》），在表达上就必须庄重、严肃，不但要求处处实事求是，不允许虚假夸张，随意褒贬，而且要求措词明白无误，顺理成章，不矫饰，不偏激，不重复啰嗦，不哗众取宠。判断、推理、论证，以至每一概念，都要符合客观和逻辑规律。

（六）具有现实的执行性

公文是依据一定的方针、政策、法规，针对实际情况，及时解决一定的实际问题而制发的。因此，接到公文的单位或个人必须尽快处理，以免贻误工作。问题一旦解决，原发的公文也就失效。不过有的时效长些，有的时效短些，永远有效、永远需要执行的文件是不存在的。然而,失去现实效用的公文,仍然具有一定的参考价值。所以,规定公文必须存档,以便将来查考。

三、公文的作用

作为管理国家、处理公务工具的公文,其作用是十分重大的,主要表现在如下几个方面:

(一)推进法治,加强领导

早在两千多年前,我国著名法家韩非就提出"以法治国"的主张。他说:"国无常强,无常弱。奉(执行)法者强,则国强;奉法者弱,则国弱。"又说:"法败(毁坏)则国乱。"社会发展到今天,"以法治国"已成为现代化国家一个根本原则。我国正在建设有中国特色的社会主义,就十分重视社会主义的法制建设,不管办理什么公务,都强调"有法可依,有法必依,违法必究,执法必严"的要求。我们现在正在建立社会主义市场经济体制,实际上就是一种法制经济体制。我们国家的公文,正是推进法治的一种重要手段。我国的法律,从根本大法《宪法》到各种法规(包括法律、法令、条例、规则、决议、决定、命令等),都是以公文的形式颁布的,都具有法律的效力,都是我们国家和各级法定机关加强领导,管理国家、社会和行政,解决各种实际问题的有力工具。就是一些无权制定法规的单位,它们通过公文发出的传达、贯彻党和国家的政策,以及根据单位的需要制定的各种规定、办法、通知等,虽不全都具有法律性质,但有一定的行政约束力和规范行为,仍具有加强领导和指导的作用。

不管什么部门,加强领导必须注意如下几个问题:(1)领导主要是贯彻执行党和国家方针、政策的领导,而不是事务主义的领导,发布各种公文主要目的就在这里。(2)领导必须深入实际、切合实际,既不能搞文牍主义,也不能包办代替。因此,所发文件既是在深入调查研究的基础上制定出来,确能解决实际问题的,又必须是尊重群众首创精神,善于发挥有关部门和人员积极性的产物。

领导是否得力,关键在于领导者法治精神的强弱。我国历代绝大部分时期之所以治理得不好,就在于实行的是"人治"而不是"法治"。因此,不管什么法定机构所发布的文件,必须"依法办事"。即使在"无法可依"时,也应以有关的方针、政策和可靠的实践为依据,切不可搞主观主义,以"首长意志"独断专行。

(二)传递信息,增进联系

公务的处理本身就是一个复杂的系统工程,必然涉及到上下左右。要想妥善的处理公务,就必须借助公文在上下级之间、有关部门之间,互通情报,协调关系,和衷共济,解决问题。上级机关为了加强领导、开展工作,常用的方法就是利用公文把党和国家的方针政策、法令法规,以及领导意图及时传达给下级机关或广大群众,使大家统一思想,认真贯彻执行。下级机关为了便于上级机关了解实际情况,获得上级的指导,也经常用公文把工作情况和问题反映给上级。平行或不相隶属的机关之间,也常用公文来互相联系、互相配合,达到共同前进的目的。如果没有公文这种上下左右密切联系、协同一致作用的发挥,可以说,不仅各部门的职能难以实现,就是整个国家机器的运转也要受到严重的影响。

(三)宣传教育,统一思想

党和国家的方针政策、法令法规的贯彻执行,各部门工作任务的落实完成,首先取决于广大职工思想觉悟和认识能力的提高,取决于职工积极性的发挥。为此,必须进行宣传教育。公文在这方面有着极为重要的作用。有些公文就是专门为进行宣传教育而制发的。就是一般公文如命令、决议、通知、通告等等,也需要通过一定手段(如会议上的传达、宣讲,报刊、电台的刊载、广播),进行宣传教育,才能达到家喻户晓、统一行动的目的。

(四)"立此存照",明确职责

"立此存照"是文书中的习惯用语。意思是说,立下文书字据,保存起来,以便查考。公文这种依据和凭证作用是十分明显的。

不管什么机构的工作,都是遵照党和国家的方针政策、法令法规,或上级机关指示和要求进行的。而公文正是传达上述内容的工具,得到了这些工具,也就得到了工作的依据。各级机构的职责,也因公文这种凭证而明确起来。至于合同和协议书这类文书,其记载凭证作用那就更加明显,谁违背了记载的内容,谁就要负相应的责任。可以说,一旦离开了公文的依据凭证作用,各部门的工作就将无章可循、无法可依,陷于停顿、茫然之中。就是公文失效之后,有的也依然有一定的文献价值和参考作用,需要留存下来,以备查考。

第二节 公文的种类

根据不同的标准,公文可以划分成不同的种类。根据不同种类公文的特点来制发公文,是保证文书工作有秩序、高效率进行的关键。公文种类划分的方法主要有如下几种:

一、按行文的方向分

按行文的方向分,有:

1. 上行文。下级单位向上级的单位发送的公文,如请示、报告等。

2. 平行文。平行或不相隶属的机关单位之间的发文,如函和通知等。

3. 下行文。上级机关对所属下级机关、单位的一种行文,如命令、指示、布告、通告等。

二、按公文的性质和作用分

按公文的性质和作用分,有:

1. 指挥性公文。用来指导、指挥工作的公文,如指示、通告等。

2. 规范性公文。用来规范、约束行为的公文,如法令、条例、办法、规章等。

3. 报请性公文。用来报告情况,请求指示、答复的公文,如报告、请示、简报等。

4. 知照性公文。用来通知情况,联系工作,公布有关事项的公文,如函、通知、告知、通报等。

5. 凭证性公文。用来明确双方权利、义务,以便将来查考的公文,如合同、协议及各种字据(借条、收据、领条)等。

6. 记录性公文。用来记录各种公务活动的公文,如电话记录、会议记录、大事记等。

7. 计划性公文。用来计划、安排工作任务的公文,如计划、规划、安排等。

8. 礼仪性公文。用来处理交际事务的公文,如贺信、请柬、悼词等。

三、按制发者的属性分

按制发者的属性分,有:

1. 党内公文。用来反映解决中国共产党党内情况、事务的公文。
2. 行政公文。用来处理行政事务的公文。
3. 群体公文。用来处理社会团体各项工作的公文。

四、按公文的来源分

按公文的来源分,有:

1. 收文。从外单位发送来、由本单位收进的公文。
2. 发文。本单位发送给外单位的公文。
3. 内部公文。本单位内部使用的公文。

五、按发文的性质分

按发文的性质分,有:

1. 询问公文。向外单位询问有关事项、了解情况的公文。
2. 答复公文。回答外单位提出问题的公文。

六、按发送的目的分

按发送的目的分。有：

1. 主送件。即主送机关收受到的需要办理和答复的文件。

2. 抄送件。即抄送机关收到的需要了解的文件。

3. 批转(转发)件。即发文机关转发来的别的机关制发的需要办理或作参考的文件。

七、按办理的时间要求分

按办理的时间要求分，有：

1. 平件。按常规办理的公文。

2. 急件。抓紧办理的公文。

3. 特急件。立即迅速着手办理的公文。

八、按机密的程度分

按机密的程度分，有：

绝密、机密、秘密三种。主要是对知密范围对象的规定和控制，密级越高，控制越严。

第三节 公文的名称

每一种公文都有不同的名称，通常简称为文种。1957年10月《国务院秘书厅关于公文名称和体式问题的几点意见》指出："不同的公文名称，反映着不同的目的和要求，也反映着行文机关之间的关系和发文机关的权限范围。划清各种公文名称的使用界限，正确地使用公文名称，对于做好文书处理工作，具有重要意义。"

不同种类的公文，有不同的名称。不同名称的公文，有不同的使用范围。因此，通用公文与专用公文的名称各不相同，各有各的作用，不能互相混淆。

一、通用公文的名称

1987年2月18日，国务院办公厅发布了《国家行政机关公文

处理办法》。规定国家行政机关通用公文有10类15种。1993年11月21日修订后,分为12种:

(一)命令(令)

适用于依照有关法律规定发布行政法规和规章,宣布施行重大强制性行政措施,奖惩有关人员,撤销下级机关不适当的决定。

(二)议案

适用于各级人民政府按照法律程序向同级人民代表大会或人民代表大会常务委员会提请审议事项。

(三)决定

适用于对重要事项或者重大行动作出安排。

(四)指示

适用于对下级机关布置工作,阐明工作活动的指导原则。

(五)公告、通告

"公告"适用于向国内外宣布重要事项或者决定事项。

"通告"适用于在一定范围内公布应当遵守或者周知的事项。

(六)通知

适用于批转下级机关的公文,转发上级机关和不相隶属机关的公文;发布规章;传达要求下级机关办理有关单位需要周知或者共同执行的事项;任免和聘用干部。

(七)通报

适用于表彰先进、批评错误、传达重要精神或者情况。

(八)报告

适用于向上级机关汇报工作、反映情况、提出意见或者建议,答复上级机关的询问。

(九)请示

适用于向上级机关请求指示、批准。

(十)批复

适用于答复下级机关请示事项。

(十一) 函

适用不相隶属机关之间相互商洽工作、询问和答复问题;向有关主管部门请求批准等。

(十二) 会议纪要

适用于记载和传达会议情况和议定事项。

1989年4月25日,中共中央办公厅发布了《中国共产党各级领导机关文件处理条例(试行)》,规定党的机关13种通用公文,与行政机关通用公文相比,党的机关没有命令性公文文种,也不发布布告、公告、通告,发布重大事件或事项用"公报"。另外,党的机关可以使用"条例"和"规定"。其余与行政机关通用公文基本相同。

国家行政机关的通用公文,绝大多数也适用于企事业单位和社会团体。除了党和国家规定的通用公文以外,各单位也还使用一些相同的文种,如计划、规划、工作要点、章程、办法、总结、调查报告等等。国家虽未予以规范化,但仍有一些惯例可循。

二、专用公文的名称

专用公文指专业部门和一定业务范围使用的公文,其种类名称十分繁杂。除个别专用公文,国家有关专业部门有一些原则的要求,其余大部分公文,党和国家都未作统一的规定,大多按历来有关习惯处理。专用公文的分类也极不统一,一般按业务性质划分,如经济公文、法律(司法)公文、军事公文、科技公文、外交外事公文等。每一类专用公文各有多少种,各叫什么名,看法也不一致,也很难作统一的规定。因为,今天的社会,一切都在迅速的发展,各种专门业务变化尤其迅速。处理专门业务的公文自然应随之而变化发展,不能规定得太死。当然,一些长期形成制发公文的原则和要求,还是具有一定之规,不能随便违背。否则,彼此之间就无法互相了解、沟通和联系了。

第四节 公文的格式

公文规范化的主要标志是公文具有特定的格式。这种特定格式不仅使公文与一般应用文体区别开来，也保证了公文的权威性、完整性、科学性、效率性，并为公文的处理提供了方便。

公文的格式一般由基本部分（标题、受文机关名称、正文、附件、发文机关名称、发文日期等）和附加标记（文件版头、发文字号、机密等级、紧急程度、附注、主题词等）组成。

一、标题

完整的标题包括发文机关、事由和文种三要素。如《国务院办公厅关于发布〈国家行政机关公文处理办法〉的通知》，发文机关是"国务院办公厅"，事由是"关于发布《国家行政机关公文处理办法》"，文种是"通知"。但并非所有公文标题都需要三者具备，如《××省人民政府公告》，就只有发文机关和文种；如印有文件版头的公文，就只有事由和文种，如《关于任命×××为经理助理的决定》；有的为了引人注意，常常只以文种（如《布告》、《通告》）为题。不管哪种标题，都要力求准确、简要，使人一目了然。标题一般不加书名号，只有批转的文件名称才加书名号。标题要排列得眉目清楚、美观大方，标题写在横隔线下方正中。

二、受文机关

受文机关分主送机关和抄报、抄送机关三种。主送机关就是公文的接受者、主办者，负责贯彻执行或研究答复公文的机关。如上级机关发出的适用于所有下级机关的公文，可以统称而不需一一列出主送机关的名称，如"各县、市人民政府"。主送机关的名称在标题下一行顶格写，后加冒号。布告、公告、通告等一般不写主送机关。在报刊、电台公布的命令（令）、决定、决议、会议纪要等，也不写主送机关。需要同时上报的上级机关称抄报单位，需要同时送达的平行不相隶属或下级机关称抄送单位。抄报、抄送单位的名称写在公文末页下端，通常还与印刷机关、印发时间一起，用两条横线上下隔开。

三、正文

正文，一般分为三部分：第一部分是开头，又称引据部分，简要说明发文的原因和依据；第二部分主体，是公文的核心内容，要求重点突出、条理清楚，切忌冗长、庞杂，空话连篇；第三部分是结语，扼要地提出要求和希望。一般根据上、下、平行的不同文种，采用一些不同的习惯语作结，如上行的"是否有当，请予核示"，下行的"希即研究执行"、"此令"、"此复"，平行的"特此函达"、"敬祈查照见复为荷"等等。

四、附件

附件是随公文一起发出的文件或材料，是公文的有机组成部分。可分为两类：一类是对公文的补充、说明或证实的文字材料、图表、凭据等；一类是随文颁发的规章制度、办法、规定，以及向上级机关报送或向下级机关"批转"（转发）、"印发"的文件。附件是附在正文之后的，应在正文之后另起一行空两格处先写"附件"两字，再写出附件名称和件数。附件较多时，要一件占一行，逐件写清。

五、发文机关、发文日期

发文机关应使用全称或规范化的简称，写在正文下面偏右处，印有文件版头的公文可以不写，只在发文日期的中间加盖公章。如系几个机关联合发文，主办机关应列在前。以机关领导人名义发布的公文，应有领导人的签名，并写明其职务。

发文日期要写明年、月、日全称。发文日期有三种情况：会议通过的文件，以会议通过的日期为准；命令、指示和重要的通知，以机关领导人签发日期为准；一般性的公文如批复、请示、函等以实际发出日期为准。发文日期一般写在发文机关下面偏右处。会议通过的文件，可写在标题之下或正文之前，并加上括号。

六、文件版头、发文字号

一般正式公文都有版头,即在文件开头正中,在机关的名称之后加上"文件"两字,用红色印上"×××××文件"字样。重要的执行性文件,大多采用这种式样。上行文不能采用这种式样,而是与一般文件一样采取平头式样,即只有机关名称没有"文件"两字,或再加上文种。可以用红色套印,也可以不用红色套印。

发文字号包括机关代字、年号和顺序号,如"沪宣[1993]18号","沪宣"就是机关代字,"[1993]"就是年号,"18号"就是机关发文顺序号。几个机关联合发文,只注明主办机关的发文字号。编列发文字号,便于收发单位分类登记,也便于收文单位向发文单位查询联系。有版头的公文,发文字号写在版头的下面,标题的上面,没有版头的公文,发文字号写在标题的右侧。

文件版头和发文字号之下都划一红线与正文隔开。

七、机密等级、紧急程度

按照《中华人民共和国保守国家机密法》的规定,涉及党和国家机密的公文,应根据内容确定机密等级,在标题的左上方标明"秘密"、"机密"或"绝密"等字样,还要注明保密的年限,并选择适当传送方式,以免泄漏机密。有密级的公文还有编号,即同一文件若干份的顺序号,放在文件左上角,如"No.00415"或"编号00415"。

根据公文办理和送达的时限要求,确定紧急程度,在标题左上方标明"急"或"特急"等字样。

八、附注

有的公文还需说明发送范围或传达范围,以及印刷份数,就作为附注处理,写在发文日期之下偏左的地方,并加上括号。

九、主题词

为了使收读者准确把握文件主要精神,以及便于文件的登记和管理,许多公文还在末页标明了"主题词",即能反映公文主题概念的规范化名词或名词性词组,如"主题词:股份市场 管理 通知",即关于加强管理股票市场的通知。从这个例子中,可以看出主题词是先写大的类目词,接下去是子目词和公文文种词;有的也可以不写文种,只写公文主要内容,如"教育 德育 中小学"(这是1988年《中共中央关于加强中小学德育工作的通知》的主题词)。主题词除了表现公文主题的核心内容外,还具有技术性,即便于文件信息输入电脑后进行储存、检索。主题词写在发文日期下一行,文末横隔线之上。主题词三字顶格写,后加冒号,词目之间不用标点,相隔约一二字。1989年1月12日国务院办公厅秘书局还专门发布了《国务院公文主题词表》确定了15类786个主题词,要求各地正式试用,"从(1989年)2月份开始,凡上报国务院的正式文件均请按词表的使用说明办理。"

公文格式如[例1]所示:

【例1】

文件版头→	No.000045	×××××文件
发文字号→		××[2001]022号
机密等级→	[机密]	
紧急程度→	[急件]	
标　　题→		××××××
主送机关→	××××××	
正　　文→	……………………………………	
	……………………………………	
附　　件→	附件:(1)………	
	(2)………	
发文机关→		×××××(盖章)
发文日期→		××××年×月×日
阅读范围→	(此件发至××级)	
主题词→	主题词:×× ×× ××	
	抄报单位:××××	
	抄送单位:××××	
	印刷单位:××××	
印刷日期→		××××年×月×日印发
印数		共印××××份

第五节　公文的处理

公文的处理包括公文的制作、使用和管理,是机关工作的重要组成部分,主要由机关的文秘部门或文秘人员专门负责。这种处理,可分为发文和收文两大部分,各有一套完整的、科学的程序。

一、发文处理和程序

发文不仅指发往外单位的公文,也包括发到本单位各部门和人员的公文。发文一般需按以下程序办理:拟稿、核稿、签发、缮印、核对、用印、登记、装封、发出、转移、销毁等,每个环节都需认真处理,稍有疏忽会给工作带来损失。

（一）拟稿

拟稿就是起草文稿。没经审核的文稿叫草稿,经过审核决定发出的文稿叫定稿。草稿有广义、狭义的分别。狭义的草稿,多指问题比较单一、涉及面不太广的稿子。广义的草稿,常指问题复杂、涉及面广、要经过多次反复修改的稿子,包括讨论稿、修改稿、送审稿、草案、修正草案等。但不管哪种草稿,都是文件的原始稿本,是供修改用的。就是一些规划、章程、规定、办法待试行的草案,也是为了征求意见或通过实践再修改而公布的。

（二）核稿

核稿就是主办部门的负责人对写好的草稿,从内容、格式和文字等方面,按照《国家行政机关公文处理办法》和《中国共产党各级领导机关文件处理条例(试行)》的规定,进行认真的审核,认为一切正确后再签字送交本单位主要领导审阅签发。如果公文内容涉及到其他几个部门,应请其他有关负责人会审。

（三）签发

签发就是单位主要领导人根据审核后的草稿,再进行最后的审阅修改,然后核准签发,使草稿成为定稿。如果公文内容涉及几个机关的,还应由主办机关送请有关机关会签。

发文稿纸式样如[例2]所示。

【例2】

××市人民政府发文稿纸

机密等级

紧急程度

签发:	核稿:		会稿:
会签:	主办单位和拟稿人:		
标题(事由)	附件:		
	共印:	份	
主送机关:	抄送机关:		
打字:	校对:	缮印:	监印:
发文字号:	年 月 日		封发

(正文)……………………………………………………………

………………………………………………………………………

………………………………………………………………………。

公文定稿之后,即可缮印、用印、封发,发送给有关单位和人员。

根据定稿印制或缮写成的文件,称为文本。发送给主送机关,具有实际效用、行政或法律作用的文本叫正本。正本应具有标准的格式,盖有发文机关的公章或发文机关领导人的签署。发送给抄送机关或登在报刊上的文件叫做副本或抄本。副本一般是模拟公章或注明"副本"字样,是代替正本供传阅、参考和备查之用的。正、副本不分,或者只有正本而没有副本,都会给文件的处理带来不便。发文机关发出后,还要留存一份正本的样本(叫做存本),与定稿一起同时立卷归档,以便查考时使用。

有些条例、规章、办法等法规性文件,为了通过实践,积累经验,以便修改得更加完善,还要发出试行本和暂行本,它们都是具有实际执行效用的正式文件,都应认真贯彻执行。不过,试行本强调的是试验性的执行,暂行本强调的是暂时的而不是长期的执行,经过一段时期,取得经验,修改完善后,都还要发布正式文件来取代它们。

(四)立卷

立卷。就是公文办完后,根据文书立卷、归档的有关规定,及时将公文定稿、正本和有关材料整理,送交主管部门立卷归档保存。没有存档价值和存查必要的公文,可按一定手续,定期销毁。

二、收文处理程序

一个机关收到的外单位来文,统称收文。按以下程序处理:签收、启封、登记、分送、拟办、承办、催办、注办、清退、归档等。

其中主要的环节是:

(一)登记

为了使文件得到有效的管理和使用,收进的文件首先按主送件和抄送件分别编号,登记在《收文登记簿》内。然后,在主送件上贴上"收文处理专用单",送交承办人员签署意见和领导批示;抄送件则直接送交有关部门处理。

(二)分办

分办包括拟办、批办、分发等工序。拟办是指文秘工作人员根据文件内容提出初步的处理意见,或送请领导批示,或直接送有关部门办理。批办就是领导对处理文件所作的具体批示,包括处理原则、方法、要求、时限及指定承办单位或个人等。分发就是不需领导批示的文件,由文秘人员直接分送给有关业务部门承办处理。

(三)承办

有关部门和人员按照文件的要求和领导的批示负责办理有关事项,就叫承办。收文处理的好坏,关键就在承办部门或人员是否落实。

(四)催办

文秘人员定期催促承办部门认真、及时办理文件的工序,就叫催办。特别是紧急公文,更应及时检查、督促,以便得到有效的处理。

"收文处理专用单"的式样如[例3]所示:

【例3】

×××××收文处理专用单

顺序号:		档案编号:		
来文机关:		收到日期:	年　月　日	
字第　　号		性质:		
事由:				
附件:				
收文时期:　年　月　日		份数:		
拟办:				
批示:				
传阅签字:		处理结果:		

第六节　公文写作基本要求

《国家行政机关公文处理办法》和《中国共产党各级领导机关文件处理条例(试行)》都对公文的起草提出了明确的要求,归纳起来,有以下几点。

一、实事求是,讲求实效

公文是为解决公务的实际问题而制发的。写作首先就应考虑这一公文的制发是否必要,是否真能解决实际问题,是否真能取得实际效果。能不发的坚决不发,能少发的绝不多发。党和国家一直批评"文山会海",就因为有些部门不深入实际、深入群众,动不动搞文牍主义、官僚主义,只靠滥发公文,滥开会议来应付差事。有的领导机关对上级发下来的文件,只满足于"照抄"、"照转",而不结合本单位的实际,提出切实可行的解决意见和办法,这也是一种不负责任、不实事求是的表现。要使公文有效地解决实际问题,公文的内容必须符合实际情况,真正反映事物的客观规律。向上级反映情况、提出请求和意见等,必须如实反映,绝不能添枝加叶或"报喜不报忧";对下级发出指示、提出任务和要求等,必须符合下情,能确切办到。否则,不是形成瞎指挥给工作带来损失,就是一纸空文浪费人力物力。

二、依法办事,保证质量

这里所说的依法办事的"法",包括两层意思:一层是以法治国的"法",另一层是写作方法的"法"。

(一) 先说第一种"法"

公文的性质作用决定公文是以法治国的一种工具,是为贯彻国家法规和党的方针、政策而制发的。它本身就具有一定的法律效力和行政约束力。因此,要使公文真正发挥这种作用,公文的内容首先必须符合国家的法律、法令,符合党和政府的方针、政策及有关规定。即使出现了新情况,一时找不到法规和政策的依据,也必须在宪法的许可范围内,在马列主义、毛泽东思想原则的指导下,实事求是地加以考虑、处理。

一般公文都是领导指示,根据领导意图而制发的,撰写者不能自作主张,任意发挥。但是,任何正确的领导也必须是"依法办事"的,如果领导的指示和意图"违法"时,撰写者有责任依法据理力争,不能盲目遵从。

公文质量的好坏,最根本的一条就是看其在贯彻执行党和政府的方针、政策、法规上起到了什么样的作用。

党和政府的方针、政策、法规都是根据我国的国情而制定,是符合事物发展的客观规律的。因此,依照它们的规定办事,也就最易解决实际问题。

(二)再说第二种"法"

公文是一种具有特定体式的文书,首先就应该按其特定的体式来写作。不但要选用恰当的文种,而且要根据不同文种的特点来下笔。请示问题,要坚持一文一事制度,报告中不能夹带其他请示事项。只有如此,才能保证公文的规范性、科学性、实践性和有效性,也便于公文的处理。否则,标新立异,各搞一套,势必影响工作的进行。其次,公文的用语也有它自身的特点。公文处理的公务,具有广泛的社会性,必须重视它的社会效益。因此,它的语言必须简洁、明了,使人一看就懂,既不能生造杜撰,也不能产生疑义、歧义。一般人不易了解的专门术语最好不用。非用不可,也要注解。不是通用的简称也不能用,必须使用简称时,也要先用全称。人名、地名、数字、引文以及标点符号都不能有差错,更不允许用词不当、文理不通现象的出现。公文中免不了出现各种各样的提法,那更需特别慎重,要掌握好分寸。重点突出、观点鲜明、结构严谨、条理清楚等写作基本要求,在公文中尤其显得重要,必须反复推敲修改,以便更好地发挥公文的效用。公文写作中也常用说明、叙事、议论的方式,但与其他文章也有区别。公文的说明贵在平实,叙事贵在平直,议论贵在平正,不要求尽情发挥,波澜起伏。公文的写作也讲求创新,但不是艺术手法上的创新,而是内容上的创新,内容上结合改革开放日新月异的新形势,善于发现、反映、分析、解决新情况和新问题。

三、按部就班,有条不紊

做任何事情,只有按照一定的步骤和方法,有条有理地进行,才易取得预期的效果。公文的写作也不例外,也要讲究一定步骤和方法。首先要明确发文的主题和目的,即弄清为什么要发这个文、发给谁等问题,然后才能确定写作的具体要求。如果问题比较复杂,还必须根据发文的主题和目的深入调查,收集有关资料(包括现成的文字材料和调查所得的实际材料),经过研究、整理,做到"心中有数"后,才能写出确能解决实际问题的公文来。即使是经常注意调查研究,掌握有大量的实际材料,也还要考虑到情况的不断变化,要不断地深入实际调查了解,千万不能靠"吃老本"过活。有了材料和观点之后,像写工作计划、工作总结之类的较为复杂的文种,还不能马上就动笔,而应先列出提纲,搭好架子,经过再三斟酌,认为确能反映发文主题和目的时,这才可以动手写作。起草时除了始终要把握好文件的主题、选用好材料外,还要反复修改,直到再也发现不出一点毛病为止。有的文件还需要与有关人员多次共同商讨、共同修改,才能完成文件的起草工作。总之,公文的写作,绝不是个人的私事,随意处理。为了对工作负责,对单位以及国家、人民负责,就要严肃认真,不怕麻烦,不怕辛苦,哪怕是一点差错,亦应尽力避免。

第七章　财经常用法定公文

法定公文,指的是国务院办公厅1993年11月21日修订发布的《国家行政机关公文处理办法》中规定的公文,包括通知、通报、报告、请示、批复、函、会议纪要等。不但国家行政机关,就是企事业单位、社会团体在经济活动中也都经常使用。

第一节　通　　知

顾名思义,通知就是把有关事宜传达出去让人了解、知晓并照着去办的意思。它是一种知照性、指示性和布置性的公文,在国家机关、企事业单位、社会团体的公务活动中,起着上传下达、联系内外、统一行动的多方面的作用,是一种应用范围很广、使用频率很高的常用公文。

通知写作要点如下:

一、格式应讲究

各种通知虽然因内容不同而写法各异,但格式都应符合一般公文的要求。

(一)标题

除比较简单的只标明"通知"这个文种外,一般较为重要、复杂的通知,都应采用规范化的标题,即包括发文机关、事由、文种三要素,发文机关如在落款处写明时,标题中也可省略。如系发布、转发、批转性的通知,则应在发文机关之后加上"发布"、"转发"、"批转"等字样。如果两个单位共同发通知,标题中要写发文机关双方的名称,并加"联合通知"字样。如果有特殊的情况,还要在"通知"前加"紧急"、"重要"、"补充"之类的字样。必须注意的是:事由一定要写得醒目、明确,能够概括正文的主要内容。

(二) 抬头

即通知的主送单位。如果是通称,就应写得全面,不要有遗漏。

(三) 正文

一般分开头、主体、结语三部分。开头说明制发导因、根据或目的,应写得言简意赅。主体是通知的核心部分,主要是说明需要执行办理的具体事项,必须写得清晰、具体。财经应用文多采用"条款式"的写法,不仅可以求得"有条不紊"的效果,而且便于掌握执行。结语,即正文的结束语。一般多用"特此通知"等惯用语或提出希望要求、发出号召作结。一般"条款式"的通知,大多不用结语。

二、根据不同类型的通知,确定不同的写作重点和方式

按照性质和用途,通知大体上可分为四类:

(一) 知照性通知

知照性通知又叫告知性通知,即告诉有关方面(包括下级、同级单位、不相隶属单位和有关人员)需要知道或办理的事项。常见的会议通知、任免通知、录取或录用通知,以及成立、调整或撤销机构的通知、启用或改换公章的通知、迁移地址的通知、节日放假的通知等等,都属于知照性的通知。

所谓知照,首先就要使被告知人把事情弄得明明白白,然后才能照办不误。因此,不管哪种知照性的通知,都要把告知的事项写得一清二楚,具体实在。如会议通知,首先就要写明召开的是什么会,召开会议的原因、目的,由谁主持、承办,接着说明会议的起止时间、地点、主要内容(议程),以及参加会议的人员、参加会议的要求、报到的时间及地点等。成立机构的通知,则应说

明成立机构的目的、机构的名称、机构的领属关系、机构的职能，以及机构的组织、组成人员等。如果是调整、撤销机关，通知中就应说明调整或撤销的原因，以及调整后的组织情况、职权范围、人员调配等。

（二）指示性通知

指示性通知有的又叫布置性通知，即上级对下级布置工作、交代任务、要求贯彻执行某些事项而带有指示性的通知。但它与"指示"又有区别：指示布置工作时，侧重于阐明工作活动的指导原则，有较强的指导性、决策性、概括性，多用于带有普遍性的较特殊、较重要的工作的布置上；而通知则侧重于需要周知以及共同执行的事项，有较强的告知性、具体性，多用于具体的一般性工作布置上。这种通知要求情况清楚，任务明确，措施得当。

（三）批示性通知

批示性通知，包括发布、转发、批发三种形式。因为它们不管是发布、转发、批发文件时都附有文件，正文只是对附件的批语，故称批示性通知。在向下级单位和有关人员发布本机关行政法规时，用"颁布"或"印发"的形式发出通知；在传达对本机关有指导或借鉴作用的上级机关、同级机关或不相隶属机关的文件时，用转发的形式发出通知；如下级机关的文件对其他单位工作也有参考、推动价值时，在批准后就用批转的形式，向有关单位发出通知。这种通知的主要精神在附件中，正文的批语只说明文件的价值和意义。必要时，也可结合实际，提出实施的意见和办法。批语要求写得简明中肯，便于执行。

（四）一般性通知

上级部门需要下级单位了解或办理某一具体事宜时就用这种通知。这种通知既要说明办理或了解的事项，也要写明办理事项的基本方法、办理过程、具体要求等。如果说只是使其了解而不需办理时，也应说明事项的基本情况，以便工作联系。

【例1】

中共中央办公厅、国务院办公厅
关于严禁在公务活动中接受和赠送
礼金、有价证券的通知

党中央、国务院对党政机关及其工作人员在公务活动中不得接受和赠送礼品问题曾多次作过规定。但是，一些地区、部门和单位违反规定的现象仍时有发生。接受和赠送礼金、有价证券，腐蚀性很大，不仅违反国家金融管理制度和财经纪律，而且诱发行贿受贿、搞权钱交易、不给好处不办事等腐败行为，败坏党风、政风，损害党和政府的形象，影响改革开放和经济建设的健康发展。为此，特作如下通知：

一、各级党政机关及其工作人员（包括离休、退休干部和受党政机关委托、聘任从事公务的人员），特别是领导机关和领导干部，在公务活动包括礼仪庆典、新闻发布会和经济活动中，不得以任何名义和变相形式接受礼金和有价证券。凡违反规定接受礼金和有价证券者，要坚决追究，根据数额多少和情节轻重，给予党纪、政纪处分。对索要或暗示对方赠送礼金和有价证券的，要从重处分。触犯刑律的，要依法惩处。

二、各地区、各部门、各单位（包括企业、事业单位）不得以业务会、招待会、定货展销会、新闻发布会等各种会议和礼仪、庆典、纪念、商务等各种活动及其他形式或名义，向党政机关及其工作人员赠送礼金和有价证券。凡违反规定的，要追究有关领导的责任。

三、各级党政机关及其工作人员在涉外活动中，由于难以谢绝而接受的礼金和有价证券，必须在一个月内全部交出并上缴国库。凡不按期交出的，以贪污论处。

四、各地区、各部门、各单位对上述规定必须坚决贯彻执行。各级领导干部要切实负起责任,严于律己,带头贯彻执行,并对本地区、本部门、本单位的工作人员加强教育管理,对执行本通知的情况加强监督检查,绝不允许敷衍塞责。

五、各地区、各部门、各单位过去制定的有关规定,凡与本通知精神不一致的,一律以本通知为准。

这是一份指示性的联合通知,具有较强的规范性。标题是规范化的标题,由发文机关(中共中央办公厅、国务院办公厅)、事由(严禁在公务活动中接受和赠送礼金、有价证券)、文种(通知)三要素组成。其中的事由写得十分明确,突出了文件的主题。主送机关应为全国的党政机关,报纸发表时略去。正文的开头,说明制发通知的原因,明确指出接受和赠送礼金、有价证券的严重危害性,因此,必须严厉禁止。然后以通知惯用的过渡句"为此,特作如下通知",引出正文主体。主体用"条款式",具体说明了"通知事项",一共写了五条,前三条是对在公务活动中接受和赠送礼金、有价证券行为处理的具体规定,第四、五两条说明如何执行上述的规定。这部分内容不仅写得清楚、具体、条理分明,而且全面得当。主体写完,问题已经讲得很明白,不再用结语。

第二节 通 报

通报是表彰先进、批评错误、传达重要情况时所使用的文书。从传达重要情况来说,通报和通知一样是一种传达性和告知性的公文;从表扬和批评来说,它又是一种褒贬和告诫性的公文。通报一般多为下行文,但在通报情况时,既可对下也可对上,平行或不相隶属机关之间也可使用。不管哪种通报,目的都在于传递信息、了解情况,吸取有关的经验教训,以利于工作的推动和改进。

通报写作要点如下:

一、通报的结构

通报的结构大体上和通知相同。

(一) 标题

多为规范化的标题,即发文机关、事由、文种三要素都具备,发文机关名称落款处署有时,标题中可省略。如果是表扬性的通报,标题中往往要加上"表彰"的字样,如《××市政府表彰×××同志廉洁奉公拒受巨额贿款事迹的通报》;如果是情况通报,就要加上"情况"两字,如:《××市文化局关于查禁非法、淫秽出版物情况的通报》;批评性的通报,一般只在"事由"中写明批评的现象或事故,不加"批评"的字样,如:《××省人民政府办公厅关于×××煤矿三起重大伤亡事故的通报》。

(二) 抬头

因为通报带有周知性,抬头往往用通称,如:"各市、县人民政府"或"各车间、班、组"之类;也可以不用抬头,直接发往有关部门、单位。

(三) 正文

一般都包含开头、主体、结语三部分。开头,又叫引言,扼要说明通报的主要内容、性质、意义及基本要求。然后常以一些惯用语作为过渡,引出主体,如:"特通报表扬,望认真组织学习"、"兹特通报批评,望从中吸取教训,引以为戒"之类。主体,是通报基干,主要由"事实"和"论断"两部分组成。通报主要是通过典型事例来进行教育、指导或推进工作的。因此,它所写的事实,不仅是真实的,而且是典型的。所谓典型,就是要求个性与共性的高度统一。"个性"指的是那件事实或那种情况必须是具体的、特殊的;"共性"指的是它还具有代表性,能反映出该类事物的共同特性和本质,对一定范围内的单位和人员,具有普遍的意义和作用。叙述事实或情况时,既要具体清楚,又要简明扼要,切忌主次不分,啰嗦重复。叙述事实或情况的目的,在于从中发掘出能够给人提供经验、教训、警戒的东西。因此,必须对事实加以分析,作出论断,充分揭示出事物所包含的本质意义。通常不外从事实产生的原因、事实的性质和产生的影响三个方面进行分析。当然,不是每一份通报都要来个全面(三个方面都包括)的分析,而是根据需要,分析一两个方面即可。分析要恰如其分,既不能拔高,也不能"无限上纲"。分析应该"点到为止",切忌空讲大道理。分析之后,还要提出处理意见。表扬性的,应作出给予精神或物质奖励的决定,批评性的应作出处分的决定。结语,提出希望、要求或号召。

二、根据通报的不同内容、类型,确定不同的写作方式、方法

按表述的方式,通报可分为直述通报和转述通报两种。直述通报就是发文机关直接发出的通报,通报的内容直接在正文中写出。转述通报是发文机关转发某种文件、材料或其他单位的通报。通报的内容,附件中已写明。通报的正文,只说明转发的意义、目的和要求即可。

按性质和用途,通报可分为三种:

(一)表彰性通报

主要是表扬好人好事或宣传先进经验(典型)。这类通报的目的,在于树立榜样,以供人们学习、借鉴。因此,除了要把先进事迹(经验)交代清楚以外,还应着重写明其先进性,找出规律性的东西,指明学习的重点。对于某些先进经验,还可以适当指出不足之处和改进的方法,使其趋于完善。表扬先进,有时还可使用"决定"这个文种。"决定"与"通报"的主要区别是在先进性的差别上,"决定"表扬的先进人物,是在一定范围内树立的先进典型,较"通报"其先进事迹更突出、更典型、更有教育意义。

(二) 批评性通报

主要是通报典型事故或批评错误行为，起到引人注意、吸取教训的作用，达到警戒、教育的目的。在如实具体说明事故的基本情况后，不仅要指明其危害性，还要深刻分析事情发生的原因（如一时查不清原因，也应特别说明），提出消除恶劣影响、杜绝类似现象再度发生的明确意见和决定。

(三) 情况通报

主要是向有关单位和人员告知值得重视或应该知道的情况、动向，事先作好准备、安排，以利工作的推进，避免被动局面的出现。有时传达重要决策，阐明工作指导方针，也可使用通报，如毛泽东主席1948年3月20日为中共中央写的党内通报《关于情况的通报》。通报的内容应该是重要的、具有典型性和指导意义的、其发展趋势值得注意的情况。这种通报，在写明情况的具体内容后，还应特别说明注意的问题，以及采取的对策。这种通报与通知都具有知照性，但却各有侧重。通知不仅使其"知"，往往还要"照"（照办。即告知其干什么和怎样干），具有一定的约束力。通报告知的目的，则在引起对方重视，提出应该注意的问题，就是提出对策时，也多是原则性的东西，具体的办法还应由受文者根据实际情况自行决定。

【例2】

国务院办公厅关于对少数地方和单位
违反国家规定集资问题的通知

各省、自治区、直辖市人民政府，国务院各部委、各直属机构：

关于稳定金融秩序，坚决制止乱集资和确保完成今年国库券发行任务问题，国务院及有关部门曾三令五申，并多次发出通知。今年2月27日，《国务院办公厅转发财政部、国家计委、中国人民银行关于1993年国债发行工作请示的通知》中规定:要"继续贯彻国债优先发行的原则。在国库券发行期内,除国家投资债券外,其他各种债券一律不得发行。国债以外的各种债券利率不得高于同期国库券的利率",并要求各级人民政府和国务院有关部门要严格做好各种债券发行的审批工作。4月1日,国务院领导同志再次强调指出:"集资一定要按国务院的规定执行,对违反规定的要登报批评。集资要经过一定的批准程序,要在国家规定的规模之内,利率不得超过国库券的利率。在今年国库券销完以前,一律不得发行企业债券"。4月11日,国务院又发出《关于坚决制止乱集资和加强债券发行管理的通知》,并作了具体规定。但少数地区和单位有令不行、有禁不止,仍然我行我素,违反有关规定,在未完成国库券认购任务和情况下,利用发行债券、股票等多种形式进行集资。这种做法,不仅影响国库券发行任务的完成,而且严重扰乱金融秩序,对改革开放和经济建设危害很大。根据国务院领导的指示精神,现将有关情况通报如下:

今年4月18日,新疆维吾尔自治区在完成国库券认购任务之前,不按规定的程序审批,擅自决定新疆宏源信托投资股份有限公司公开向社会募集3 125万个股,并向社会发售认购证,引起群众上街排队抢购以及炒卖炒买认购证的现象。4月,山东省济南创建实业公司违反有关规定,擅自向社会公开发行变相股票"'不夜城'主体大厦建筑产权"。2月,福建省中联产业投资综合开发有限公司,未经证券主管部门批准,伪造资信,蒙骗投资大众,擅自向社会发行"环球金融大楼五年对本持产权合同",年均收益率达百分之二十六点六七。4月8日,上海市计委虽经国家批准发行浦东建设债券,但是以高于国库券零点五个百分点的利率发行。4月8日,河北物产企业(集团)公司(原河北省物资局)违反有关规定,委托建设银行石家庄第二办事处及所属储蓄所发售企业债券3 000万元,债券期限为三年,年利率百分之十二点三。

上述地区和单位违反有关规定的集资行为是错误的,经国务院同意,现通报批评,并作如下处理:

一、由新疆维吾尔自治区人民政府立即制止新疆宏源信托投资股份有限公司向社会募集个人股的活动,并对有关责任者给予严肃处理。在此事处理完毕前,暂不批准该自治区公开发行股票。

二、由山东省人民政府立即制止济南创建实业公司发行变相股票的集资活动,并对有关责任者给予严肃处理。在此事处理完毕前,暂不批准该省公开发行股票。

三、由福建省人民政府责令福建中联产业投资综合开发有限公司立即清退非法发行"五年对本证券"所获资金,并依法对伪造资信、蒙骗投资大众、严重违反有关规定的单位及责任者进行严肃处理。

四、由上海市人民政府责成有关单位暂停浦东建设债券的发售,待国库券认购任务完成,再以不高于同期国库券的利率恢复发行。

五、由河北省人民政府立即制止河北物产企业(集团)公司发行企业债券的活动,并对有关责任者给予严肃处理。相应扣减该省1993年地方企业债券发行指标。

六、对违反有关规定,盲目代理发行上述证券的金融机构给予通报批评,没收其代理收入,并责成其主管部门在今年5月31日之前上缴国库。

请各有关地方人民政府将上述问题的处理情况及时

上报国务院办公厅。

　　为了维护正常的金融秩序，保持社会稳定，促进改革开放和国民经济既快又好地健康发展，各地区、各部门和各单位都必须严格按照国务院有关文件的规定执行。各地区、各部门都要对本地区、本部门集资和发行各种证券的情况进行一次检查，凡违反规定的，要比照上述办法进行处理；对情节严重的，要加重处罚，同时登报公布。今后，对违反国家规定的集资活动，各新闻单位要发挥舆论监督作用，公开揭露其错误做法和违纪行为。

　　这是一份批评性的通报。标题由发文机关、事由、文种三要素组成。事由揭示了通报的主题，扼要而醒目。正文的开头，说明了发出通报的根据、原因。然后用"现将有关情况通报如下"作过渡，引出正文的主体。主体首先揭露少数地方和单位违反国家规定集资的具体情况，接着明确指出那些"地区和单位违反有关规定的集资行为是错误的"。怎样对待这些错误行为呢？主体的第二部分就用"条款式"提出了六条处理决定。因为问题比较重大，主体的最后部分还专门用一段，说明解决这个问题的重要意义，并对各地区、各部门提出明确的要求和规定，以求问题彻底的解决。

第三节　报　告　请　示

一、报告

　　从字面上讲，凡是把有关问题、事项、情况、意见等比较系统地告诉对方，不管是用口头形式或书面形式，也不管是对上级或对群众，习惯上都叫报告。如下级向上级所作的工作报告；如某个领导向所属机关全体职工所作的开展某项工作的动员报告，就是上级向群众所作的口头报告；又如某个专家在某个专门会议上所作的学术报告，就是同级所作的一种既可以是口头的也可以是书面的报告。这些报告的性质、作用、形式虽完全不同，但有一点是相同的，那就是都具有陈述性。法定公文中所说的报告，是指"向上级机关汇报工作、反映情况、提出建议"的上行公文。

报告是密切上下级联系，沟通情况，提高工作效率，增强组织纪律性和坚持民主集中制，经常广泛使用的一种文书。毛泽东主席非常重视报告制度，1948年1月专门为中共中央起草了《关于建立报告制度》的党内指示，要求"全党各级领导机关，必须改正对上级事前不请示，事后不报告的不良习惯"。

凡是需要上级了解、掌握的东西，都可以也应该向上级写报告。不但工作完成时要把工作基本情况、经验教训、存在问题，以及今后打算汇报给上级，就是工作进行中发生的情况和问题，以及处理的对策，也应及时向上级报告。答复上级查询的问题、向上级抄报文件和报送物件等，也可使用报告。

（一）报告写作要点

1. 标题。

一般多用规范式，即发文机关、事由、文种三要素都具备。有的还标明报告的性质如"工作报告"、"情况报告"、"事故报告"、"检查报告"之类。有的机关专门编印的报告文件，因为版头已标明文种和发文机关，标题就只写事由，像一般文章的标题一样，如《××通过五条渠道深入基层抓农业》。有的直述式报告，发文机关名称写在落款处，标题中也就省略不写了。

2. 正文。

包括开头、主体、结语三部分。正文的开头，又叫"引据部分"，简要交代发文的依据、原因或目的。然后用"现报告如下"之类的惯用语提领下文。有些工作情况报告，往往省略了这一部分，直接进入正文的主体。主体，是正文的基干，一般包含四个部分：（1）

基本情况;(2)经验教训;(3)存在问题;(4)今后打算。这四部分的详略、轻重、取舍等,应根据行文目的、报告类型灵活处理,不要死守固定程式。但不管什么报告,在陈述基本内容时,都必须遵守几个基本原则:① 实事求是。绝对不允许弄虚作假,文过饰非。不少报告往往有"报喜不报忧"或"夸大成绩、缩小缺点"的毛病,必须纠正。② 抓住重点。所谓重点,一是指那些具有关键性、倾向性、动向性的情况或问题,而不是一般的泛泛的东西;二是指新情况、新问题、新经验,而不是那些"陈谷子烂芝麻"一类的东西。③ 有分析、有判断。写报告的目的不是就事论事,而是从事实中找出有规律性的东西,用以提高工作效率和质量,推动工作更好地向前发展。为此,必须对提出的事实进行深入的分析,表明自己的观点。分析中观点与材料必须统一,既可用一个典型的材料说明一个观点,也可综合几个材料说明一个观点;既可用相同的材料说明一个观点,也可用不同的材料相对比说明一个观点;既可用事实材料说明观点,也可以用数字材料说明观点。分析也不能太多,能表明自己的观点就行了。结语,如单纯汇报工作情况,通常写"特此报告"、"以上报告请审阅"等,如需要批转,则写"以上报告,如无不妥,请批转"、"以上报告,如无不当,请批转各地参照执行"等惯用语。

(二) 根据报告内容、类型,确定不同的写法

按内容和性质分,报告可分为汇报工作、反映情况、提出建议、回复查询和报送文件或物件等五种报告;按内容的含量分,可分为专题报告和综合报告;按报告的时间分,可分为定时(日报、周报、月报、季度报、年度报)的例行报告和不定时的报告;按写作的目的分,可分为呈报性报告和呈转性报告。其实,各种报告都是互相交叉,一种报告常常具有几种报告的性质。如工作报告,既可以是专题报告,也可以是综合报告,既可以是例行报告,也可以是不定时报告或呈报性报告。反之,专题报告,既可以是工作报告,也可以

是情况报告、呈报性报告,也可以是呈转性报告、不定时报告,等等。这里只就按内容性质的分类,介绍几种常用报告写作的基本要求。

1. 工作报告。

按照一般规定,每做完一件工作都需要向上级汇报。工作没做完,进行到一定阶段,往往也按期向上级写例行报告。如果是某项工作的汇报,通常用专题报告的形式。主要是汇报这一工作进展的情况,包括做了什么、怎么做的、取得了哪些成绩、存在什么问题等内容。最后,针对上述情况,提出今后打算。本来任何报告,都带有专题的性质,即专门是汇报工作、情况或提出建议、作出回答的,但为了与综合报告有所区别,就把"一事一报"的报告,叫做专题报告。因此,这种报告必须在"一事"上做文章,绝不要"旁生枝节",扯到别的事情上去。如果是汇报某一地区一定时期内的几项工作或全面工作,则用综合报告。如人民政府向人民代表大会所做的政府工作报告便是综合报告,下级机关按季度、年度向上级所作的例行报告,也是综合报告。综合报告既可以按工作的项目分开来写,即一项工作作为一部分,写完一项,再写另一项;也可以把各项工作综合在一起,归纳成为几大部分:工作开展情况、主要成绩、存在问题、经验教训、今后意见等,逐一说明。不管用哪种方式,综合报告都应力求做到点面结合,详略得当。写工作报告绝不是记流水账,把什么都一笔不漏地记上,而是要求有点有面,点面结合。点就是典型的材料,面就是面上的一般材料。只有两种材料结合在一起,才能比较全面、真实地反映出工作的真相和规律。不仅如此,同一工作的不同方面(如成绩与缺点、经验与教训),不同工作的不同情况和性质(如重要与次要的工作,取得良好的成绩与存在较多问题的工作),都要区别对待。重点要突出,要详写;次要的、一般的则略写,甚至一笔带过或不写。绝不要主次不分,平均使用力量,来个眉毛胡子一把抓。

2. 情况报告。

主要是就工作进行中或本单位日常生活中发生的突出的新情况、新问题,需要上级了解,以便获得指导,避免产生重大失误时而做的书面汇报。既可用于新情况、新问题的反映、认识、处置上,也可用于事故的反映、解决、检讨上。这种报告在清楚说明情况、问题、事故后,还应进行适当的分析,指明其产生的原因、后果,最后还要提出处理的意见或办法。情况报告着重的是工作或生活中的突出的"情况",工作报告着重的是工作的"过程"。

3. 上复报告。

它是答复上级对某些情况、问题的查询而作的报告。这种报告比较简单,上级询问什么,就回答什么,切忌节外生枝,更不能答非所问。

4. 报送报告。

它是向上级机关报送文件或物件时写的简短的说明性报告。这也是一种简单的报告,只需将报送的文书或物件的有关事宜讲清楚就行了。

5. 建议报告。

它是对今后工作向上级提出意见和建议并请予参考或采纳的报告。性质与请示相近,但却不一定需要上级答复。

以上五种报告都属于呈报性的报告,主要是使上级了解情况,以便获得及时的指导。

还有一种呈转性报告,它不是向上级汇报工作或情况,而是对一定范围内工作中普遍存在的问题,提出意见、办法,请求上级审定后批转有关部门参考执行,以便增强其权威性和指导性。从内容看,它属于建议性的报告。因此,它着重在建议的必要性、重要性、可行性的阐述上。提出的建议不但要有很强的针对性,提得明确、具体,而且还需具有一定的预见性。

【例3】
××省人民政府关于工业生产情况的报告

国务院：

　　今年上半年,我省工业出现了经济效益与发展速度同步增长、经济效益增长高于产值增长的好势头。到六月末工业总产值完成××.××亿元,比去年同期增长15.2%,完成计划的54%。工业企业利润比去年同期增长52.5%,是近十年来实现利润最高的一年。上缴利润和工业税收分别比去年增长20.4%和10.1%。利润逐月上升,流动资金占用减少,产品成本下降,全员劳动生产率提高。之所以出现这种良好的势头,主要是贯彻了全国工交工作会议精神,进一步端正工业指导思想,使各级领导的思想和行动转到以提高经济效益为中心的轨道上来。我省财政困难,关键是工业效益不好。去年以来,我们两次召开工作会议,深入分析我省工业生产、经济效益和财政收入的现状,认真总结经验教训。经过一年多的努力,较好地解决了以下几个问题：一、努力实现速度和效益的统一,不干得不偿失的蠢事；二、把工作的重点放在挖掘企业的潜力上,坚持不懈地抓好企业整顿。在机构改革中,全省派出二千多名干部在基层抓整顿；三、大力扭亏增盈。我省去年企业亏损面居全国首位,严重影响财政收入。为了尽快改变这种状况,对亏损企业逐户分析解剖,落实扭亏计划,明确扭亏目标,限期完成。建立扭亏责任制,实行分级分口负责,对亏损大户确定专人负责包户。凡完不成扭亏计划的企业,不准提取减亏分成,不发奖金；对到期不能扭亏的企业,坚决予以"关停并转",不再给亏损补贴,职工不得调资,书记、厂长要自动辞职或就地免职。提前扭亏为盈的企业,原定亏损补贴照给,并免征当年所得税;对实行亏损递减包干的企业,多减亏不少补,少减亏不多补;对实行按产品定额补贴的企业,多销多补,少销少补,减亏留用,鼓励多产多销。这些措施实施以后,收到了良好的效果,上半年亏损企业减少32.1%,亏损额下降48.4%,扭亏×××万元;四、企业管理体制作了初步的改革。全省已有762个企业实行利改税(占实行利改税企业的99.8%),28个县取消了各工业局,成立大经委,直接领导企业。

  我省工业当前突出的问题,仍然是经济效益差。去年以来,我省工业增长幅度较大,效益有所提高,但这在很大程度上是因为过去的基数较低。如和全国平均水平来比,我们还是落后的。主要的原因,除了经营管理不善外,还在于我们对企业的技术改造抓得不够。从1980年到1982年三年间,我省利用各种贷款和集中折旧基金、更新改造资金共×.××亿元,安排了大、中、小项目1400个。但由于我们对依靠技术进步提高经济效益的重要性认识不足,技术改造工作没有完全走上轨道,不少的项目花钱不少,效益却不大。今年,我们开始注意抓这方面的工作,编制了改造规划,制定了促进技术进步的政策,集中一部分资金上了一批急需的技术改造项目,拿出一些外汇引进技术和关键设备,改造中小企业。我们还准备对现有项目进行一次分类排队,凡是名为技术改造实系盲目建设、重复建设的,坚决停办。集中财力物力,保国家重点项目,保重点企业的持续技术改造,力争在改造老产品、发展新产品、提高产品竞争能力方面有新的突破。我们深切感到,我省工业老旧设备多,技术水平低,产品傻大黑粗,缺乏竞争能力,如不下决心改造技术,工业不仅不能发展,许多企业还有在竞争中被淘汰的危险。

下半年我们要狠抓技术改造和技术进步,用以提高企业的素质和产品的竞争能力,从而达到提高经济效益的目的。

××省人民政府
××××年×月×日

这是一份呈报性的工作情况综合报告。标题,包括发文机关、事由、文种三要素,是一种规范化的标题。正文没有开头。一开始就进入主体,直接陈述该省工业生产的情况。这些情况既包括取得的成绩,也包括存在的问题。在探寻取得成绩和存在问题的原因时,都集中到经济效益上来分析,分析得相当准确、深刻。在谈到今后打算时,自然也就以提高经济效益为中心来安排相应的措施。针对该省工业生产的现状,今后最主要的两项措施就是扭亏增盈和技术改造。对这两项措施又分别作了论述,提出一些切实可行的办法。主体写完就结束,没有结语。总起来看,这份报告是写得较好的:(1)如实地反映了情况,成绩缺点,既没夸大,也没有缩小。(2)抓住了主要问题,分析中肯,措施恰当。(3)概括性较强,层次清楚,语言比较简明。

【例4】

关于控制行政费问题的报告

国务院:

近几年来,行政费增长很快。1985年全国行政费支出一百二十五亿二千万元(不含外交支出,下同),比1980年的六十四亿四千万元增加94%,"六五"期间平均每年增长14%。如扣出原包括在行政费中的武警、干部训练、海关等经费支出,按同口径比较,1985年则比1980年增加六十七亿元,平均每年增16%,超过了同期财政收入增长水平。1986年行政费继续增长,达到一百四十二亿元,比上年增长21%以上。"七五"后四年如无有效措施,行政费过快增长的势头将难以控制。

近几年行政费增长过快,有合理的因素,主要是安置军队转业干部、充实和加强政法部门、建设乡政权、增设必要的机构以及行政单位调整工资、发放副食品补贴等。但是,机构过分膨胀,人员无限增加,讲排场、摆阔气、请客送礼风盛行,自行提高补贴和福利待遇标准等等,这些不合理的因素,也是行政费增长过快的重要原因。这不仅影响国家资金的合理安排,而且助长官僚主义,败坏社会风气,影响党和政府同人民群众的关系,必须引起高度重视,认真加以解决。

控制行政费开支,重点要解决机构膨胀,人员费用增加过猛问题。对公用费用,总的原则是从严从紧安排,使行政费的增长不超过财政支出增长的速度……为了切实抓好节减行政费工作,提出以下意见:

一、清理和精简机构,控制人员编制,这是节减行政费的关键。我们建议,在机构未全面改革前,原则上不得增设机构和扩大编制,不准搞机构升格……编制、人事和财政部门要紧密配合,严格按编制配备人员,按编制内人员核拨行政费。

二、进一步整顿行政费开支范围。目前行政费的开支范围庞杂,应加以整顿……

三、整顿内部宾馆、饭店、招待所的收费标准……

四、严格控制设备购置……

随着办公现代化的需要,不少部门要求配备复印机、微机等设备,但利用率不高。各地财政部门应研究提出控制购置现代化设备和加强管理的办法。提倡部门联合使用,避免浪费。

五、大力压缩会议……

六、改进和完善经费包干办法……

七、机关后勤服务部门要逐步实行经济管理……

八、对行政单位全面实行定期审计……

九、大力提倡勤俭节约。鉴于一些地区和单位讲排场、摆阔气、大吃大喝、花钱大手大脚的风气盛行,有必要普遍进行艰苦奋斗、勤俭建国的教育,提倡厉行节约,反对浪费……

以上报告如无不妥,请批转各地区、各部门贯彻执行。

财政部
××××年×月×日

这是一份呈转性的建议专题报告。标题中的发文机关写在落款处故略去,只有事由、文种两要素,成为简略式标题。正文包括开头、主体、结语三部分。开头两段说明行政费增长过快的情况及其产生的原因和危害。主体部分共十一段。头一段概括说明解决问题的重点和原则,然后提出九条意见,说明了控制行政费用的措施、方法和要求。这些意见考虑得都较全面,不但提出具体的做法,有的还说明那样做的理由,具有较强的说服力。如果条条落实,行政费必将得到很好的控制。从现在的情况来看,有的确实得到一定的程度的解决,但有的反而有所发展。如动用公款吃喝、旅游,中央三令五申加以禁止,但据报载:2000年,全国却仍然达到几千亿元。这说明这份报告依然还具有一定的现实意义。最后用一般报告的习惯用语作为结语。

二、请示

请示是向上级机关提出问题,陈述意见,请求指示、批准或答复的祈请性公文。事前请示,事后报告,已成为我国机关、团体和单位的一种制度。但也并非事无巨细都要请示。一般说,需要请示的有两种情况:(1)政策上、制度上明确规定必须请示的。比如,完成一项任务后必须报请上级审核(带有验收、检查性质)的,上级机关明确规定必须请示批准后才能办理的;(2)政策上、制度上虽未规定,但不请示就无法作出决定的。比如,对有关方针、政策、法规的精神把握不准,产生疑难问题的;因情况特殊,难以执行上级或有关政策、法令规定的;发生新情况、新问题不知如何解决或无力无权作主的;意见分歧,有待上级裁决的,以及要求分配工作任务等,都需请求上级予以指示。

请示和报告都是上行文,都是主送直接领导的上级机关的文书。但是两者行文的目的却不同。报告是为了向上级机关汇报工作,反映情况,除了呈转性报告,要求上级审核批转有关单位执行外,不向上级提出任何要求,也不需要上级批复。请示则是按照规定或为了解决特定问题而必须请求上级予以审批或指示。报告除提出建议的报告,大多是事后或工作进程中行文。请示除按规定某项工作完成后需请求上级审核验收外,其余都是事先行文。报告的内容,特别是综合报告涉及面较广,结构灵活。请示内容单一,结构也简单固定。

请示写作要点如下:

(一)请示的结构

请示的结构与报告一样也分标题、正文、结尾三部分。

1. 标题。

与报告相同,但事由必须概括而又具体地说明请示的是什么问题。文种只能写"请示"两字,不能在"请示"后再加"报告"两字。因为,上面已经讲过,请示与报告是两种不同的文书,绝不能"混为一谈"。

2. 正文。

与一般公文一样也分开头、主体、结语三部分。开头写明请示的问题或事项,以及请示的原因。原因必须说得清楚明白,而又有充足的理由和根据。主体,一般多用"条款式"分项说明请示的具体事项,不仅要做到条理清晰,还要作必要的分析,然后提出切实可行的解决问题的意见和办法。如意见分歧时,除如实地具体地写明不同的意见外,也要进行分析,提出自己的看法。结语,一般多为惯用的请求语,如"当否,请指示"、"以上意见是否可行,请批示"等。

3. 结尾。

写明发文单位名称和发文日期

(二)写请示需注意的问题

1. 请示只能一文一事,不能把若干不同类别、性质的问题同时提出,致使上级机关不能明确及时予以批复。

2. 请示只写一个主送机关,如需同时送其他机关,只能用抄报形式,但不能同时抄送给同级机关和下级机关。

3. 不能越级请示,必须越级请示时,应将请示同时抄报越过的机关。

4. 凡方针、政策已经作了明确规定,本机关职权范围内可以自行决定、处理的,就无需请示。

5. 本系统的同级机关也可联合发文请示。如果不是同一系统的,虽遇相同的问题,也应分别向所属上级请示。

【例5】

挖掘资金潜力工作的请示

国务院:

　　1987年,按照党中央、国务院的布署,原国家经委和人民银行组织开展清仓利库,挖掘资金潜力的工作。经过各地区、各部门的共同努力,取得了较好的效果。据各地统计,去年共挖掘物资和资金潜力约三百五十亿元,占清查出有问题物资和资金潜力总数的60%,实现了多增产少增资的要求。各地的经验说明,只要各级政府下力量抓,政策明确,措施得力,就能取得明显效果。目前清仓挖潜工作中存在的主要问题是,有些地方、部门和企业对这项工作的重要性紧迫性认识不足;对企业处理积压物资等形成的损失,没有制定切实的政策措施加以补救;老的积压刚处理,新的积压又出现,前挖后压情况时有发生。这些状况影响到清仓挖潜工作的进一步开展,需要尽快加以改变。

目前,企业占用流动资金贷款达六千六百多亿元,一方面生产建设资金严重短缺,另一方面企业资金占用多、周转慢、结构不合理,潜力很大,却未很好挖掘。今年国家综合信贷计划确定之后,流动资金仍然比较紧张。现在看来,出路在于狠抓清仓挖潜、搞活物资,提高资金使用效益,缓解流动供求矛盾,促进产业结构和产品的调整。为了进一步搞好这项工作,我们提出如下意见:

一、加强组织领导。由国家计委、财政部、人民银行共同负责制定和颁布有关政策措施,指导和协调全国清仓挖潜工作。各地清仓挖潜工作,由当地人民政府负责,并组织计经委、财政、银行和企业主管部门等,研究落实任务和措施。

二、落实挖潜任务。(略)

三、全面开展清查处理工作。(略)

四、清查处理企业的闲置设备。(略)

五、妥善处理企业资金损失。(略)

六、实行"谁挖潜谁使用"的政策。(略)

七、实行区别对待,扶优限劣的政策。(略)

八、进一步健全企业补充自有流动资金的制度。(略)

九、依法管理银行贷款。(略)

十、各级银行要进一步建立健全岗位责任制,加强贷款管理,采取有效措施,调动银行职工管好用好贷款的积极性。

中国人民银行
国　家　计　委
1988年6月6日

这份请示同报告中提出建议的呈转报告有些相近,都是提出一些解决特定问题的意见和办法,送交上级机关审阅,并批转有关部门参照执行。而不同的是:呈转性报告只需上级审阅同意后,即转发有关机关"参照执行",不需要给予指示;请示则需要上级给以指示或批准。如这份请示,是就清仓挖潜工作中出现的新情况、新问题,提出进一步搞好这一工作的意见和办法。这些意见和办法虽然都切实可行,但发文机关却无权作出决定,只有经国务院审核批准后,才能付诸实施。

这是一份联合请示,与单独请示的写法没有什么不同。标题,因落款处已写明发文机关,故只有事由和文种两个要素。正文开头,包括一、二两个自然段。第一自然段叙述清仓挖潜工作的基本情况:已经取得的成绩和经验,目前存在的主要问题。第二自然段,进一步指出解决问题的紧迫性,接着就提出解决问题的主要途径。两个自然段联系在一起,充分说明了请示的必要性和迫切性,为下面提出的解决问题的意见和办法打下扎实的基础。然后用"为了进一步搞好这一工作,我们提出如下意见"一句过渡到正文的主体部分。主体,围绕开头提出的解决问题的"出路",用"条款式"按逻辑顺序,分十项陈述了具体的政策措施。仅从这十项题目上,就不难看出考虑得相当全面、周到,政策性、指导性都很强,叙述亦井然有序,有条不紊,语言干净利落,分寸恰当。

第四节 批　　复

批复是与请示相对应的文书,即下级送来请示,上级就应针对下级的请示事项予以答复。因此,它具有很强的针对性,下级请示什么就回答什么。但又不是简单的一问一答。首先必须根据党和国家的方针、政策来审核下级请示的是否正确。其次,还得调查了解实际情况,判断请求的是否符合实际,所提出的意见或办法是否切实可行。然后再作出相应的指示,或同意或不同意。这一些都应明确地表达出来,以便下级遵照执行(下级也必须照办)。因此,批复还具有指示性、权威性。此外,下级往往是在急于解决某种问题时请示的,上级的批复也应及时下达,以免贻误工作。这样,批复又带有及时性。

批复是一种下行文,又具有指示性,与法定公文的指示有相同之处。但两者的区别也是很明显的。指示是"对下级机关布置工作,阐明工作活动的指导原则"时用的下行文,是主动发出的,发往的单位往往是多数或全部下级机关;批复却是因下级有所请示需要回复而被动发出的,一般的只主送给请示的下级机关,有时也抄送给有关机关。虽然有些报告下级并未请求指示,上级认为需要时也可给以批复,但那也是在有了下级送来的报告后才作出的。

批复与复函,都是给对方以答复,但也不相同:批复是下行文;而复函是函的一种,是平行文,是回答同级机关或不相隶属机关的来函时用的文书。批复具有指示性、权威性,受文者必须执行;而复函就不具有这种性质,作出的答复,提出的意见,只能由对方决定办或不办。

还有一种非法定公文的批示,也像批复一样,是对下级送来的各种文书所作的指示。但它不是针对下级的请示而作出,却是上级(主动地)认为有必要时作出的。批复多用上级机关组织的名义作复,批示除了用组织的名义外,领导者还可以用领导的名义签署意见。

批复写作要点如下:

一、批复的结构

批复的结构和一般公文相同。

(一)标题

多用规范式的,如《国务院关于同意××省调整××市与××县行政区域界限给××省人民政府的批复》,除了具有上面三个基本要素外,还加上了批复意见(同意)和主送机关名称两项。当然,主送机关名称也可以不写进标题中,而放在正文之前。

(二)正文。

一般也分开头、主体、结语三部分。开头,写明批复的依据,又叫批复引语,写明收到的请示的情况,则叫"告知情况"。如"××××年×月×日请示悉。"或"××××年×月×日发[××××]×号请示收悉。"有的还加上"现批复如下"一句过渡到主体上去。主体,主要写批复的意见。这些意见不管同意或不同意,批准或不批准,部分同意、批准或不同意、不批准,或者条件不成熟暂不同意或批准,都必须写得明确、肯定、具体,而不能写得含混模糊(如"可以研究"、"研究研究再说"之类),模棱两可,使人莫知所从,影响工作。如果不同意、不批准,还要简明扼要地讲清道理,并提出处理、解决问题的意见。结语,一般用"此复"或"特此批复"字样,现多省略不用。

二、写批复需注意的问题

写批复一般应注意:(1)必须针对下级的请示提意见,不能在不了解下情的情况下,"想当然"地随便下笔,谈些空泛的大道理;(2)必须为下级着想,真正帮助下级解决问题。切忌摆官架子,打官腔。

【例6】

财政部、轻工部关于卤井更新资金问题的批复

××省财政局、××省盐务局：

××××年×月×日发[××××]号请示收悉。现批复如下：

一、为了维持×盐简单再生产，充分发挥老企业的潜力，同意按照盐的产量提取卤井更新资金，提取标准暂规定为每吨盐×元×角，自××××年×月×日开始执行。按固定资产（盐井除外）计算和提取的基本折旧基金仍按统一规定办理。

二、按照产量提取的卤井更新资金，必须专款专用，只能用于打更新卤井，不得用来搞基本建设项目的卤井工程。凡属新增生产能力的，应由基本建设投资解决。

三、所需材料、设备，请报××省计委统筹安排。

四、原则上同意你们所拟定的暂行办法，请你们根据上述要求修订，并报两部审核备案。

希切实管好用好这笔资金，总结经验，以便充分发挥这笔资金的效益，提高生产能力。

××××年×月×日

批复一般分两种：阐释政策的批复，批准下级无权决定的问题的批复。上面所举的例文是一份阐释政策的批复，因为提取更新资金，就是有关政策的问题。它的标题是规范化的。正文前的主送机关一般只能有一个，但因原来的请示是两个机关联合发出的，所以，主送机关也可以写两个。标题中的发文机关也因请示是送给两个机关的，所以也有两个。正文的开头，说明了批复的依据。主体，用条款式列举了四条批复意见，对有关政策解释得具体而扼

要。特别是对有关政策界限(更新资金与基本建设资金要严格区分)规定得很明确,针对性、指导性都很强。结语,进一步提出了总的要求和希望。

第五节 函

古人把一封信或一套书都叫做一函。原来"函"是封套的意思,古人的信和书都要装进套子里(古时的信也有装在竹筒里的那就叫"缄"。后来人们在信封上发信人的姓名后面也写个"缄"或"械"字,表示信是他亲自装好封口的),以后也就把信件叫做"函"了。

作为法定公文的函,与本书第二编第四章书信写法基本相近,但按《国家行政机关公文处理办法》的规定,它还具有特定的含义。首先,它基本上属于平行文,它是平行机关之间相互商洽工作、询问和答复问题时使用的一种文书。也可用来向没有隶属关系的有关主管部门请求批准某种事项。它同其他法定公文一样,也有版头,也有公文编号,一般把它叫做公函。只有便函,因不是法定公文,才同一般书信一样,既可以用于上级,也可以用于下级;既可以不要版头、编号,也可以不要标题,只要用机关信笺,盖上公章就行了。但便函只用于一般事务的联系,如果是比较重要的公务活动就不能用便函,而必须用公函。其次,与其他公文(请示与批复除外)相比,函是一种双向对应的文书,这就是说,有问必有答,有来必有往,而且都以平等的态度相待。即使向对方提出意见,也要尊重对方,使用商讨的口吻,除了主管部门批准请求事项外,也不具有权威性。主管部门的批准复函,语气应恳切平和,而不能用命令口吻。上下级之间来往的便函,有时虽具有一定的指示性、指挥性,但也不如命令、指示、通知那样具有明显的法定的约束力。

函的结构和其他法定公文相同。标题,多为规范化的,也可省略发文机关,只在落款处写明。正文的开头,商洽、询问函,写发函的缘由,即简明扼要地写出商洽询问的主要问题与事项,或发函的目的与根据等。复函,则说明复函的根据,一般写类似下面的语句:×月×日的来函(详细点可写上来函的标题,如《关于×××》的函)收悉,现答复如下。正文的主体,商洽、询问函,具体、清楚地写明商洽、询问的事项、问题。复函,则针对来函提出的事项、问题,认真负责地一一明确作复。结语,商洽、询问函,往往用"盼复"、"敬希赐复"、"请研究函复"等惯用语,表示希望和要求。复函,一般多用"此复"、"特此函告"等作结,也可不用。结尾,署名、日期与其他公文一样。

【例7】

关于调整新护照收费标准的复函

××部:

你部《关于调整新护照收费标准的函》(公境办[1992]第×××号)收悉,经研究,函复如下:

为适应改革开放的形势,加强公民出国的审批和管理,对护照增加了一系列防伪措施。鉴于新版护照印制成本增加,并考虑驻外使馆办理因私护照收费为每本100元等情况,同意从1992年8月15日起,北京、上海、江苏、广东四省(市)新版因私护照收费标准调整为每本100元。

××部

1992年×年×月

这是一份复函。标题中的发文机关因写在结尾处故略去。正文开头,引述来文的标题和字号作为发文的缘由。然后用"经研究,函复如下"的惯用语,过渡到正文的主体。主体,针对来文提出的问题,作了明确的答复。过渡句中已写有"函复"字样,结语就不再写"此复"等套话了。总的说来这份复函写得简明、清楚。但有些语句还值得推敲。如把调整新护照收费的意义提得太高了。公文是一种严肃的文体,它不但代表发文者所具有的法定权威性,也显示了发文者的作风和文风,必须认真对待,一丝不苟,字斟句酌,反复推敲,一点差错也不能出现。否则,就会直接影响到发文机关的形象,甚或产生其他严重的后果。

第六节 会议纪要

会议纪要是传达会议议定事项和主要精神的陈述性文书。但并非任何会议都要写会议纪要,只有比较重要的、影响较大的会议(如工作会议、办公会议、代表会议、联席会议、汇报会议、座谈会议、学术会议、技术鉴定会议等),并要求与会者共同遵守、执行会议议定事项和贯彻主要精神时,才写发会议纪要。为了贯彻会议精神,扩大会议影响,推动有关工作,会议纪要不仅发送给与会者及其所属单位,还可以送给上级,必要时还可通过宣传媒介物(报刊、电台等)向公众发表。因此,它是一种多向性文书,既可作平行文,也可作上行文或下行文。

会议纪要写作要点如下:

一、会议纪要的结构

会议纪要的结构与其他法定公文相同,只是每部分写法不一样。

(一)标题

可以用多行标题,如《抓住机遇就是胜利——××市××厂厂长座谈会纪要》,既有正题,也有副题;也可以简化,或会议加文种,如《全国商业工作会议纪要》;或会议地点加文种,如《天津会议纪要》;或会议主要内容加文种,如《关于保护全省生态环境工作会议纪要》。当然，也可以用规范化的标题，《如××市粮油公司××会议纪要》。

（二）正文

正文的开头，交代会议的基本情况，包括召开的原因、根据、目的，会议的召开者，开会的时间、地点、出席人，主持人，会议的主要议程，研讨的主要问题，领导讲了什么话，取得了什么成果等。可以根据会议的需要，对这些项目有选择地、重点地、简明地加以介绍。正文的主体，着重阐述会议的主要内容，包括会议的精神，讨论的问题，议定的事项，提出的任务、要求和措施等。主体的写法有两种方式：一为综合式，一为记录式。综合式就是把会议的内容（包括与会者的发言、讨论和决定的事项、进行的活动等）综合在一起概括地加以阐述。也可以把会议的内容归纳在一起后，再根据它们的性质分成几项（每项还可以加上小标题），逐一加以叙述。记录式，也可以叫顺序式，就是按照会议进行的程序，议题的提出，讨论的意见，议定事项等依次写明。一些办公会议、日常工作会议往往用这种方式来写会议纪要。一些座谈会纪要也可以用这种方式写，那就是按发言者的先后，依次写出其发言内容。当然，会议纪要不同于会议记录，记录式会议纪要反映的内容不是"有闻必录"，而是在会议记录的基础上，摘要整理出来的。正文的结语，可以提出要求、希望或发出号召，也可以不写。

二、写会议纪要需注意的问题

写会议纪要一般应注意：（1）如实准确地反映会议情况，不管是用综合式或记录式，都需对会议情况作概括、摘要地反映。这种概括和摘要，只能在实有情况的基础上进行，绝不能违背原意，更不能"无中生有"或"添油加醋"。如实地反映也不是纯客观的反映，而必须对实际情况作出正确地判断与抉择。任何一种会议，都可能有不同的意见，这些意见都应认真考虑。多数人同意的意见，自然应该反映；少数人的意见，正确的也该反映；必要时，少数不正确的意见,也应反映。如果意见始终没有统一,就应考虑是否还要写出会议纪要,一般最好不写。当然,有时为了使上级了解情况,作为汇报材料,还是可以写的。为了使纪要能更准确地反映会议情况,纪要草稿应在会议结束前送交会议讨论修改,经会议同意后再定稿发出。(2)由于会议纪要写作的要害是"纪要",因此,必须做到:一是抓住会议的"要害"问题,即主要精神,中心议题,重要决定等来阐述;虽然可以简要地反映不同的意见,但重点应放在通过讨论、取得共识的结论上;二是阐述时,需简明扼要,要言不烦,一语中的。为此,对会议的有关材料,必须全盘掌握,深入开掘,精心提炼,揭示本质,找到有规律性的东西,显示出会议的政策水平和理论水平,以便会议的精神能够得到更好地贯彻、执行。

【例8】
1990年经济特区工作会议纪要(节录)
(1990年3月20日)

2月5日至8日,国务院在深圳召开经济特区工作会议。参加会议的有深圳、珠海、汕头、厦门、海南五个经济特区的负责同志,广东、福建、海南三省人民政府和国务院有关部门的负责同志。田纪云副总理主持了会议。2月8日,李鹏总理专程到会听取汇报,作了重要讲话。会议交流了各经济特区的工作情况,讨论了贯彻落实党的十三届一中全会精神,进一步抓好治理整顿和深化改革,更好地发展外向型经济,充分发挥对外开放窗口和基地作用的问题。现纪要如下:

一

会议认为,1986年经济特区工作会议以来,特区按照国务院批准的工作方针,把经济工作重点从初创阶段的"搭架子、打基础"转到"抓生产、上水平、求效益"方面来,努力发展以工业为主、工贸结合的外向型经济,取得了显著成果……实践说明,经济特区的发展方向是正确的,成绩是显著的,并且逐步摸索出一套建设特区的经验。应当认真总结这些宝贵经验,通过治理整顿和深化改革,把经济特区办得更好。

二

会议指出,经济特区在治理整顿和深化改革中求稳定、求提高、求发展,积极吸收利用外资和引进先进技术,更有成效地扩展对外贸易和经济技术交流,把外向型经济提高到新水平。在沟通内外经济技术联系,出信息、出技术、出经验、出人才和扩大出口创汇、增加社会积累等方面更好地为全国服务。在服务中进一步发展壮大。为此,要着重抓好以下几个方面的工作:

(一)把治理整顿和深化改革的方针具体贯彻落实到特区工作中去……

(二)进一步改善投资环境,更有成效地吸收外商投资……

(三)积极调整产业和产品结构,增强国际交换和竞争能力……

特区发展外向型经济,必须把提高经济效益放在首位……

特区要重视农业……

(四)适应发展外向型经济的需要,继续深化改革,建立有效的宏观调控机制和富有活力的企业经营机制。……

三

会议强调,加强社会主义精神文明建设是特区的一个重要方面……

要加强党的建设……

要普及和提高文化科学教育,加强职业道德建设,倡导移风易俗……

四

会议强调,要继续认真执行中央和国务院制定的对经济特区的各项特殊政策措施……针对当前实际工作的需要,会议明确以下各点:

(一)特区固定资产投资规模和建设项目审批权限,仍按国务院对经济特区的现行规定执行……

(二)(略)

(三)(略)

(四)(略)

(五)(略)

(六)(略)

这是一份工作会议纪要。标题省略了召开会议的机关国务院的名称,由会议名称和文种两个要素组成。正文分开头、主体两大部分。开头,用一整段交代了会议的基本情况,包括会议时间、地点、与会人员、主持人、到会的领导人,以及会议的主要内容。然后用一惯用句"现纪要如下",过渡到主体。主体,采用分类归纳的方式,把会议讨论的问题、提出的看法和议定的事项,分成几个部分,一一具体、扼要地加以阐述,不仅有条不紊,而且有较强的逻辑性。譬如,主体第一部分在介绍了经济特区所取得成绩和经验后,指出应认真总结这些经验。以后各部分虽然再没有一字提及其经验,实际上会议反映出来的那些看法和意见,就把这些经验包含在内了,这就使各部分取得了紧密的内在联系。特别值得一提的是:会议讨论的是经济工作,是物质文明建设,但它却没有忽略精神文明建设,专门用了一部分来反映会议对这方面的意见,而且写得相当深刻。主体写完,问题已讲得很清楚,就没有照一般惯例再作结语。

第八章 财经常用事务公文

除《国家行政机关公文处理暂行办法》中规定的法定公文外,党政机关、企事业单位、社会团体在公务活动(包括经济活动)中,还使用一些事务公文(又叫常用公文或准公文),使用的范围与频率比法定公文更大。

既然同属公文,事务公文与法定公文也就有一些共同的特点,比如政策性、针对性、格式的规范性,以至公文用语上,都差不太多。特别是事务公文中带有规范性的文书,如计划、规章制度、合同等,也都同法定公文一样具有一定的约束力。但总的说来,大多数事务公文,特别是反映情况的公文如简报、总结、调查报告等,只有参考和指导作用,而不像多数公文那样具有法定权威性。在格式上事务公文虽不如法定公文那样的严格,但也要受"约定俗成"的限制,不能"随心所欲"地各搞一套。

第一节 简 报

一、简报的含义和作用

简报是简明扼要的报告,是报道信息的使用频率很高的一种文书。它既可以用来向上级反映情况、汇报工作,也可以用来向下级或平级通报情况、交流经验。从而达到"下情上达"、"上情下传",左右沟通,掌握信息,及时解决问题的目的。它虽然不像法定公文的报告、请示、指示、通知那样具有法定的权威性,但在传递信息、利用信息、处理信息上,却有不可忽视的作用。因此,党和政府历来重视简报的编发。早在1955年党的七届六次扩大会议上就指出:"还有一个方法就是简报,县委对地委,地委对省委、区党委,省委、区党委对中央,都要有简报……"1956年6月国务院发布的《关于所属各部工作报告制度的规定》指出:"各办、外交、计委、建委、体委、民委、侨委,每两周向总理写一次工作简报,明确、扼要地报告所掌握的范围内重大问题的处理、工作中重要情况和经验。"简报没有统一的名称,一般叫"简报"或"××简报",也有叫"情报"、"快报"、"简讯"、"动态"或"情况反映"、"情况交流"、"内部参考"等的。

二、简报的特点

简报是传递信息的一种工具,因此,它与新闻中的消息有些类似,不过消息是对外的,简报却是对内的,只有发表出去才能对外。但就其特点来说,两者是相同的,可以用"新"、"准"、"快"、"简"四个字来概括。

(一)"新"

所谓"新",一是指简报传达的信息,必须是新发生的具有社会意义的新情况、新动向、新问题、新事物,这才能给人以启发、借鉴,领导部门亦可据此作出新的决策和指示,从而推动工作的开展;二是指要解放思想,用新的观念、新的思想来对待一切事物。哪怕是一些旧事物、旧闻,只要它们还在社会上起一定的作用,就要从中发掘出新意来,用以指导或推动当前的工作。

(二)"准"

所谓"准",一是问题要抓得准,不是什么都写进简报,而是抓确有价值的信息,或者是群众普遍关心的问题及具有普遍性的情绪和意见,或者是有关党和国家方针政策的重要情况、重要问题;二是要抓住真实材料、主要材料、典型材料、带有倾向性的材料,准确地反映出事物的真相和本质。

（三）"快"

所谓"快"，是与"新"密切联系的，再新的信息，如果不及时输出，时间一过，也就失掉了它们的价值。市场竞争，实质上就是效率、速度的竞争。我们社会主义的优越性，归根到底也表现在发展速度上。为社会主义服务的文书，特别是以反映信息为主的简报，更应把掌握的信息迅速地传递出去，才不会落在"瞬息万变"的市场信息的后面。事实上，今天有些重要消息，正是首先在简报上发表以后，新闻部门才据以深入采访后而发表出来的。

（四）"简"

所谓"简"，一是要篇幅简短，抓住要害，直截了当地反映问题，一般千字以下就可以了，最好是一报一事，就是写综合简报，也不能长过两千字；二是文字简洁，要言不烦，没有废话。总之，信息的价值还取决于密度的高低，只有以最少的文字传达出最丰富的内容，才算是好的信息。

三、简报的种类

简报的种类很多，按不同的标准有不同的分类。如"经济信息"、"农村情况"、"城市通讯"、"市场动态"、"妇女工作"、"青年简讯"等，是按性质分的；如"工作简报"、"生产情况"、"会议简报"、"信访情况"等，则是按内容分的；如"综合简报"、"专题简报"等，则是按范围分的；如"内部参考"、"情况交流"等，则是按机密程度分的。还有按时间分为定期与不定期的。不过，概括起来，也只有两大类：

（一）业务简报

业务简报主要是反映本单位、本部门、本系统的工作、生活、学习、思想情况和动态的简报。这种简报用途很广，既可以用来汇报工作、反映情况，也可以用来介绍经验、传达指示、提出意见要求、解释方针政策;既可以表扬先进,也可以揭露和批评错误;既可以反映日常工作情况,也可以专门反映中心工作情况;既可以反映机密情况,也可以反映带有普遍性的一般情况。写法也较灵活多样,既可以用专题简报,也可以用综合简报;既可以据实编写,也可以摘录原文;出报的时间也不受限制,既可以是定期的或不定期的连续性简报,也可以是临时性的简报。

(二)会议简报

会议简报主要是反映一些重要会议的情况,包括会议从筹备到结束的各种情况,举凡中心议题的讨论情况、重要人物的讲话、与会者发言的摘要、会议的决议、会议的动态、气氛与花絮等等,都可以反映。根据内容,可以一天一报,如有必要,还可以一天数报。会议结束,简报也就结束。有的会议开会时不发简报,会议结束时才发一次简报,把会议的概况、要点和基本精神集中地反映出来。它的写法与会议纪要差不多,但却不具有会议纪要的行政约束力,而只供与会者了解会议概况和参考之用。

四、简报的格式

简报一般分为报头、标题、正文和报尾四个部分,有的还加上按语。

(一)报头

与法定公文的版头相近。在简报第一页上方,约占全页三分之一的位置。居中为简报的名称,用醒目的大字(有的套红)印出如"××工作简报"、"情况交流"、"××动态"等字样。如果具有机密性,左上角则印上"机密"或"内部刊物,注意保存"等字样。名称下面是简报编号,一般以小字标明期数,如"第五期"之类,左下侧是编发单位,右下侧是印发日期。报头下如法定公文一样,常用红线把报头与正文隔开其样式如[例1]所示:

【例1】

```
内部刊物　注意保存
                    ××简报
                    第×期
                    总第×期
××××编                    ××××年×月×日
─────────────────────────────────────
                ××××(标题)
(正文)……………………………………………………
     ……………………………………………………
─────────────────────────────────────
抄报　××××　抄送××××　转送××××　(共印××份)
```

(二) 标题

多直接点明主旨,如《深化统计改革,充分发挥统计工作在治理整顿中的监督作用——全国统计工作会议简况》,正题就点明了会议的主要内容和基本精神。标题既可以如上例用多项标题,也可以用陈述式标题,如《××铁矿三月份日日超产矿矿超产》,也可以用设问式标题,如《如××厂是怎样扭亏为盈的?》。

(三) 正文

与一般公文一样,包括开头(或叫导语)、主体、结语三部分。开头,与新闻消息的导语相似,简明扼要地交代报道的对象、时间、地点、中心或主要事实。写法可以多种多样,或一上来就摆出事实的结果及问题的结论,或提出有关问题,或概括叙述主要内容,或描写环境、景物、人物、渲染气氛,其目的都在于引起人们的注意、兴趣后,再于主体中一一加以阐述说明。主体,是简报的主要部分。要以典型的材料、具体的内容,阐明简报的主题。简报的类型不同,写法也随之而异。反映情况的,必须抓住主要之点,写得一清二楚,既应弄清来龙去脉,还应指明发展的趋势及其影响的范围、程度等;介绍经验的,不但应写出经验的具体内容,还应说明是如何获得的、应用这些经验的条件等;研究、解决问题的,则应找出其产生的原因,指明它的性质,以及解决的具体途径和办法等。就是摘编文件、言论的,也要有个中心,有个安排。主体的结构方式,一般有两种:一种是按事物发展顺序写,即按事物发生、发展和结局的顺序写。这种写法多用于以叙述某一重大事件或情况为主的专题报道中;一种是按逻辑关系写,即把一个事物的几部分,或几个问题的内部联系(因果、主从、点面、并列、递进、总分……)分为若干部分,一一加以叙述、说明。这种写法既可用于专题报道,也可用于综合报道。结语,既可对正文作一小结,也可提出意见或希望,或指出事物发展的趋势等。短小的简报,多不用结语。

(四)按语

有的简报为了传达领导意图或表示编发者的意见,往往用精炼的语言,在正文前或中间(用括号),加上按语。所谓按语就是对原文有所评论、注释、说明、提示或考证而说的话,亦称"案语"。

(五)报尾

注明简报的发送对象和印刷份数。

【例2】

信 息 快 报

(261)

中共××市委办公室　　　　　××××年×月×日

▲××县坚持"四优先"、"四从严"、"四不批"原则,加强基建计划管理。"四优先"是:对投资少、见效快、原材料有保证的生产性和经常性项目优先;对文教、卫生项目优先;对直接创汇的外向型经济项目优先;对存足资金、有能力购买国家重点建设债券的项目

和重点项目优先。"四从严"是：对楼堂馆所项目从严控制；对近年来新建住宅较多的单位从严掌握；对近年来不按计划执行，超标准、超投资单位从严审批；对有拖欠工程款的单位从严把关。"四不批"是：对资金不落实和资金来源不经审计的不批；对不符合城镇规划要求的不批；对住宅建设超标准的不批；对应购国家重点建设债券未购买的不批。

▲××厂党委分层次开展"四个教育"、"四个反对"活动……在领导班子中重点进行倡廉反腐教育，坚决反对腐败现象的滋生、蔓延；在全体党员中，重点进行党性、党风、党纪和党员标准教育，坚决反对有损于党的形象和威信的言行；在全体干部中，重点进行党的根本宗旨和公仆意识教育，坚决反对以权谋私和官僚主义作风；在全体职工中，重点进行爱国、爱厂、爱岗位的主人翁思想和遵纪守法教育，坚决反对一切有损企业声誉和企业共同利益的违法乱纪行为。

▲在生产一线工人中发展党员问题亟等解决。1988年底统计，××市55个大中型工业企业中，共有生产班组19 758个，其中没有党员的班组6 759个，占总数的34.2%。××公司是拥有46 000名职工的大型企业，共有2 609个生产班组，目前，没有党员的班组905个，占总数35%。这一状况严重影响了党的基层组织建设和党员在工人群众中作用的发挥。

这是一份业务简报，反映了所属有关单位的几种情况，其中也包括了一些工作经验。因为内容各不相同，所以没有统一标题。根据所反映的内容来看，材料是比较新的，问题是比较重要的，写得也简练，基本上符合简报的特点。

【例3】

统计工作简报
(16)

国家统计局编　　　　　　　　1988年5月13日

深化统计改革,充分发挥统计工作在治理整顿中的监督作用
——全国统计工作会议简况

全国统计工作会议于4月25日至29日在北京召开。全国各省、区、市统计局和计划单列统计局的负责人,国务院各部委统计机构负责人,有关院校和特邀代表出席了会议。会议的中心议题是:深化统计改革,充分发挥统计工作在治理整顿中的监督作用。会议主题明确,重点突出,取得了预期效果。

会议期间,国务院领导同志×××、××和国务院副秘书长×××等听取了国家统计局和各省、区、市统计局领导关于当前统计工作会议情况的汇报。汇报中,国务院领导同志肯定了统计工作的成绩,认为近几年统计工作有很大的进展,各级统计部门做了大量工作,在艰苦的条件下,为中央、国务院和各级政府的宏观决策提供了大量信息。×××副总理就如何进一步加强统计工作作了重要指示。

国家统计局副局长×××在会上做了《加强统计工作,进一步发挥统计监督作用》的工作报告。报告认为,1988年全国统计工作在改革中继续发展,广大统计人员艰苦奋斗、勇于开拓、锐意进取,在任务加重、人员不够、条件困难的情况下,仍然取得了较大的成绩:一、统计在管理和决策中的作用进一步增加,统计的社会影响继续

扩大。二、在搞清"实事"方面取得了一些成效。三、统计制度方法改革取得了初步成果。新的国民经济核算体系方案经过修订,已由理论研究阶段进入实际试算阶段;指标体系改革的科学研究取得了阶段性成果;农村基层和工业企业"一套表"的研制和试点工作取得了一定进展。四、对统计信息自动化系统建设取得了较为显著的成绩。五、统计法制建设进一步加强。六、统计信息自动化系统取得了较为显著的成绩。七、按期完成投入产出表的编制工作,进行了第四次人口普查的各项准备工作。八、精神文明建设广泛开展,统计队伍建设得到加强。另外,统计科研、外事、后勤保障等方面也取得了不少成绩。

×××同志分析了统计工作当前面临的形势和存在的主要问题。他指出,当前面临的比较突出的问题是:搞准统计数据的难度增大,存在着统计失实的潜在危险性;现行国民经济核算体系、统计制度方法不适应改革和建设的需要;统计任务与条件的矛盾比较突出。1989年全国统计工作主要任务是:进一步提高统计数据质量;深入进行统计方法制度改革;在治理整顿中强化统计监督职能,全面提高服务水平;认真做好第四次人口普查的准备工作。同时还要抓好统计体制改革、统计法制建设、统计信息自动化系统建设、精神文明建设、统计教育培训等方面的工作。

××局长在会上做了题为《强化统计监督职能,充分发挥统计工作在改革和建设中的重要作用》的报告。他强调指出,强化统计监督职能,是大办开放式统计,开展统计优质服务,把统计部门建设成为多功能的智力型机构的战略任务的继续和发展,是循着同一方向,向着更高的层次、更完善的阶段迈进。这是在新形势下发挥统计部门整体功能的重要方面。

　　××同志在讲话中阐述了强化统计监督职能的客观必要性。从统计自我发展战略的要求来看，这是充分的发挥和完善统计整体功能的需要；从客观形势发展的要求来看，是治理整顿、深化改革和逐步建立社会主义商品经济新秩序的需要。同时，××同志还就统计监督在国家监督体系中的地位和作用，统计监督的依据、标准、内容和形式进行了阐述，提出了强化统计监督职能的对策和措施。

　　在分组讨论中，代表们一致认为，××同志的报告很有新意。×××同志的工作报告客观地分析了取得的成绩和存在的问题，明确提出了今年的工作任务。大家联系本地区、本部门的实际，畅谈了一年来工作的丰硕成果，并决心在今年里认真贯彻中央领导的指示和这次会议的精神，努力深化改革，进一步发挥统计工作在治理整顿中的重要作用，把统计工作提高到一个新水平。代表们还对会议各个文件进行了讨论，提出修改意见。整个会议充满团结、民主、求实、创新的活泼气氛。

　　29日下午，××同志作了大会总结。他就关于学习和贯彻国务院领导同志的指示精神，统计监督的理论研究和实际操作问题以及今年的几项具体工作作了进一步的阐述。

　　这是一份集中一次反映会议情况的会议简报。标题，是多项式的，有正题和副题。正题就是会议的中心议题，也是会议的主要精神。副题是会议内容和文种。开头，交代了会议的基本情况，包括开会的时间、地点、与会的人员、会议的中心议题和会议取得的成果。主体部分，着重介绍了国家统计局正副局长两个报告的主要内容,也就是会议的主要内容。同时,还介绍了与会者对两个报告的反映,讨论的情况和会议的气氛。最后以××同志的大会总结,作为会议的最后一个议程而宣告会议的结束。这个简报在突出重点,抓住本质,详略得当等方面,是处理得较好的。

第二节 调查报告

一、调查报告的含义和作用

调查报告,就是为了一定的目的,深入实际,了解、掌握了所需的材料,经过分析、研究,得出揭示了事物本质和客观规律的结论后所写出的书面材料。它是经济领域中获取信息、解决问题常用的一种重要手段。报刊上常见的"××调查"、"××调查记"、"信访调查"、"考察报告"、"××调查附记"等文章,都属于调查报告。它虽然是一种参考性文书,但却具有十分重要的作用。孟子说:"顺天者存,逆天者亡。"就是说,按照客观规律办事的就成功,违背客观规律的就失败。调研研究就是获取客观规律的根本途径。江泽民总书记指出:"坚持做好调查研究这篇文章,是我们的谋事之基,成事之道。"具体说来,调查研究的作用有如下几点:

(一)调查研究是认识客观事物的手段,解决实际问题的基础,制订和修改方针政策的依据

谁都知道,要改造世界,就得认识世界。而要认识世界,就必须接近世界,深入世界之中,去了解它的真相,把握它的规律。然后,按其规律办事,就可以改造它,解决它存在的问题。比如,一个企业要生产适销对路产品,它就必须深入市场,调查了解供销情况,摸清供销规律,然后才能对生产什么样的产品,生产多少,如何打通销售渠道等作出正确的决策和生产经营计划。就是党和国家的方针政策,也必须在进行深入调查研究、确切了解问题的症结、矛盾的焦点、发展变化的枢纽等等之后,才能制订出来。比如党的

"一个中心,两个基本点"的基本路线,也是根据充分了解国情和正反两方面的经验教训,针对我国社会主要矛盾而制订出来的。巨大的长江三峡工程,也是经过上千名专家学者多年的深入调查,反复论证之后,又经全国人大讨论、审议通过,才正式上马动工的。纵观几十年的革命史实,我们党之所以从胜利走向胜利,不断取得伟大的成就,最主要的原因,也就在于善于运用马列主义的立场、观点、方法,深入实际,调查研究,从而制定了正确的路线、方针、政策。同样的,各个地区、各个部门之所以能紧跟党中央,创造性地贯彻执行党的方针政策,也是因为进行了调查研究,把中央的精神同本地区、本部门的实际很好地结合起来了。

(二)调查报告是激励先进,消除时弊,推动工作顺利开展的工具

建设有中国特色的社会主义是史无前例的创举,在前进道路上必然会遇到这样那样的困难和障碍。我们只有摸清了各种有利和不利条件、因素,才能"趋利避害"地克服困难和障碍,一步一个脚印地顺利前进。"趋利避害"的主要途径,就是激励先进,清除时弊。先进与时弊也只有从现实中去调查、了解、发掘、研究,才能明了真相,获得典型事例。把这些典型事例,经过分析研究,系统地写成调查报告,公之于众,先进的事物也就得到发扬,消极的、腐败的东西,也就遭受了打击,而时代的主旋律也因之逐渐取得主导的地位,各项工作也就容易顺利开展了。

(三)调查研究是坚持解放思想、实事求是的思想路线,克服主观主义和官僚主义的途径

解放思想,实事求是是党的思想路线的核心,两者密切联系,互相依存,缺一不可。解放思想,不是不受任何约束的"胡思乱想",而是实事求是地深入实际之后,根据新事物、新情况、新问题而产生的能切实解决实际问题的新思想、新观念。实事求是也不是拘泥现状、墨守成规,而是在千变万化的实事中,用敏锐的眼光、

辩证的思维、过人的胆识,发现事物发展变化的规律。建设有中国特色社会主义的理论,建立社会主义市场经济体制的决策,就是解放思想、实事求是的产物。调查研究也正是在这种思想路线的指导下去揭示事物的本质和客观规律的。反过来,也只有通过对客观现实的不断深入调查研究,才能培养出解放思想、实事求是的优良品质和作风。主观主义、官僚主义危害的严重性,正表现在它们背离了解放思想、实事求是的党的思想路线。因此,也只有解放思想、实事求是,才能有效地克服主观主义和官僚主义。

二、调查报告的特点

(一)针对性

调查研究绝不是漫无目的地进行,而是为了解决一定实际问题,以辩证唯物主义作指导,根据党和国家的方针、政策,深入到一定范围内去调查、考察和分析研究。正像毛泽东主席所说:"调查就是解决问题。"不能解决问题的调查报告,文章写得再好,也只是一堆废话。当然,所谓解决问题,是从广泛的意义上讲的,而不只是指具体问题的实际解决。比如,提出值得重视的某种倾向、苗头,引起人们的注意;或者指出某种发展趋势,提醒人们寻找适应的对策;或者发现解决某种重大问题的关键所在,告之人们进行深入研究等等,也应该划入解决问题的范围之内。

(二)真实性

调查报告既是为解决实际问题服务的,当然就必须实事求是,用事实说话。一切从实际出发,具体问题具体分析,是马克思主义的灵魂,当然也是调查报告的生命。不但具体事实是真实的,既不夸大,也不缩小,而且还能透过具体事实的表面,看到事物的真实本质。比如,某些人表面上"道貌岸然",处处表现得"正直无私",通过多方面深入地调查,才了解他们暗地里腐败透顶。调查报告的真实性,就要求通过具体事实把这种人的腐败本质揭露出来。"文革"中认为某些人"犯罪",也去作了调查,但调查出来的却不是真实的情况,往往不是捏造就是夸大,甚至是以好为坏。结果,不仅无数人深受其害,还使党和国家蒙受不可估量的损失。至于当今社会腐败现象为什么这么严重,别有用心的人,就说这是社会主义制度造成的。调查报告也必须以具体实事说明这种严重腐败现象的根源绝不是社会主义制度(相反的,社会主义制度是肃清腐败现象的先进制度),腐败现象是本质上腐朽的剥削阶级制度、资产阶级极端利己主义的产物。只有如此,才能显示调查报告的真实性。

深刻的真实性,还需与典型性紧密结合在一起,仅只有个别的品质,那还是无助于问题的解决。调查报告所反映的事实,如果不具有普遍的意义和代表性。只有那些具有代表性和普遍意义的事实和材料,才能更好地反映事物的本质和规律;也只有抓住本质,掌握规律,才能更好地解决问题。因此,调查报告所获得和选择的材料,必须是大量事实中选择出来的具有代表性和普遍意义的典型材料。在写作中所反映的每一事例,最好也具有典型性。这样的调查报告发表出去,才具有普遍的社会意义,才能产生良好的社会效果。

(三) 剖析性

调查报告不能像新闻报导和简报那样以传递信息为主,而必须通过事实,揭示出事物的本质和发展规律。因此,必须对事实进行分析研究,发掘、阐明事物所蕴含的意义,这就需要运用议论的方法。但这种议论又不同于一般的论文那样以说理为主。具体地说,它具有夹叙夹议性质,或先叙事实,再据以阐明观点;或先摆观点,再以事实来说明;或边叙事边论述观点。所以,调查报告的议论完全以事实为主,就事实来剖析,从而找到规律性的东西,绝不能离开事实,空发议论。常言道:"事实胜于雄辩。"就是这个道理。

三、调查报告的种类

调查报告没有统一的分类标准,大体说来有如下三种:

(一)反映情况的调查报告

这是一种以社会情况为调查对象的调查报告。一般可以分为三类：

1. 比较系统全面地反映社会的基本情况。

它包括各阶层、各行业、各种人物过去和现在的基本情况的反映和分析,既反映出这些情况发展变化的过程,也指出现在的动向,以及值得注意的问题。如毛泽东的《兴国调查》、《长冈乡调查》、《才溪乡调查》,恩格斯的《英国工人状况》,都属于社会基本情况的调查。现在一些对某一方面或某一地区的全面情况进行的调查而写出的报告,如《××市青年从事个体经营的调查》,也是种反映社会基本情况的调查报告。这类调查报告,涉及的范围很广,政治、经济、军事、文化教育等各个方面,都可以加以反映。反映应力求全面中肯,而又重点突出。领导部门制订某种方针政策时,常常就需要这类调查报告作参考或依据。某种方针、政策贯彻实施以后,需要了解其效果时,也需要这类调查报告将其结果全面反馈出来,以便及时调整或修改。

2. 对社会某一具体社会现象或某一个专门问题进行调查而写成的报告。

就财经领域来说,它可以是当前生产、工作、市场的情况或问题,也可以是财政、信贷、税收的情况和问题;甚至范围更大一些的情况和问题,如国民收入、劳动工资、货币流通、物价、就业人口等,也都可以作为调查的对象。这种调查报告,既可以对专门问题进行深入的调查研究,也可以反映某一部门、某一方面的成绩,存在的问题,还可以提出看法、建议。既可以供领导部门制订政策或作出决策的参考,也可以作为业务部门处理业务、改进工作,以及作出某种决策(如开办某种新业务之类)的参考。如《关于××市乡镇企业的调查》、《产品如何打进国际市场》、《××十大市场的调查》等,都属于这类调查报告。

3. 专门反映新事物情况的调查报告。

它包括新人新事,新风尚,新发明,新创造等,特别是处在萌芽状态、但却有发展前途的新事物,更需要通过调查报告,用具体事实表明它们的意义和作用,引起人们的重视,积极予以扶持发扬,从而推动改革开放更快更深入地向前发展。如《求是》1991年第8期发表的《农科教结合在安徽》,就属于这类调查报告。

（二）传播经验的调查报告

这里所说的经验,主要是指典型经验。所谓典型经验就是指的那种具有代表性和普遍意义而又反映客观规律的经验,能够起到以点代面、推动全局的经验。经验再好,如果只适用个别场合,虽也值得肯定,却不值得传播推广,因为别人用不上。调查报告为了解决实际问题,就应该深入实际,去发现成功地解决这类问题的经验,不但要说明这些经验的具体内容,还要说明这些经验是怎样获得的,它具有什么样的意义,以及运用这些经验需要注意的问题。榜样的力量是无穷的。好的经验必然带动一大片起到减少失误,提高效率,加速整个工作进程的作用。

（三）揭露问题的调查报告

这里所说的问题,指的是真相长期不明的重大社会问题。通过调查研究,弄清了事实的真相,抓住了问题的实质,把它写成报告发表出去,达到辨明真假、弄清是非、提高人们认识、促使矛盾转化,从而解决问题的目的。如《人民日报》1991年5月11日发表的《假、冒、劣商品为何屡禁不绝?》,就属于这种调查报告。这种调查报告大多作为内部情况,供领导部门研究、解决问题的参考。但关系到广大群众利益的问题,还应适当地公开发表。

以上三种是按调查报告的性质来划分的,如按内容涉及的范围来分,还可以分为综合调查报告和专题调查报告两种。综合调查报告就是一个地区、一个部门、一个行业全面情况的综合反映,专题调查报告就是对一方面情况或某个问题的专题反映或专题研究。

四、调查报告写作要点

(一) 认真搞好调查研究

1. 深入实际,利用各种办法(开会调查、个别访问、现场考察、亲身实践、查阅资料等),广泛搜集、占有充足的材料(不但要有正面的材料,也要有反面的材料,不但以现实材料为主,也要适当的以历史材料为辅,不但要掌握直接材料,也要掌握间接材料,等等)。材料越充分,认识就越易全面,内容也就越易充实,得出的结论也就越可靠。

2. 认真研究、分析、选择材料,从中提炼观点,并使观点与材料高度统一起来(既不能使观点与材料割裂,也不能只有材料没有观点,或只有观点没有材料),从而得出正确的结论。

(二) 确定恰当的表现形式

内容决定形式,内容不同,形式也必然不同。调查报告的内容千差万别,其表现的形式,自然也多种多样。因而,必须根据内容来确定形式,要选择最能充分表现内容的形式。不过,不管调查报告什么内容,总是以解决实际问题为主的。问题如何解决呢?一般的方式,总是先提出问题,再分析问题,然后才是问题的解决。因此,调查报告一般也按这个方式来表现内容,安排结构。调查报告的结构与一般应用文基本相同,大体由标题、正文两大部分组成。

1. 标题。

一般有三种方式:

(1) 公文式的标题。如《××市关于引进外资的调查》《关于××企业文化建设情况的调查报告》,写明调查对象(相当于公文标题中的事由)和文种。

(2) 文章式的标题。如《改善经营管理,提高经济效益》《××农民是如何脱贫致富的?》……样式很多,但通常总以点明主题为主。

(3) 新闻式标题。往往采用多行标题,既有正题,也有副题,有的还有眉题。正题,也叫主题,是对内容的概括和说明(常用形象化的喻譬手法);副题,又叫"辅题"、"子题",是对正题的补充,或说明内容的意义和次要的事实,或说明正题点明的事实的来源、依据;眉题,又叫"肩题"、"引题",或揭示事实的意义,或交代背景,烘托气氛,对正题起铺垫或导引的作用。如[例 4]所示:

【例 4】

努力开辟"走出去,请进来"渠道
架起会友桥,四海迎佳宾
××市海外联谊会接待 130 多批朋友

第一行为眉题,第二行为正题,第三行为副题。一般调查报告多采用正、副两行标题,如[例 5]所示:

【例 5】

深化改革,走出困境
——××市××厂改革经营方式的调查

2. 正文。

一般分为开头、主体、结语三部分。

(1) 开头。或叫前言、引言、导语。内容不同,写法也不同。大体上有这么几种写法:一是交代基本情况,如调查的时间、地点、对象、范围、方式、目的等;二是概括全文内容,或揭示主旨;三是介绍主要经验或成果。无论用哪种方式写,都要为主体的开展做好准备,打下基础,都要求写得言简意赅,明确醒目,引人注意,富有吸引力。

(2) 主体。它是调查研究的主干、核心,主要运用选择出来的材料,展示出事物发生、发展、变化的过程,揭示出事物的本质和规律;从材料的分析中,揭露事物的矛盾,抓住问题的关键,阐明正确的观点,获得正确的结论,找到解决问题的途径和方法。调查报告的类型不同,主体的写法也随之而异,但合理的安排结构,则是共同的要求。总分式、并列式、递进式几种结构方式,调查报告都经常应用。如果是完整地介绍事物发展过程的调查报告,则往往按事物发生、发展的先后顺序安排结构,一层一层地说明分析问题。这种写法基本上是并列式和递进式的综合运用。不管运用什么结构方式,都应具有完整性、条理性、严密性。

(3) 结语。它是总结全文的部分,可以写出结论,也可以深化主题,可以提出问题,指明努力方向,也可以补充说明主体没有提及的问题或情况(如介绍典型事物或经验之后,指出其存在的问题之类),也可以省去这一部分。总之,没有固定的写法,全凭内容的需要而定。但不管写什么,都要写得简明扼要,不要单纯地重复主体的内容,更不能"画蛇添足",说些与主题无关甚至损害主题的话。

【例6】

抓住"牛鼻子"
——关于河南省建设"小康村"的调查
光明日报社记者　谷文雨

不久前,记者相继到河南省新乡、卫辉、辉县、武陟、温县、沁阳、孟县、修武、巩义等县市的20多个"小康村"采访,所见所闻,令人欣喜。

河南人口为8 700多万,其中农业人口7 000多万,占人口总数的87%以上,是一个名副其实的农业大省。党的十一届三中全会以来,95%以上的河南农民的温饱问题已基本解决,许多村或乡的农民人均收入已在全国农民人均收入平均数以上。但是,河南要想从一个落后的农业省向工业省转化,没有7 000多万农民收入的稳步提高,是不可能的,其国民经济运行的链条就会中断。因此,河南省委于1992年初提出在全省农村开展建设"小康村"活动,作为保证党的"一个中心、两个基本点"的基本路线在农村贯彻落实的有效形式。省委书记李长春形象地称,抓住"小康村"建设,也就抓住了整个农村工作的"牛鼻子"。他要求农村各级党组织一定要扎扎实实地把"小康村"建设抓实抓好,以真挚的感情去实践党的宗旨,绝不允许在对待这样的一个关系7 000多万农民群众切身利益的大问题上停留在一般化、表面化上。

走出温饱　更上层楼

焦作市是河南省经济起步较早、发展较快,"小康村"建设成效显著的地区之一。我们采访了思路清晰、讲话颇有条理的市委书记张国荣。他介绍说,结合本地实际,在反复测算和论证的基础上,焦作市制订了"小康村"的15条标准……

在市委副书记李光耀的引导下,我们走访了焦作市所辖温县、孟县、沁阳等县的几个"小康村"。

沁阳县城关镇水南关村是一个回族聚居的村庄,历史上是一个"吃粮靠统销、花钱靠救济、生产靠贷款"的穷村。党的十一届三中全会以来,该村以发展商品经济、兴办企业为突破口,立足本村优势,坚持集体、联合体、个体一起上,办起制革厂、平板玻璃厂、马塞克厂、汽车运输公司等13个企业和230多家私有企业。1992年,全村社会总产值逾亿元,农民人均收入2 015元,集体积累3 500万元,成了奔小康的排头兵,先后被省市授予"双文明建设先进单位"、"中州新村"等荣誉称号,并接连两次被国务院、国家民委命名为"民族团结进步先进集体"。

在温县马庄村,我们看到了解决温饱的农民的新追求。在这360家农户的村落里，矗立着80幢居民楼，人均住房面积32平方米。村中的路面均已硬化，有占地4400平方米的高级宾馆，有投资31万的教学楼，有俱乐部、图书馆。村里还实行了干部和农民退休制度和学生奖学金制度。

农民负担过重被作为农村存在的一个突出问题提了出来。然而，在盂县城关镇红星村，统筹、提留等均已成为过时的名词。这个村不仅不向群众摊派，而且，凡群众盖房，每户给予补贴现金2400元，砖5万块。逢年过节，村里免费发水果、食品等。在校学生免交学杂费，考上高中或大学发奖学金200元。60岁以上老人每月每人发福利金10元。现在，全村有二层楼院530座，村里安装了地面卫星接收站和闭路电视系统，许多家庭还装上了程控电话。

据了解，截至1992年底，在焦作市有近百个村同上述村子大同小异。调查测算表明，这近百个"小康村"，人均社会总产值达1.47万元，农民人均收入1641元。人均集体积累5444元，均比全市同类平均指标高出许多，更重要的是它在全市2318个村庄中所起到的辐射和影响作用。

根植于"村"的土壤

在河南，几乎所有已建成的"小康村"，都是集体经济发展较快的村。新乡、焦作和郑州市的领导同志在介绍情况时都提出了这一点。省委书记李长春在接受采访时也指出，村一级是农村奔小康的最佳层次。完成党中央提出的实现奔小康的任务，单靠农民一家一户是做不到的，必须充分发挥社区组织的作用。他认为，从便于操作和组织实施角度看，村一级也是最合适的。也曾有同志提及"小康县"、"小康乡"或"小康户",但都不切合实际。因为村一级在农村有着特殊的地位。几千年来农民是以村落居住和生活的,形成了相对比较稳定的基本社区组织。从现实情况看,村级是农村实行双层经营体制的集体经营层次,具有最基本又是比较完善的服务功能,能够解决一家一户在奔小康中办不了、办不好或办起来不合算的事,并在小生产与大市场之间起着桥梁和纽带作用。李长春进一步分析说,村级与农民的利益最为密切,对农民群众进行组织、协调和管理最为便利,村级可提高家庭经营效益,拓展家庭经营的范围和内容。同时,村级又是一级经济组织,有一定的经济实力。在带领农民奔小康中最可有所作为。因此,以村为单位奔小康符合农民心理习惯,经济上有共同利益,容易形成合力,也有利于发挥集体经济的作用。据统计,1992年该省各级共抓了550个"小康村"建设试点,按照省政府总的原则和各地自定的标准,经验收,目前已有349个村达到小康水平。

　　在采访中,我们还欣喜地看到,河南各地在"小康村"建设中,积极从当地实际出发,选准各自的突破口,发挥各自的独特优势,走自我发展的路子,创造出许多好的经验。

　　——大力兴办乡镇企业,兴工富农,走农村工业化的小康之路……

　　——充分发挥当地农副产品资源优势,种植、养殖、加工配套发展,一头连着大田、庭院,一头连着企业、市场,实行系列化服务,规模化种、养,工业化加工,从农副产品系列加工转化增值中致富……

　　——积极发展第三产业……

　　——农工商齐头并进……

除上述之外,还有围绕菜篮子工程,发展城郊集约农牧业的路子;办好绿色企业,大力发展林果业的路子;利用饲料、饲草资源,发展畜牧业的路子;开发传统工艺、发展外向型经济的路子;利用地下资源搞深度加工增值的路子等奔小康的有效途径。

中州大地"小康村"建设中涌现出一大批过得硬的村党支部,一大批叫得响的带头人,在农村基层党的建设中也创造了丰富的经验。

这是一份传播经验为主而又与反映情况相结合的综合调查报告。标题是多项式的标题,正题用形象化的譬喻手法,点明调查报告的主旨,副题明白地指出了调查的对象和文种。正文的开头,交代了调查的基本情况,说明了调查报告的主要内容及其意义。主体分两大部分,各有一个小标题。第一部分"走出温饱,更上层楼"("更上一层楼"已经成为成语,不宜省略"一"字),反映"小康村"的具体情况;第二部分"植耕于'村'的土壤",介绍建设"小康村"的具体经验。主体部分运用的材料不仅相当充足,而且很有说服力。既有面上的材料,也有点上的材料。点上的材料都相当典型,分析深刻,说理充分,基本上揭示出了农村奔小康的客观规律,对其他地区,很有借鉴、参考的价值。主体部分写完,问题已很清楚,就没有再写结语了。这个调查报告写作上颇有特点:情况中有经验,经验中有情况,叙述中包含议论的成分,议论中有扎实的事实根据。结构安排详略得当,主次分明,条理清楚,语言朴实明快、干净利落。

第三节 计　　划

一、计划的含义和作用

计划,就是为完成一定时期某项任务或达到某种目标而预先作出的安排或部署,并形之于文字的条理化的书面材料。常见的有:"规划"、"纲要"、"设想"、"打算"、"安排"、"方案"、"工作要点"、"工作意见"、"工作部署"等等,都属于计划,只是在时限、范围、内容上有些差别。一般地说,时间较长,范围较广,规模较大,内容也较概括的展示发展远景的计划,叫"规划"或"纲要";时间较短,范围较窄,规模较小,内容较具体的计划,叫"设想"、"打算"、"安排",但"设想"、"打算"尚属一种初步的有待进一步完善的计划;领导部门为所属单位制订具体计划提供原则和依据而提出的一种计划(其中,往往包含了交代政策、明确任务、布置工作等内容),叫"工作要点"、"工作部署"(现在也有一些业务比较单纯、人员也较少的单位,常常自己制订"工作要点"代替工作计划);对工作各方面,特别是对要求、办法、措施等作全面细致规定的计划,叫"方案"。

早在两千多年前,古人就说过这样的话:"凡事预则立,不预则废。言前定则不跲(jiá,颊,跌倒,比喻说话错误),事前定则不困。"(《礼记·中庸》)这就是说,任何事情,预先作好安排、打算就容易成功,否则就容易失败。事实上,无论工作、学习、生活,只有事前作了周密的计划,然后根据计划去做,才会心中有数,循序渐进地达到目标。计划虽不如法定公文那样具有法定的权威性,但一经制订,经过领导部门批准或法定会议通过,也就具有规范、指导、督促、激励的效力和作用。具体说来,计划有以下几点作用:

(一)保证奋斗目标和任务的达到、完成

不管是一个人还是一个社会,都有其不同的理想。理想就具体表现在有实现可能的奋斗目标上。我们今天处于社会主义的初级阶段,我们当前的理想即奋斗目标,就是要把中国建设成为一个富强、民主、文明的社会主义现代化国家。为此,党中央特别确定了我国经济发展战略目标和分三步走的战略部署,每一步都规定了明确的任务和奋斗的目标。第一步目标已经提前实现。为了实现第二步目标(到20世纪末,使国民生产总值在实现第一步目标的基础上再增长一倍,人民生活达到小康水平),党和国家就制订了发展国民经济的"八五"计划和十年规划,各区、各部门、各单位,又根据国家的规划和计划,结合本地区、本部门、本单位的实际情况制定相应的规划、计划。从这里我们可以看到,计划就是为了达到某种目标、完成某种任务、实现某种理想而采取的一种科学管理手法和手段(现代管理科学认为,经济管理的基本内容包括决策、计划、组织、控制四个方面)。因此,它就必须确定达到目标,完成任务的步骤、方式、办法、措施和要求等,从而使人有章可循、心明眼亮、按部就班、协调一致地推动各项工作朝着目标顺利地向前开展,按期完成预定的计划。

(二)提高工作效率,增强竞争能力

一个好的计划,必然要求合理地安排人力、财力、物力,吸取最先进的经验、技术,采取最有效的事半功倍的工作方式、方法、步骤,这就必然会促使工作效率的提高,从而达到"投入少、产出多"的目的。在市场经济的激烈竞争中,也只有工作效率高的企业,才最具有竞争能力,也才能获得好的经济效益。有人说,计划经济的特点就是事事搞计划,把所有的企业卡得死死的;现在搞市场经济了,需要开放搞活,就不应该搞那么多的计划了。这种看法是不正确的。计划经济,是从整个国家说的,它是一种社会经济体制。计划是从工作做法说的,与社会经济体制没有必然的联系。搞计划经济的国家可以搞,搞市场经济的国家也可以搞;国家可以搞,部门、行业、单位,甚至个人也可以搞。事实上,今天一些发达的资本主义国家和地区,如日本、韩国、台湾等也在制定五年计划,七年计划。至于资本主义国家的各个企业、各个部门、各个行业更是处处制订计划的。就说市场经济,也不全然是一种无计划、无政府主义的经济(不可否认无计划、无政府主义也是它的一个特点)。首先,要建立市场经济的体制,也不是一哄而起,说搞就搞起来了,它也必须由国家作出一定的安排、打算、计划,逐步地由不完善到完善地加以建立。就是在建立起来以后,国家的宏观调控(也更要做出安排、部署)必须始终紧紧跟上,否则,它的无政府的一面就会恶性膨胀,带来极其严重的后果,至于每个投身到市场经济中的经济实体,更必须按照市场规律和本身实际制订出切实可行的各种计划(生产计划、营销计划、新产品开发计划,等等),才能立于不败之地,求得事业的不断发展。

(三)便于督促、检查,有助于发挥领导、职工两方的积极性

有了计划,领导就有了督促、检查的依据。计划执行好的,有了好的经验,就及时总结推广,促进工作的全面发展;计划完成差的,出了问题的,就找出原因,及时帮助解决;情况发生变化,原计划不适应时,就及时帮助调整。毛泽东曾经指出"领导就是服务"。发挥领导的积极性,就是发挥这种服务精神。认真督促、检查计划、促使计划的顺利完成,就是这种积极性、这种服务精神的具体表现。计划不仅为领导服务创造了条件,也为群众发挥积极性提供了最切实的场地。不少的计划就是群众路线的产物。制订时发动干部、工人广泛讨论,充分吸取他们的意见。计划制订出来后,群众不仅明确了计划的意义、目标和做法,更感到这也有自己的一份,干起来也就更加起劲,更加积极地施展自己的聪明才智。上下两方面的积极性,结合在一起,事情自然就好办多了。

二、计划种类和写作要点

(一)计划的种类

按内容分,有综合计划、专题计划等;按性质分,有工作计划、生产计划、学习计划、科研计划、教学计划等;按范围分,有国家计划、地区计划、部门计划、单位计划、科室计划、班组计划、个人计划等;按时限分,有长期计划(一般指十年以上的远景规划)、中期计划(一般指五年计划)、短期计划(一般指年度计划、季度计划、月份计划)等;按形式分,有文件式计划、条文式计划、表格式计划、条文

加表格式计划等。财经部门的专项计划,种类也比较多。常见的有财政预算计划、工商税收计划、现金计划、信贷计划、成本计划、利润计划、劳动工资计划等。计划的种类虽然较多,但在写作要求上还是相近的。特别是在结构上,都大致一样。

(二)计划的结构

由标题、正文、结尾三部分组成。

1. 标题。

它包括单位的名称、时限、内容、文种。如《××市××××年工商税收计划》。有的单位名称可以写在结尾(落款)处;某些专题计划也可以不写时限,如《××厂质量管理计划》。如果计划还未定稿,则需在标题后注明"草案"、"讨论稿"等字样,并打上括号。

2. 正文。

一般由开头(前言)、主体(指标任务、步骤和措施)、结语三部分组成:(1)前言。主要包括两方面的内容:一是说明制订计划的指导思想,即概括地说明计划是以什么方针、政策或上级的什么指示结合单位什么情况而制订的,也就是简要说明制定计划的依据、目的和基本精神;二是交代分析基本情况,指出本部门、本单位实现计划的有利条件和不利条件。(2)主体。它是计划的核心。首先要明确交代任务和要求,即具体说明"做些什么",接着说明"做到什么程度",包括数量、质量、时限的要求。其次,说明"怎样去做"。常言道:"十分计划,十二分措施"。所谓措施,就是实现任务的具体步骤、办法、规定,不仅要说明执行计划的具体做法和要求,还要说明检查、评比、奖惩的具体做法和要求。这些措施不仅要订得切实可行,具体有力,还要订出相应的规章制度,确定工作的进程和时序,保证措施的有效实施。(3)结语。即小结全文。当然也可以干脆不写,灵活处理。一般说,正文是说明计划基本内容的,根据不同的计划,可以采取不同的写法,内容也有多有少,有简有繁。而有些计划如"设想"、"工作要点"之类,常常就没有前言、结语,任务和措施也不分别交代,而是结合一起写,有的还根本不写措施。但不管怎么说,正式的计划总需把"做什么"、"怎么做"、"何时完成"三个基本问题交代清楚。

3. 结尾(落款)。

按一般公文处理,写明单位名称和成文时间。如有附件的,则在结尾之后加以注明。

(三)写计划需注意的问题

1. 严格按照党和国家的方针、政策办事。

社会主义市场经济体制建立以后,国有企业是市场的主体。但这种企业是按现代企业制度建立起来的企业,政府虽不直接干预企业的生产经营活动,但企业的经营活动仍需在国家的方针、政策的指导下进行。私营企业、外资企业也不例外。因此,每个企业在制订各种计划时,都要符合党的方针、政策,根据有关方针、政策的精神,处理好各方面的利益关系(诸如整体和局部、长远和目前、个人和集体等利益关系),发挥各方面的积极性,以便为加速社会主义现代化建设作出应有的贡献。目前浪费、亏损、假冒伪劣商品泛滥、偷税漏税等现象之所以屡禁不止,原因虽然比较复杂,但计划把关不严,也不能不是一个重要因素。如果所有企业的计划都严格按国家方针、政策办事,制订计划时就不搞重复建设,不搞经济效益差的经济活动,严格提出质量要求,把纳税订入计划之内……上述那些现象也就不易产生了。

2. 坚持从实际出发。

一件事情能否成功,就看它是否符合客观实际,是否符合客观规律。再好的设想,如果没有客观依据,也只能是纸上谈兵,实行起来必然处处碰壁,以失败而告终。制订计划时,不仅要认真研究上级下达的有关规定的指示,还要了解当前社会政治、经济形势,特别是市场状况,然后与本身的实际情况结合在一起,进行深入的分析研究。既要考虑方方面面,不致顾此失彼,又要突出重点,分清主次。经过努力做得到的就要坚持,经过努力仍做不到的就不要说大话,说假话。

3. 要有一定的灵活性。

计划是根据实际情况制订的,但实际情况却是在不断地变化。制订计划时,不但要对现实情况进行全面的深入的调查研究,而且眼光还要放得远些,要有明确的预见,要考虑到未来的变化,要提出适应这些变化的打算。同时,有些要求也不能订得太死,特别是确定任务、指标时,应留有充分的余地,不但需防止意外事故的出现,更应使群众在经过充分努力后能够超额完成任务,从而使群众能发挥更大的积极性。

【例7】

1997年全国统计工作要点
国家统计局

1997年是具有重要历史意义的一年。全国各级统计机构和广大统计人员都要认真学习贯彻党的十四届五中、六中全会和中央经济工作会议精神,继续把反对弄虚作假、提高信息质量作为中心任务,坚定不移地贯彻"一靠科技、二靠法制、归根结蒂靠人才"的战略方针,切实加强统计法制建设和精神文明建设,进一步深化各项统计改革,充分发挥统计信息、咨询和监督的整体功能,以优异的成绩迎接党的十五大的胜利召开。

一、狠抓数据质量和分析研究,更好地发挥统计整体功能

1. 坚持事实求是,努力提高统计数据质量。真实的统计数据是科学决策和科学管理的基础和依据,也是统计工作的生命线。各级统计机构和全体统计员一定要保持清醒的头脑,进一步增强数据质量意识和忧患意识,把搞准统计数据放在工作首位,运用法制、科技、职业道德

教育、舆论导向等手段,多管齐下,切实提高统计数据质量,维护统计信息的权威。

2. 围绕"两个转变"、"两大战略"(科教兴国战略和可持续发展战略),拓展分析研究领域,提高决策咨询水平。要加强对现代分析手段的研究和应用,继续改进和完善对宏观经济运行的监测指标体系。围绕党的十五大和香港回归祖国,针对固定资产投资总量与结构调整、产业结构调整、工业经济效益、农业基础建设、缩小地区差距和城乡差别、利用外资质量、抑制通货膨胀、下岗职工再就业、社会保障、环境保护、精神文明建设等重大经济和社会问题,积极开展专题分析研究。各地区、各部门要充分发挥群体优势,联合攻关。推出一批针对性强、数量关系清楚、调控界限明确、政策建议系统配套、有较高决策参考价值的统计分析精品。

3. 积极开展统计新闻宣传,发挥正确舆论导向作用。紧密配合党的十五大和香港回归祖国,充分开发统计信息资源,利用报纸、广播、电视等新闻媒体,采取灵活多样的形式,系统总结和大力宣传改革开放以来特别是党的十四大以来我国经济建设、社会发展和科技进步的巨大成就和成功经验,反映香港顺利回归和平稳过渡的大好形势,鼓舞全国人民热爱祖国、建设祖国的热情和斗志。宣传内容上既要反映物质文明建设的成就,也要突出精神文明建设的新气象。

《中国信息报》、《中国统计》、《中国国情国力》、《中国统计工作年鉴》和《统计研究》等报刊,要认真组织稿件,提高编辑质量,做好出版发行工作,发挥统计新闻出版在弘扬主旋律、宣传经济改革和建设成就方面的积极作用。

4. 认真贯彻落实《统计信息咨询服务管理暂行规

定》,做好统计信息市场的清理整顿工作,积极推进统计信息咨询服务业的健康发展。

二、大力推进统计法制建设,认真开展全国统计执法大检查

(略)

三、认真组织开展第一次全国农业普查,高质量完成基本单位普查

(略)

四、完善新国民经济核算体系,深化统计制度方法改革

(略)

五、全国实施《国家统计信息工程"九五"建设规划》,加快统计信息自动化建设

(略)

六、加强统计基层基础建设,改革和完善统计管理体制

(略)

七、搞好统计教育与科研,促进国际交流与合作

(略)

八、大力加强社会主义精神文明建设,切实提高统计干部队伍的思想道德素质

(略)

(1997年第1期《中国统计》)

这是一份领导部门部署一定时期工作、明确任务、交代政策、提出要求的计划。标题由年限、内容和文种组成,副标题则为发文单位名称。正文开头,首先提出了1997年工作的中心任务和战略方针,接着明确了本年度工作所应达到的主要目标。正文主体部

分从八个方面说明了各项具体目标的内容和达到目标的主要要求、途径、办法。从整体看来，不但考虑全面，思想性、科学性也较深刻。但就解决统计工作"弄虚作假"这个"积重难返"的问题来说，不能不让人感到重点还欠突出，措施也嫌一般化。

第四节 总　　结

一、总结的含义和作用

对过去一段实践活动(包括生产、工作、学习、科研等实践)进行全面检查、系统分析，给予正确评价，找到经验教训，把感性认识上升到理性认识，作出正确的结论，用以指导今后实践的文书，就叫总结或总结报告。常见的"小结"、"回顾"、"体会"等都属于总结。

总结与计划往往互相对应、互相制约，联系相当密切。计划实施一个阶段后，就需总结一番，看看哪些做得对，哪些做得不对。对的加以肯定，继续充满信心地干下去；不对的则找出原因，加以改进。这样，就能推动计划的顺利实现。计划实行当中，问题严重的还可以修改计划或重新制订计划。计划完成后就应进行全面总结，找到有规律的东西，以便作为今后制订新计划和实践的依据或借鉴。总结根据计划来进行，也就更有针对性，更易找到值得借鉴的实际经验教训。当然，没有作出明确计划的实践活动也可以总结。不过，人类的一切实践活动，就算没有书面材料的计划，心里事先也会有个盘算的，实际上也是一种不成文的计划。如此把计划与总结联系起来，就可以不断提高人们的认识水平和实践能力，更有效地去从事实践活动。毛泽东主席曾经指出："人类总得不断地总结经验，有所发现，有所发明，有所创造，有所前进。"[①]前面曾

[①] 转引自1964年12月31日《人民日报》的《周恩来总理在第三届全国人民代表大会第一次会议上的政治报告》。

经说过,建设有中国特色社会主义的理论,也是邓小平以马列主义的立场观点方法总结了我国过去建设正反两方面的经验教训而提出来的。毛泽东主席还指出过,理论就是实践经验的总结。正确的理论来源于实践(从实践中总结出来),回过头来理论又指导实践活动。脱离实践的理论,是抽象的理论;没有理论指导的实践,是盲目的实践。实践—理论—实践,总结就在中间起了纽带的作用。概括起来,总结有两方面的作用:

1. 反映情况,沟通信息。

不管是工作、生产还是学习的实践,总不能"只管埋头拉车,不必抬头问路",而必须随时回顾走过的道路的情况。总结就像一面镜子似的,把走过的道路的情况正确反映出来:哪些走对了,哪些走得不对,经验是什么,教训是什么。这就可以使本部门、本单位的成员在明了这些情况后,能够吸取经验教训,更加信心十足地朝前迈进。不仅如此,通过总结还可以使领导部门在了解掌握情况之后,或者及时给予帮助和指导,或者将其具有普遍意义的经验、教训告知其他有关单位,沟通上下、左右的信息,达到互相借鉴、共同前进的目的。事实上,总结经验还是领导者应负的一个重要责任。

2. 发现规律,提高认识。

实践的目的在于改造世界,但不认识世界,就无法改造世界。总结正是认识客观事物的重要手段,它把实践中简单的、零散的、表面的感性认识,经过分析研究,化为系统的本质的理性认识,从中发现规律。《黄老帛书·姓争》说:"顺天者昌,逆天者亡。毋(不要)逆天道(自然规律),则不失所守(奉行的职责)。"正是这个道理。所谓规律,就是事物之间的内在的本质联系的法则,决定事物发展的趋向。这种法则不是偶然的,而是不断重复出现、永起作用的。拿着这个规律去指导实践,就容易达到改造世界的目的。不仅如此,总结从一定意义上说也是一种实践。通过一次次总结,人们就会得到一次次锻炼,学会全面地、辩证地看问题,学会分析、综合的方法,懂得如何吸取经验教训……一句话,总结也是提高人们认识能力和水平的重要途径。还有一点也十分重要,那就是总结有利于克服官僚主义,改进工作作风。因为,坐在沙发上听汇报、关起门来瞎编,是绝对作不出好的总结来的。只有深入实际,调查研究,了解实情,经过分析综合,才能写出反映事物本质和客观规律的总结。长期坚持认真总结,自然也就容易克服那种高高在上、脱离实际、喜欢瞎指挥的官僚主义习气和不良作风。

二、总结种类和写作要点

(一)总结的分类

总结的分类与计划一样,可以按内容、性质、范围、时限等分成好些种类。只有一点不同,就是表现形式多为文章式,没有表格式。事实上,不管总结还是计划,如果从内容来看,都可以归并为综合性和专题性两大类。综合性总结,就是对一定时期内本部门、本单位或个人的工作、生产或学习进行全面系统的总结,既要反映实践过程的情况,肯定成绩,指出缺点,也要上升到理论上说明经验与教训,指明今后努力方向。所谓全面,是指看问题要上下、左右、前后、好坏、正反、过去、现在等都要看到,不能片面地、孤立地只看到一点一面而不及其余。写起来的时候,则不应面面俱到,而应点面结合,突出重点,分清主次。专题性总结,是就某项工作或某一方面的问题进行专门性的总结。既可以总结典型经验用以指导全面工作,也可以总结失败教训用以警戒未来、避免失误。但平常公开发表的多为介绍典型经验的总结,主要的是谈成绩、谈效果、谈做法、谈体会,但也不是什么都谈,而是集中、突出地谈其最具特色、足资借鉴的东西。缺点教训则往往略而不提或者一笔带过。

总结与调查报告有许多相同之点,都要求实事求是地反映、介绍典型经验,找出有规律性的东西,并指导工作的开展。但也有所不同:调查报告涉及的面较大,可以介绍典型经验,可以反映社会情况,可以揭露重大问题。而总结多着重于本部门、本单位实践的总结;但总结的内容往往又比调查报告全面一些(调查报告往往集中地反映经验、问题等突出的方面,总结则成绩、经验、教训、今后努力方向等都可反映)。总结用第一人称,调查报告用第三人称。

(二)总结的结构

总结的结构与计划一样,也由标题、正文、结尾三部分组成。

1. 标题。

标题的形式分公文式和文章式两种。综合性总结多用公文式标题,如《××市××××年工作总结》,就由单位名称、时限、文种组成。当然也可以有所省略,如《××××年工作总结》,就省略了单位名称,而在结尾处再写上单位名称。文章式的标题则形式多样,专题性总结或不定期的总结多用这种形式。如《倡廉反腐,开创金融工作新局面》,是直接揭示总结主题的;《加强财务检查的关键》,是标明总结范围的;《中型企业如何扭亏为盈》,是以提问的方式点明总结内容。还可以采用多行标题,如《治理整顿求发展,改革开放争效益——××公司××××年扩大×××产品出口总结》,既有正题点明了总结观点,也有副题说明了单位名称、年限、事由和文种(实际上是文章式与公文式的结合)。有的多行标题还像新闻标题一样,正题之上有眉题或副题。

2. 正文。

一般包括开头、主体、和结语三部分。

(1)开头。总结的开头多种多样,可以灵活地处理,但一般总需交代实践的基本情况,反映出事物发展变化的过程。包括总结对象、时间、地点、背景、过程(事物是怎样开始,怎样发展,怎样解决碰到的问题,最后是怎样结束的等等)、主要内容、效果,使人有个概括的印象,为主体的开展作铺垫。但必须注意:① 基本情况要交代得简明扼要,易于引人注意,使人清楚明白。② 不一定一上来就要交代基本情况,可以先提出问题、表明观点,也可以先揭示中心思想、再介绍基本情况,还可以把基本情况放在主体部分穿插在成绩、经验、教训中加以介绍。

(2) 主体。它是总结的核心,一般包括成绩、经验、做法、体会、教训等,特别是综合性总结,上述几方面基本上都要写到,有的还把基本情况放在这一部分来写。当然,也不是面面俱到,而应有所侧重。专题性总结大多侧重在经验或教训的总结上(一般多以总结经验为主)。成绩应具体而实在,不能夸大,夸大的实质就是弄虚作假,欺骗上级和群众;也不能缩小,缩小了就容易挫伤群众的积极性。只有实事求是对待成绩,才能总结出正确的经验。因为经验就是如何取得成绩的概括。成绩不大或没有什么成绩,从主观上讲,往往是认识或做法有问题,那就是教训,教训也是一种经验(反面的经验)。从一定意义上说,写总结的主要目的就是总结经验教训,用以指导今后的实践。总结经验教训,必须以事实为基础,但又不是就事论事,而是从对具体事实(包括做法、效果以及人们的认识)的分析综合中,找出有规律性的东西。这部分安排的形式,一般有三种:① 按照事物发展的时间顺序分成几个阶段写,每个阶段都分别地说明取得的成绩、做法和经验,但应注意各有侧重,避免形成流水账。② 按认识事物的轨迹写,即先说明指导思想,再介绍基本情况,然后叙述获得的成绩,取得的经验,最后指出存在的问题。③ 把内容分成几个方面或几个问题一一分别说明(每个部分往往加上小标题),各个部分既有相对的独立性,又有内部的联系性。

(3) 结语。一般写存在的缺点、问题和今后的努力方向。像政府工作报告一类的综合性总结,对今后的努力方向十分重视,所占分量相当的大,写得也较详细。专门总结教训的专题总结,不用说其全文都是从对存在缺点、问题中引出教训来,当然不会把它作为结语来处理了。但也有些专题总结根本没有结语,有也十分简略。

3. 结尾。

同计划一样,写明单位名称和日期。

(三)写总结需注意的问题

1. 明确指导思想。

党和国家的方针、政策、法规是马列主义结合实际的产物,是从实际中来而又为解决实际问题服务的。总结就是总结贯彻执行方针、政策、解决实际问题的经验,是对贯彻执行方针、政策、法规的一种检查,也是对进一步贯彻执行方针、政策、法规的督促和指导。因此,在总结过程中,必须以党和国家的方针、政策、法规为依据、指导,来衡量实践的得失,分析取得的经验和教训。作总结既要重视上级的指示和要求,以党和国家的方针、政策、法规作指导,绝不是迎合上级,但也要注意群众的意见和看法,把两者密切结合起来,方能更好地推动今后工作的开展。

2. 坚持实事求是、一分为二的观点。

总结反映的是客观规律,不是主观臆造的东西。因此,它首先就要求实事求是地反映、分析客观实际,一就是一、二就是二,好就是好,坏就是坏,绝不能文过饰非,"隐恶扬善"(只谈成绩,不谈缺点)。就是上级部门的指示,在执行和总结中,如发现与实际不合,需要有所修改或调整时,也应该如实反映出来,以供领导部门参考。一切事物都是一分为二的,都具有可分性、矛盾性,"金无足赤,人无完人"。我们的工作、生产和学习,也必然是既有成绩也有缺点,既有经验也有教训,只是主次轻重有所不同罢了。有些总结的最大毛病就是"只知其一不知其二"。对群众或下级说:"优点要讲够,缺点要讲透。"可是等到他做工作总结时,却只剩下了"优点要讲够",而缺点呢? 不是不见了,就是轻描淡写。为什么会这样呢? 说穿了,就是要突出其"政绩",或者保持其既得利益,至于是否符合实际,是否反映了客观规律,那就不在他的考虑范围里了。为什么贪污腐败屡打不衰,而且越来越严重? 主要原因之一,就是不少部门没有认真深入的总结,总结时也只谈优点,少谈或不谈缺点。陈云同志曾说过:"优点不谈跑不了,缺点不谈不得了!"说得实在精妙。总之一句话,只有敢于跟官僚主义作斗争,敢于面对实际,敢于讲真话,才能实事求是地写出反映客观实际和客观规律的、有利于社会主义现代化事业的总结。

3. 突出特点,避免一般化。

总结的目的,在于总结经验时"有所发现,有所发明",从而推动事物的不断发展。总结的经验,必须是典型的经验。这种经验不仅具有代表性,而且具有鲜明的个性(即不同于其他经验的突出特点)。如果一种经验没有自己的个性,只是重复其他经验的共性,那还有什么存在的价值呢?事实上,事物总是不断发展变化的,即使是相同的实践,由于时间、条件的不同,取得的经验也绝不会完全一样的。因此,总结经验时,既要发掘它的普遍意义,更要揭示它的本质特点,绝不能停留在一般的表面现象上。一般总结最易犯的毛病,就是只会做"官样文章",照搬照抄现成的公式。什么"领导重视,群众齐心"、"坚持改革开放,狠抓政策落实"、"解放思想,开拓前进"……这个总结这么写,那个总结也这么写,可以用到这里,也可以用到那里,真是"千人一面"、"千篇一律",这还谈得到什么"发现"、"发明"呢?克服这种毛病的根本办法,还在于深入实际,深入分析研究,透过现象抓到最本质的特征。然后,再把它拿来与同类的经验比较,与过去的经验比较,从比较中既要看到共性的东西,更要看到富有个性的东西。抓住这个特点来做文章,自然就易使人得到新启迪、获得新认识,更好地去解决新问题,开拓新的领域。不用说,这样的文章也就生动有力了。

【例8】

××省税务局1994年税收工作总结

1994年,我省各级税务部门在当地党委、政府和国家税务局的领导下,以党的十四大精神为指导,认真贯彻治税指导思想,坚持以法治税,强化税收征管;治理税收环境,整顿纳税秩序;大力组织收入,努力完成全年任务;坚持生产力标准,支持市场经济发展;狠抓以为政清廉为中心的队伍建设,加强业务培训,努力提高干部队伍素质等,各项工作有了新的进展,圆满地完成了各项税收任务,取得了很大成绩。全年共组织税收收入×××亿元,占超收任务的102%,比上年增长13.9%。其中,工商税收完成×××亿元,占年计划的105.3%,比上年增长14.9%。

一年来,我们主要抓了以下几个方面的工作:

一、提高认识,明确治税思想

(略)

二、改革征管制度,强化征收管理

(略)

三、大力组织收入,努力完成全年税收任务

(略)

四、坚持生产力标准,促进市场经济的发展

(略)

五、加强队伍建设,保持廉洁清正

各级税务部门在全面加强思想政治工作,搞好队伍建设的同时,把保持廉洁清正作为一项突出的内容来抓,取得了明显效果。

1. 深入开展廉政教育,持续开展纪律整顿……

2. (略)

3. (略)

4. (略)

5. 转变工作作风,有效地指导了工作开展……

虽然我们的工作取得了一定的成绩,但是也存在一些值得注意的问题,主要是:有些同志对新时期的治税思想还缺乏更深入的理解;税务宣传还不够深入;税收征管办法还不够完善,偷漏税问题还没有得到很好的解决;队伍素质差的状况还没有根本改善。这些问题都有待我们在今后的工作中不断加以解决。

1995年1月16日

这是一份专题总结。标题由单位名称、内容、文种三要素组成。主体开头概括交代了一年内工作的项目和取得的主要成绩。然后,从五个方面分别说明了各项具体工作的情况。各部分以及各部分之间安排得有条不紊、联系密切。特别以第五项工作作为全文的重点,显示了税收工作的基本规律,具有较强的指导意义。最后,概括地指明了存在的主要缺点以及今后的努力方向。令人遗憾的是:存在的问题中,虽然指出了"队伍素质差",但对税收工作中存在的不够廉正清白的现象却不予明显指出。

第五节 规章制度

一、规章制度的含义和作用

规章制度是党政机关、企事业单位、社会团体为规范人们一定范围内的行为而制订的一种具有法规性和约束力的文书。文书中所作出的规定,就是有关人员必须共同遵守的行为准则或办事规程。

中共十一届三中全会公报指出:"会议认为社会主义现代化建设需要集中统一领导,需要严格执行各种规章制度和劳动纪律。"道理很明显,如果没有规章制度,或者有了也不严格执行,不要说党和国家的方针、政策无法贯彻执行,社会主义建设事业无法开展,甚至连一些日常具体工作也无法正常进行。即令大家都在干,干起来不是无章可循、无所适从,就是各自为政,各行其是,乱干一通,瞎干一起。结果,不仅工作干不好,连工作、学习、生活以至社会的秩序、国家的安定都难以维持。孟子说得好:"不以规矩,不能成方圆。"规矩表面是限制、约束了事物,但若按规矩办,事物则能顺利地向前发展。火车必须在轨道上行驶,它才驶得快,驶得安全。可以说,规章制度就是事物发展规律的具体化。事实上,我国社会主义建设,特别是中共十一届三中全会实行改革开放政策以来,取得的伟大成就,就是全国人民在党的领导下,在党和国家方针政策的指导下,统一思想、统一行动共同努力的结果。规章制度不但使方针、政策具体化,使方针、政策更易实施,而且可以促使和保证人们思想行动的统一。因此,健全规章制度常常是一个部门、一个单位取得良好成绩的重要因素。

二、规章制度的种类

规章制度种类很多,归纳起来,可分为三类:

(一)法规性文书

它是党政机关、企事业单位、社会团体对某些事项的处理或某项法律、法令的实施所作的规定。

1. 条例。

它是党政机关对政治、经济、文化等方面的工作、活动,或某一机关的组织、职权,或某些专门人员的任务、权限等作出的比较原则、全面、系统的规定。条例涉及的问题是比较重要的,也带有一定的普遍性,需重要会议通过后,再由国家权力机关批准实施。条例一般具有较长的时效。如果是短期或试行的条例,则应注明"暂行"、"试行"等字样。但它仍具有法规性,必须遵守执行。如《中华人民共和国劳动保险暂行条例》等。

2. 规定。

它是"对某一方面的行政工作作部分的规定"(国务院办公厅《行政法规制定程序暂行条例》)。现在不仅行政工作,就是经济、文教、卫生等方面的工作,也可以制订"规定"。不仅党政机关可以作政策性规定,如《关于全国性专业公司管理体制的暂行规定》,就是企事业单位、社会团体,只要有需要所属人员在一定期限内共同遵守和执行的事情,也可以作事务性的规定,如《关于实行限量、节约、合理用水的规定》。只是规定处理的问题限在某一方面的"部分"上,如《关于全国性专业公司管理体制的暂行规定》,虽然说的是"全国性",但却限在"管理体制"这一部分上,不如条例那么重大、全面,法规性约束力也不如条例那么强。

3. 办法。

它是党政机关、企事业单位、社会团体为实施某项政策、法规或处理解决某一事项作出的具体安排或措施。办法比规定使用的范围更广,内容也更具体。比如,工程的招标投标、资金的管理、税务的征收,以及废旧物资的回收等具体事项都可用"办法"作出具体的规定。如《边境小额贸易暂行管理办法》就是专门为管理边境"小额贸易"(当然不包括"大额贸易")所作的具体规定;如《国家社会科学基金会经费管理办法》就是为实施《国家社会科学基金暂行条例》而作出的具体规定。

4. 细则。

它是国家机关、企事业单位、社会团体为贯彻执行某项法令、条例、规定或其中部分条款作出的补充说明或详细规定。如《厂长工作实施细则》就是根据《全民所有制工业企业厂长工作条例》而制订的;《国营企业奖金税暂行规定实施细则》就是根据《国营企业奖金税暂行规定》第二条而制订的。细则不能离开原件而独立,它必须根据原件,结合本地区、本部门、本单位的实际来制订。既然是细则,那就要求制订得细致、周密、具体、详尽,不能遗漏,或有所偏废,以免执行起来不知所从,或者漏洞百出。

5. 意见。

它是机关、团体、单位或个人对某一事项、某一工作或问题提出建议或解决办法的一种书面材料,经过有关部门批准发布后,也成为一种法规性文书。党政机关、企事业单位需要加强或改革某些方面的工作,也可用"意见"提出一些看法、要求或做法。它虽不具有条例、规定等那样较强的约束力,但有关部门、单位亦需认真研究执行,不得违背。如《中共中央关于加强和改善中国共产党领导的多党合作和政治协商制度的意见》、《国家体改委、国家经委关于组建和发展企业集团的几点意见》等。

(二) 规范性文书

规范性文书大多是党政机关、企事业单位、社会团体为本组织内共同遵守的准则所作出的规定,是一种规范人们行为具有一定法规性的文书。这类文书主要是针对自身及其所属人员或一定范围内的人员的。涉及的范围不如条例等那样广泛。如一个城市的交通规则,虽然涉及到各种人,但还是在"一个城市内"有效。

1. 章程。

它是党政机关、企事业单位、社会团体对其组织的性质、宗旨、任务、组织机构、成员条件、权利、义务、活动方式和纪律等作出的规定,是一个组织的纲领性文件。章程经其组织的代表大会通过后,就成为全体人员思想言行和组织一切活动的准则,如有违反就按章程规定的纪律处理。因此,它虽不像法规性文件那样具有法律或行政约束力,却具有组织的约束力。如党章、团章、工会章程、各种学术团体章程、各种公司章程等。

2. 制度。

它有广、狭二义。广义是指在一定的历史条件下形成的政治、经济、文化等各方面的体系,如社会主义制度、资本主义制度。狭义是指党政机关、社会团体、企事业单位,甚至班组要求成员共同遵守的行动准则和办事的确定程序、要求。一经制订,人人都需遵守,如有违反,轻者按纪律处理,重者还需负一定的行政、经济或其他方面的责任。财经系统就订有大量的制度,如财政制度、税务制度、信贷制度、现金管理制度、会计出纳制度、资金管理制度、岗位责任制度等等,都是财经工作的办事规程。只有严格遵照办理,财经工作才能走上正轨,才能维护国家和集体的经济利益,才能发展市场经济,才能提高各部门的经济效益,才能堵塞漏洞,防止贪污腐化的产生和蔓延。

3. 规程。

它是在一定的范围内对某些事务的处理或操作,提出统一要求或操作程序而作出的规定。它的规定是具体的、规格化、程式化的。规程一般都是长期具体实践经验的科学总结,一经制订,便具有较大的稳定性。如《电工安全操作规程》就是对电工安全操作的科学规定,经过长期实践证明,只有按照它规定的要求和程序办事,才能保证电工的安全,保证工作的顺利进行。

属于规范性文书的还有守则、通则、准则、规则等,都是党政机关、社会团体、企事业单位为规范所属成员(或所辖范围内人员)行动作出的规定。它们之间也有一些区别。守则不仅是行为的准则,也包括了一定道德的规范。如《××大学学生守则》,除了学习以外,还包括了一些道德品质上的要求。通则是在较大范围内必须共同遵循的活动或办事原则和规范,如《企业财务通则》。准则是言论行动必须遵守的一些基本原则和要求,如《关于党内政治生活若干准则》,可以说是党内政治生活的重要法规,要求党员必须按照它的规定来处理党内关系。规则是对某一事项所作的具体规定,如《工厂管理规则》、《仓库防火安全规则》。

(三)规约性文书

它是一种面向社会为规范社会成员行动所作的规定。

1. 须知。

它是有关单位为了有秩序地办理某种事务而向社会作出的带有指导性和告知性的规定。如《旅客须知》、《读者须知》等。

2. 公约。

它是机关团体、人民群众为了一定的目的,对一定范围内共同遵守的行为规范、道德准则作出的规定。这种文书或由有关单位与群众协商制订出来,交群众讨论通过后发布,或由群众自己制订,经大家讨论通过后发布。如《首都人民文明公约》、《××市爱国卫生公约》、《商店服务公约》等。推而广之,国与国之间,还可以订立国际(三个以上国家)公约。

三、规章制度的写作要点

(一) 结构

规章制度的结构,与一般文书相同,也分标题、正文、结尾三部分。

1. 标题。

一般由制发单位、事由、文种三要素组成,如《××市人民政府关于扭转国营工业企业亏损的若干暂行规定》。制发单位如署名在结尾处,标题中就可以省略。还可以省去事由,只由制发单位和文种组成,如《××协会章程》。

2. 正文。

常用条款式的写法,分条列款务求层次清楚、结构谨严。根据内容的性质和分量,安排的方式也各有不同。大体说来,有如下三种方式:

(1) 序言(开头)、主体、结语式,全文都按条款式处理。序言和结语列入条款时,分别放在第一条和最后一条(或最后几条);序言和结语也可以不列入条款,分别放在正文的前后。一般内容不太复杂,篇幅也较短的规定、条例、办法、细则等常用这种方式。

(2) 主体式,即只有主体,没有序言和结语。某些规程、规则、须知、公约等就常用这种方式,把内容一一分条写明。但仍应按内容的轻重、主次安排次序。

(3) 总则、分则、附则式。总则就是正文的开头,放在第一章,说明制订的缘由、依据、目的、意义、有关原则精神和总的要求等。

第二章到最后一章前一章为分则,是正文的主体,分条逐一说明文书的具体内容。附则,放在最后一章,相当于一般文书的结语,说明该规章制度的制订、修改、解释权限、适用对象(也可放在总则内)、生效日期及其他有关事项。一般内容比较复杂篇幅也较长的,如章程、条例、规定、办法等多采用这种方式。

3. 结尾。

标明单位名称和制订日期。如标题中已有单位名称则可省略。

(二) 写规章制度需注意的问题

1. 坚持"三符合"的原则。

所谓"三符合"原则,即:(1) 符合党和国家的方针、政策、法规。不要说,许多规章制度本身就是贯彻党和国家方针、政策、法规的工具,是有关方针、政策、法规的具体和补充,必须按照方针、政策、法规来制订,就是一般规章制度,比如一个学校的《教室规则》,也应以党的教育方针为指导;即令是一个表面上与方针、政策、法规无关的操作规程,也要从国家发展生产、注意安全的有关方针、政策、法规来考虑,而不能单纯从事务、技术上着眼;(2) 符合实际。从财经方面来说,主要是符合生产、流通以至市场需要的实际,既要有利于生产的发展、经济效益的提高,也要有利于执行和检查;(3) 符合群众的水平、愿望和利益。规章制度归根到底是要群众遵守执行的,如果不顾群众的情况,要求提得过高,或者违背群众的愿望和利益,群众就很难遵守、执行。特别是制订和实施与群众密切有关的规章制度,既要发动群众参加讨论,充分听取群众的意见,又要进行宣传,使群众切实了解规章制度的性质、意义和作用,从而提高其执行、遵守规章的自觉性和积极性。

2. 全面考虑,中心明确。

要发挥规章制度的规范作用,就必须考虑得全面、周到,使人"无懈可击"、"无缝可钻"。既有奖,也有罚;既要看到眼前,还要顾及将来;既要维护本单位的利益,又要有利于同外单位的协作。全面考虑的目的,不是面面俱到,而是明确中心。因为没有全面的考虑,中心也很难明确,很难抓住。而再全面的东西,没有中心统一不起来。一个规章制度,哪怕是像章程那样比较全面的东西,也应根据其组织的实际有所侧重,显示出自身的特点。大多数规章制度都是专为某一事项或某一活动而制发的,更应中心明确。

3. 明确具体,简明易行。

规章制度制订的时候需要周密、详尽的考虑,写出来的条文也要具体详尽,从而使其既便于执行也便于检查。哪些该做,哪些不该做;哪些应该这样做,哪些不应该这样做,都要明确具体地交代清楚,既不能含糊其辞,也不必大发议论,把事情、问题说清楚就行了。绝不能写得过于繁杂琐碎,把人的手脚缚得死死的。

【例9】

××省行政事业单位
国有资产管理暂行办法
第一章 总 则

第一条 为加强行政事业单位国有资产(以下简称行政事业资产)的管理,维护资产所有者和使用者的合法权益,促进资产合理、有效使用,保障资产的完整和不受侵犯,根据国家有关规定和本省实际情况,制定本办法。

第二条 行政事业资产是指行政事业单位通过国家财政拨款、预算外资金、无偿调入、接受捐赠和其他各种收入所形成的各类资产。

第三条 国有资产管理部门是国家综合管理国有资产的职能机构,行使国家赋予的国有资产所有者的代表权、监督管理权、投资和收益权、资产处置权。

第四条 国家对行政事业资产实行统一政策,分级管理,所有权和使用权分离的原则。

省、地(市)、县(市)国有资产管理部门按照国有资产管理体制的权限划分,分别综合管理本级政府管辖和上级政府委托管理的行政事业资产,指导下级国有资产管理部门开展业务工作。

第五条 行政事业单位的主管部门,根据国有资产管理部门委托的管理权限,按照本办法对本部门所属行政事业单位的资产进行管理,并向国有资产管理部门负责和报告工作。

第六条 各行政事业单位是行政事业资产的使用单位,对所占用的资产有使用权和维护管理的责任,应当建立行政领导负责制,设立专职管理机构或指定财务会计部门负责,按照本办法对所占用的资产实施管理。

第二章 行政事业资产的范围和分类

第七条 行政事业资产分为固定资产、材料和低值易耗品、货币资金和其他资产四大类。

第八条 本办法所称固定资产,是指一般设备单价××元以上,专用设备×××元以上,耐用期超过一年,并在使用过程中能保持其原有实物形态的资产,以及单价虽不满××元和×××元,但耐用期超过一年的大批同类资产。固定资产具体分类如下:

(一) 建筑物 (略)

(二) 设备 (略)

(三) 一般设备 (略)

(四) 交通运输工具 (略)

(五) 文物和陈列品 (略)

(六) 图书 (略)

(七) 其他固定资产 (略)

第九条 本办法所称材料和低值易耗品,是指使用以后即行消耗不复原的物资,及不够固定资产标准的器具、设备等。

第十条　本办法所称货币资金,是指银行存款、库存现金及有价证券等。

第十一条　本办法所称其他资产,是指上述各类资产以外其他形态的资产。

第三章　行政事业资产的使用和维护

第十二条　行政事业单位应当管好、用好所占用的资产,建立检查、报告制度,进行定期和不定期检查,并向主管部门报告管理使用情况。

第十三条　行政事业单位应当建立下列制度:

（一）登记制度　（略）

（二）保管制度　（略）

（三）损坏赔偿制度(略)

第十四条　行政事业单位使用所占用的资产从事商品生产、对外有偿服务等各种经营性活动,应按国家规定标准提取固定资产折旧费、大修理基金,用于资产保值。对营业性利润收入的使用,应当接受国有资产管理部门的监督,违反国家规定开支使用的,国有资产管理部门有权制止或予以没收。

第四章　行政事业资产的处置

第十五条　行政事业资产的处置权归国有资产管理部门。行政事业单位处置资产必须履行报批手续。

房屋、土地、车辆和仪器设备单台原值在限额(省级为×万元,地市级为×千元,县市级为×千元)以上的调拨、变卖、报废,占用单位必须提出书面申请报告,由主管部门组织技术鉴定和签署意见后,报同级国有资产管理部门审批。

凡调拨、变卖、报废单台价值不足限额的仪器设备，由使用单位提出申请报告，经本单位财务会计部门或资产专职管理机构组织技术鉴定和签署意见后，报主管部门审批，并抄报同级国有资产管理部门备案。

第十六条 对行政事业单位闲置超过一年的固定资产，国有资产管理部门有权进行处置。

第十七条 行政事业单位的资产，凡在同一预算级次和属于同一主管部门部门的单位之间的调拨，可以实行无偿调拨；不具备上述条件的调拨，均实行有偿调拨。

第十八条 行政事业资产的有偿调拨、变卖的收入和报废资产的残值收入归国家所有，由资产占用单位专户储存，列入专用基金核算，作国有资产补偿基金，经国有资产管理部门批准后动用。

撤销的行政事业单位的资产变卖收入，全部上缴国有资产管理部门，由其统一管理和安排使用。

第十九条 资产经批准可以进行处置之后，必须按规定先进行资产评估，再进行处置；处置完毕后，方可相应冲减或增加资产账目。

第二十条 行政事业单位机构撤并或改变性质，必须对现有资产进行全面清查、评估、造册登记，并报经同级国有资产管理部门或授权的主管部门审查批准后，方可办理移交、调拨或封存手续，任何单位或个人不得随意处置。

第五章 行政事业资产的报告

第二十一条 行政事业单位应严格按照国有资产管理部门规定的统计报表格式及内容定期做出资产报告，由国有资产管理部门直接管理的，向国有资产管理部门报告；由委托的主管部门管理的，向主管部门报告，主管部门汇总后向同级国有资产管理部门报告。

第二十二条　各级国有资产管理部门按照规定的时间要求，汇总编制本级资产报表和下级上报的资产报表，向上级国有资产管理部门报告。

第六章　行政事业资产的监督

第二十三条　国有资产管理部门对行政事业资产的管理、使用实行监督和检查，发现问题，及时处理。

第二十四条　行政事业单位违反本办法，由国有资产管理部门或会同有关部门对有关领导和直接责任人进行查处，或责令赔偿经济损失；触犯刑律的，提请司法部门依法处理。

第二十五条　行政事业单位未按本办法报批而擅自处置资产的，由国有资产管理部门将处置资产所得的价款全部追回，上缴财政，专项储存，用于建立国有资产保值基金，并由国有资产管理部门按国家规定安排使用。

第七章　附　　则

第二十六条　本办法适用于各类事业单位、国家机关、党派和人民团体。

实行独立核算企业化经营的事业单位不适用本办法。

第二十七条　本办法由省国有资产管理部门负责解释。

第二十八条　本办法自发布之日起施行。

199×年2月1日

这份办法是一份法规性的文书。标题由制发单位、事由、文种组成。正文采用的是总则、分则、附则式。第一章总则，即正文的开头，共分六条，说明该办法制订的目的、依据、范围和总的要求。

第二章至第六章为分则,即正文的主体,每章加上小标题,从行政事业资产的范围和分类、使用和维护、处置、报告、监督等六个方面说明了办法的内容。每个方面又分条分款地做了详细具体的说明。总的看来,主体部分不仅写得全面、具体、详细而又要言不烦,还安排得合乎逻辑,井然有序。第七章为附则,分为三条,分别说明了适用范围、解释权限和生效日期。

【例 10】

广深铁路股份有限公司章程(节选)

(1996 年 3 月 14 日经公司股东大会特别决议通过)

(1997 年 6 月 24 日经公司股东大会特别决议修订)

第一章 总 则

第一条 本公司系依照《中华人民共和国公司法》(简称"《公司法》")、《国务院关于股份有限公司募集股份及上市的特别规定》(简称"《特别规定》")和国家其他有关法律、行政法规成立的股份有限公司。

公司经中华人民共和国国家经济体制改革委员会体改办[1995]151 号文件批准,以发起方式设立,于 1996 年 3 月 6 日在中国广东省深圳市工商行政管理局注册登记,取得公司营业执照,公司的营业执照号码为:深司字 N12183。公司的发起人为:广州铁路(集团)公司。

第二条 公司注册名称:

中文:广深铁路股份有限公司

英文:GUANGSHEN RAILWAY COMPANY LIMITED

第三条 公司住所:中国深圳市和平路 75 号-1

邮政编码:518010

电 话:(0755)5592059

图文传真:(0755)5591480

第四条 公司的法定代表人是公司董事长。

第五条 公司为永久存续的股份有限公司。

第六条 公司依据《公司法》、《特别规定》、《到境外上市公司章程必备条款》(简称《必备条款》")和国家其他有关法律、行政法规的规定……制定本公司的章程。

第七条 原公司章程已在中国广东省深圳市工商行政管理局完成登记手续,并自该日起生效。

本公司章程经国务院授权的公司审批部门和国务院证券委员会批准后生效。本公司章程生效后,原公司章程由本公司章程替代。

(略)

第八条 自公司章程生效之日起,公司章程即成为规范公司的组织与行为、公司与股东之间、股东与股东之间权利义务的具有法律约束力的文件。

第九条 公司章程对公司及其股东、董事、监事、总经理、副总经理和其他高级管理人员均有约束力;前述人员均可以依据公司章程提出与公司事宜有关的权利主张。

股东可以依据公司章程起诉公司;公司可以依据章程起诉股东;股东可以依据公司章程起诉股东;股东可以依据公司章程起诉公司的董事、监事、总经理、副总经理和其他高级管理人员。

前款所称起诉,包括向法院提起诉讼或者向仲裁机构申请仲裁。

第十条 公司可以向其他有限责任公司、股份有限公司投资,并以该出资额为限对所投资公司承担责任。

经国务院授权的公司审批部门批准,公司可以根据经营管理的需要,按照《公司法》第十二条第二款所述控股公司运作。

第十一条 在遵守中国适用法律、行政法规的前提下,公司拥有融资或借款权,包括(但不限于)发行公司债券、抵押或者质押公司部分或者全部业务、财产以及中国法律、行政法规允许的其他权利。

第二章 经营宗旨和范围

第十二条 公司的经营宗旨是:利用境内外社会资金,提高公司科技水平、设备水平和服务质量,增强市场竞争能力,保障铁路运输安全,加速发展铁路运输业务,成为国际一流的铁路运输企业,并使股东获得合理的经济利益和全体股东满意的资本回报。

第十三条 公司的经营范围以公司登记机关核准的项目为准。

公司的经营范围包括:铁路客货运输服务;铁路设施技术服务;经营国内商业、物资供销业(不含专营、专控、专卖商品)兴办各类实业(具体项目另报)。

第十四条 公司可以根据自身的发展能力,经股东大会的特别决议通过并报国家有关主管机构批准,调整公司的经营范围或投资方向、方法等。

第三章 股份和注册资本

第十五条 公司在任何时候均设置普通股;公司根据需要,经国务院授权的公司审批部门批准,可以设置其他种类的股份。

(略)

第四章 减资和购回股份

第二十七条 根据公司章程的规定,公司可以减少其注册资本。

(略)

第五章 购买公司股份的财务资助

(略)

第六章 股票和股东名册

第三十七条 公司股票采用记名式。

(略)

第七章 股东的权利和义务

第四十九条 公司股东为依法持有公司股份并且将其姓名(名称)登记在股东名册上的人。

股东按期持有股份的种类和份额享有权利,承担义务;持有同一种类股份的股东,享有同等权利,承担同种义务。

(略)

第八章 股东大会

第五十五条 股东大会是公司的权力机构,依法行使职权。

(略)

第九章 类别股东表决的特别程序

第八十六条 持有不同种类股份的股东,为类别股东。

除其他类别股份股东外,内资股股东和境外上市外资股股东被视为不同类别股东。

类别股东依据法律、行政法规和公司章程的规定,享有权利和承担义务。

(略)

第十章 董事会

第九十四条 公司设董事会,董事会由9名董事组成。董事会设董事长1人。

(略)

第十一章 公司董事会秘书

第一百零七条 公司设公司董事会秘书。董事会秘书为公司的高级管理人员。

(略)

第十二章 公司总经理

第一百一十条 公司设总经理一名,由董事会聘任或者解聘;设副总经理若干名,协助总经理工作。总经理、副总经理任期三年,可连选连任。

(略)

第十三章 监事会

第一百一十五条 公司设监事会。

(略)

第十四章 公司董事、监事、总经理、副总经理和其他高级管理人员的资格和义务

第一百二十四条 有下列情况之一的,不得担任公司的董事、监事、总经理、副总经理或者其他高级管理人员:

(略)

第十五章 财务会计制度与利润分配

第一百四十二条 公司依照法律、行政法规和国务院财政主管部门制定的中国会计准则的规定,制定本公司的财务会计和内部审计制度。

(略)

第十六章 会计师事务所的聘任

(略)

第十七章 保 险

(略)

第十八章 劳动人事制度

(略)

第十九章 工会组织

（略）

第二十章 公司的合并与分立

（略）

第二十一章 公司解散和清算

第一百七十六条 公司有下列情形之一的，应当解散并依法进行清算：

（一）股东大会决议解散；

（二）因公司合并或者分立需要解散；

（三）公司因不能清偿到期债务被依法宣告破产；

（四）公司违反法律、行政法规被依法责令关闭。

（略）

第二十二章 公司章程的修订程序

（略）

第一百八十四条 公司根据法律、行政法规及公司章程的规定，可以修改公司章程。

（略）

第二十三章 争议的解决

（略）

第二十四章 附 则

第一百八十八条 章程中关于刊登公告之报刊，应为有关法律、行政法规或规则所指定或要求之报刊。如果按规定应向股东发出公告，则有关公告同时应按香港联交所上市规则所定义之"报章刊登"刊登在该上市规则指定的报刊上。

第一百八十九条 本章程中所称会计师事务所的含义

（略）。

这份章程是一份规范性的文书,其主要内容完全是按《公司法》的规定制定的。标题除由单位名称、文种组成外,还在副题中标明章程由何会议通过、修订及其日期。正文共 24 章 189 条,是按所谓"三则式(总则、分则、附则式)"组成的。第一章为总则,共 11 条,说明了公司的名称、住所、法人代表、章程的性质、公司的职权等。第二章至第二十三章为分则,共 22 章 165 条。除了按《公司法》规定的内容外,还根据公司的组织业务增加了保险、劳动人事制度、工会组织等内容。可以说,分则把一般大公司的性质、组织、活动范围、权限等等都比较全面的作了系统、具体清晰的说明。末章为附则,共 2 条,说明刊登公告报刊的规定和会计事务所的含义。但是按一般附则的要求,章程的生效日期、修改权也应纳入,不应放在总则内。此外,还应写明章程的解释权。

【例 11】

首都人民文明公约

为发扬共产主义精神,树立新的道德风尚,特制订本公约:

一、热爱祖国,热爱中国共产党,热爱社会主义制度,热爱首都,热爱本职工作,同心同德建设"两个文明"。

二、文明礼貌,敬老爱幼,邻里和睦,不说脏话,不耍态度。

三、讲究卫生,不随地吐痰,不乱扔脏物。

四、遵纪守法,维护公共秩序,不起哄,不打架,不赌博,不酗酒。

五、爱护公共财物、山水林木、文物古迹、珍禽益鸟,植树栽花,美化首都。

六、勤俭节约,婚丧简办,晚恋晚婚,计划生育。

七、开展健康的文体活动,抵制淫秽书画及录音、录像,反对资本主义思想腐蚀。

八、对待外国友人,热情友好,不卑不亢,落落大方。

本公约公布后,首都人民要共同遵守,互相监督,自觉执行。

199×年×月

这份公约是一份规约性的文书。标题由制订者、事由、文种组成。正文采用的是序言、主体、结语式。序言与结语都未列入条款内。而分别放在主体的前后。序言说明制订公约的缘由、目的。主体分八条,逐一说明文明在各方面的具体表现和要求。结语提出执行公约的要求。这份公约对有关文明的行动准则和道德规范,作了比较全面、具体而扼要的说明。条款的安排由大到小,由内及外,不仅条理分明,逻辑性也很强。语言亦准确、简明、通俗、生动。

第四编

财经专用文书

第九章 经济活动分析

第一节 经济活动分析的含义和作用

一、经济活动分析的含义

经济活动分析,又叫经济分析,是经济活动分析报告的简称。它是反映对经济活动分析研究所获结果的一种书面材料。它是以党的方针、政策为指导,以计划指标、会计核算、统计数据和调查研究所获得的资料为依据,以正确评估、总结、发现规律、提高决策和管理水平、提高经济效益,顺利完成任务为目的,运用现代科学经济理论和科学分析方法,对特定范围(地区、部门、单位)经济活动(包括生产、销售、成本、财务等活动)的过程和结果进行分析。不管是经济管理部门,还是企业单位,只有经常分析经济活动,才能情况明,眼睛亮,心中有数,脚步不乱,顺利地开展各项经济工作。

二、经济活动分析的作用

经济活动分析,既是做好经济工作的得力助手,也是领导和管理经济活动的可靠参谋。它的作用,主要表现在以下两个方面:

(一)有助于经济规律的认识和掌握

中共十一届三中全会以前,我们在经济建设上虽然成就很大,但失误也极其严重,主要教训之一,就是搞经济建设而不按经济规律办事。在建设有中国特色的社会主义理论的指导下,现在这种现象虽然已有了根本的改变,但还远未销声匿迹。一些国有企业为什么严重亏损,原因虽不止一端,但归根究底,莫不与违背客观经济规律有关。经济活动分析和总结一样,就是要通过经济活动的各种情况的分析,作出评价,总结经验,找出有规律性的东西,用以指导当前和今后的工作。从经济领导部门来说,不管是制订重大经济决策,还是加强市场宏观调控,只有事先进行系统、深入的经济活动分析,才能找到依据,才能据以作出符合客观规律的决定。一个企业也是如此,只有对各种有关经济活动进行及时、系统的分析,找到问题的症结,找到原因,找到对策、措施,才能真正达到按市场经济规律办好企业的目的。

(二)有助于提高经营管理水平和经济效益

经济活动分析的对象,从根本来说,大多集中在经营管理或与经营管理有关的经济活动上。比如,工作的安排、资金的运用、物资和能源的消耗、产品结构的调整、销售渠道的开拓,以及劳动力的调配、规章制度的建立和健全等等,差不多每份经济活动分析报告都以其中的一项或几项作为重点来分析。不管是认识上的,还是实际工作中存在的情况和问题,对的就给以正确的评价,总结出成功的经验,找到坚持、发扬和推广的办法;不对的,就查明原因,总结出失败的教训,找到解决的途径和办法。通过这样不断地分析,企业的领导和业务骨干的认识和解决问题的能力和才干必然得到增强,企业的经营管理水平自然也随之提高了。经济效益不高,贪污腐化严重,是当前一些企业的痼疾。经常对经济活动进行分析,也是提高经济效益,防止贪污腐败的一种有效方法。

第二节 经济活动分析的种类

经济活动分析可以从不同的角度,分出许多不同的种类:
一、按内容分
(一)综合分析报告

又叫全面分析或系统分析报告。它是某一地区、部门、单位对其一定时期内的经济活动所作的全面、系统的分析。这种分析报告，虽然涉及的范围很广，反映的内容很多，既要全面检查方针、政策和计划的执行情况，又要系统总结经验教训；既要对过去活动作出全面评价，又要对今后的活动提出总的建议。但是，最主要的还是要抓住关键、要害和带有普遍性的情况和问题来分析，从而找到有规律性的东西，用以指导今后的活动。

（二）专题分析报告

又叫单项或专项分析报告。它是对某项经济活动中的某个关键或重要问题所作的深入、细致的分析。这种分析报告，往往是针对生产经营急需解决的或带有普遍性的问题而写成的。既可以是对薄弱环节（如产品质量下降、产品滞销、成本增加之类）的剖析，也可以是对成熟经验的总结或变化趋势的预测。还有一种专题分析，是在生产经营进行到一定阶段时，对各项指标、各个方面分别进行的单项分析，如经营管理决策分析、产品分析、成本分析、利润分析、资金分析、经营亏损分析等等。不管是什么样的专题分析，都需要在"专"字上做文章。就是说，不仅针对性、专业性要强，而且目的性要明确，这样，才能内容集中，重点突出，分析深透。

二、按时间分

（一）定期分析报告

有年度、季度、月份分析三种。多为综合性分析，也有专题性分析。

（二）不定期分析报告

多为专题性分析。这种分析往往是为生产经营的迫切需要而临时决定进行的。为了特殊的需要，也可以作综合性的分析。

（三）事前预测分析报告

是在进行经济活动之前，对该项活动的有关情况所作的预测分析，看清其发展趋势，即从原因看到结果，看到变化的轨迹，看到有利和不利的条件,从而为经营决策提供依据和参考。这种预测性分析,与市场预测报告很相近,都要对发展趋势作出分析,但市场预测报告主要是对市场供求情况进行预测分析,而经济预测分析报告则是对一切经济活动所作的预测分析,涉及的范围广泛得多。

（四）事中分析报告

这是在经济活动开展过程中发现问题时及时进行的一种分析。这种分析报告,不仅在于纠正偏差、消除隐患、及时解决问题,而且树立典型、开拓活动领域、推广高新技术,也常常用得着它。

（五）事后分析报告

它是经济活动结束或告一段落时所进行的一种总结性的分析。它与总结、专题报告很相近,都要对过去的情况进行总结,作出评价,找到经验教训。但事后分析报告,着重在经济活动成功或失败原因的分析上,主要目的是为了给下一步生产经营的对策提供可靠的根据。

三、按范围分

（一）宏观分析报告

它是一个地区、一个系统以至全国范围内的经济活动的分析。这种分析报告,是对事关全局情况所作的一种分析,比如,体制改革、货币的流通、物价的稳定、总需求与总供给的平衡,以及某项改革方案的实施等等。不管事前、事中或事后,常常需要进行全面、系统的分析,总结经验教训,把握内在规律,以便加强宏观调控,推动经济健康、持续、快速的发展。

（二）微观分析报告

它是对基层或某项具体经济活动的分析,如对某种产品质量的分析,对某个基层单位资金情况的分析,对某种假冒伪劣商品行销某一市场的分析等等。虽然是局部性的问题,但却直接影响到所在单位和有关人员的经济效益和利益。因此,经常进行经济分析,可以找到解决问题的具体办法和措施。

第三节 经济活动分析写作要点

一、经济活动分析的结构

经济活动分析报告的结构,与一般文书相同,也分标题、正文、结尾三部分。

(一)标题

有两种形式:公文式和文章式。公文式标题一般由分析或被分析单位、时限、事由、文种组成,如《××厂(被分析单位)1992年(时限)库存情况(事由)分析》,(省略了"报告"两字)。这是一种规范式的标题。当然,根据情况也可以有所省略。如《关于××市引进外资情况的分析》,就省略了分析者、时限和"报告"。文章式标题就像一般文章一样,通常总是扼要地点明文书的主题或主要内容,如《钢材供应紧张的原因及缓解的途径》、《××厂为何短期内即能扭亏为盈?》。也可以加上副题,如《节能挖潜,产销两旺——××厂1999年经济效益显著提高》。

(二)正文

一般由开头、主体、结语组成。

1. 开头。

同一般文书相同,交代分析对象的基本情况、背景、分析的目的、原因等,不能写得太多,应开门见山,简明扼要。也有不用开头,即进入主体的。开头的方式大致有如下几种:

(1)直叙式。就是把主要事实和基本情况直接概括地叙述出来,使人获得一个总的印象。如《××电机厂亏损情况的分析报告》的开头:"1999年总产量为×万台,较1998年增加了30%。每台售价×万元,较1998年提高10%。但全年平均单位成本却达×万元,比去年提高了11.2%,总成本共计×××××万元,净亏损××××万元。为了切实降低成本,扭转亏损局面,现将产品的单位成本按项分析如下。"这个开头直接简明地交代了亏损的情况和分析的目的。开头最后一句"现将产品的单位成本按项分析如下",是惯用的过渡句,用以引入主体。

(2) 对比式。主要是用一些数字来作对比,从而表明问题的关键所在,然后,据以展开分析、判断。如上面举的例子同时也是对比式。

(3) 提问式。即用疑问句提出文书中的主要问题,引起阅读者的注意和思考,如《××乡镇企业发展对外贸易情况的分析》的开头:"乡镇企业能走向国际市场吗?××县1999年乡镇企业外贸超过××亿元,就有力的说明了乡镇企业通向国际市场的渠道是完全可以打通的。"这个问题的提出,实际上也就指明了分析的主要内容。

(4) 评述式。是通过对文书中内容的简要分析、评判,明确提出分析者的观点,用以统摄全文。如《打"假"绝不能假打》的开头:"假冒伪劣产品之所以屡禁不止,原因虽然很多,但根据一年多来几个省、市的调查证明,打击不力,打得不认真,特别是没抓住假冒伪劣产品的'保护伞'来打,应该是最主要的原因。××市正是针对这个主要原因,采取了强硬的措施,取得了较大的成果。"这个开头摆出来的观点,也就是全文的主要观点,全文正是以这个观点,分析了××市打假取得成效的原因和经验。

(5) 结论式。即先提出结论,再根据结论进行具体的分析。必须注意的是:这种结论最好不是泛泛的尽人皆知的结论,而是带有新意、发人深思、值得重视的结论。如《××市发展小类工业品情况的分析》的开头:"小类工业品、小商品,东西不大,却直接关系到人民群众日常生活的需要。但因它生产工艺琐碎,成本虽高利润却很低,不少企业都认为它价值不大,不能有所发展。然而,××市却认为只要针对市场需要而又经营得法,照样可以得到大的发展。"这个结论就有很强的针对性和现实意义,它涉及的不仅是经济问题,还有社会问题,很值得人们重视。开头就把它提出来,无疑具有较大的吸引力。

2. 主体。

它是经济活动分析主干和中心,必须写得充实,深刻,具有确凿的根据和强大的说服力。一般按情况、分析、建议的顺序来展开分析报告的主要内容:

(1) 交代情况。主要是交代经济指标的完成情况,不但要交代执行计划、取得成绩、存在缺点等的主要事实,而且要揭露矛盾,提出问题,为正确评价、深入分析打下基础。如果开头采用直叙式、对比式已经交代了基本情况,主体中则可省略,但若开头交代得比较粗略简单,主体还可以再作较具体全面的交代。也可以不先交代情况,而直接进行分析,一边分析一边交代情况,使情况和分析更紧密地结合在一起。

(2) 进行分析。不但是主体的核心,也是整个分析报告的核心。分析报告价值的大小,就看分析是否中肯、深刻。不是什么事情都要分析,而是要抓住关键问题,抓住各项经济指标执行的情况和结果来分析。综合分析要求全面分析各项主要经济指标,专题分析则要求深入分析一二个主要指标或主要问题。分析必须以国家方针、政策、法规和现代化科学经济理论为指导,以原有计划和实际情况为根据,运用科学的分析方法,揭示出事物的内部联系的本质属性,既查明其发生、发展的原因,也要看到其发展的必然趋势,从而为作出正确评价、找到可靠对策打下基础。分析绝不是孤立地进行的,而应以联系的、发展的、辩证的观点来对待。要看清指标完成的情况,就得把完成数与计划数联系起来分析;要了解经济活动发展变化的趋势,就得把当前(本期)与过去(上期),以及未来(下期)联系起来分析;要判明企业效益的大小,就得与左邻右舍的同类企业联系起来分析。不仅如此,在查明成功和失败的原因时，还必须把主观原因和客观原因联系起来分析，从而分清主次，以免评价发生偏差。综合性的分析，既要逐项进行分析，更要把各项联系起来分析。但也不是"半斤八两"平均使用力量，而应突出重点，或以成绩为主，或以问题为主，务使分析具有较强的针对性。分析不但必须找到规律性的东西，还应作出总的评价，而这种评价也总是与规律性的东西联系在一起的：符合客观规律就必然成功，反之就一定失败。

（3）提出建议。就是根据分析的结果，对今后经济活动和工作开展，提出相应的意见。如果是成功的经验，则着重在推广、提高上献计献策；如果是失败的教训，则应为解决问题、挽救损失"想方设法"。当然，不是每一份分析报告都要提出建议，有的在分析中就包含了解决问题的意见。所谓提出问题、分析问题，就是要解决问题。不管怎样，分析报告的目的就是解决问题，不从认识上、观念上、措施上和办法上提出意见，问题就无法解决，也就不需要什么分析报告了。至于建议怎么提，提些什么内容，那就必须根据分析报告的内容来决定。

3. 结语。

主要是强调重点归结全文，使人获得总的印象或认识。有的也把建议放在结语中，但建议内容太多时，则放在主体内。不少分析报告都没有结语。

二、写经济活动需注意的问题

（一）掌握扎实可靠的根据

经济活动分析是根据工作材料来分析的。没有材料当然分析就失掉了依据。就是有材料，但不够充分、不够全面，分析起来也必然不准确、不全面、不深透。因此，分析以前，同调查报告、总结一样，必须深入实际，不管是死材料还是活材料，都要尽可能从各个方面全部搜集起来。经济活动分析需要大量的数据资料，大多来自计划、报表、账本、凭证和其他书面材料，主要是反映各方面计划指标的资料,计划执行情况的统计资料,资金、成本、利润、收入、费用等会计核算资料,生产技术资料,有关定额资料(上年同期资料、历史最高水平资料、国内外先进水平资料),以及上级指示、决策、方案、会议记录等。来往函电、经济合同、规章制度、总结报告等资料,属于死材料;来自实际方面的现实资料,如产、供销等方面的实际情况,以及人员安排、经营管理、技术业务活动、思想政治工作等情况,则是活材料。只有充分掌握这两方面的材料,并把它们有机地结合起来进行分析,才能够动静结合、远近联系地看清事物发展变化的过程,了解事物发展的趋势,找到有规律性的东西。当然,不管是死材料或活材料,必须是经过反复核查,证明确实可靠、绝无差错(特别是数字,一个小数点都不应有错),而且应有代表性、有说服力。根据这样的材料作出的分析,才可能是正确的,有说服力的。否则,材料再多,也是一堆废物,据以分析,必然会产生严重的后果。

(二) 树立正确的分析观点

任何活动都是在一定观点指导下进行的。观点不对,活动也必然不会有好结果。经济活动的目的是获得一定的经济效益。对待经济效益可以有不同的观点,但在社会主义经济活动中,最重要的是全局观点和长远观点。换句话说,一切经济活动,都必须把局部利益和全局利益结合起来,把眼前利益和长远利益结合起来,而以全局利益和长远利益为主。经济活动分析也必须以这两种观点为指导。首先,不管是宏观经济活动分析还是微观经济活动分析都需要以全局观点作指导。有些经济活动从局部来看效益的确不差,但却损害了全局利益。我国的许多重复建设,如酒厂、烟厂、纺织厂、家电制造厂等,因为很能赚钱,就不顾资源的紧缺,不顾市场的实际需要,你争我夺地大量建设起来,不仅挤占了建设项目资金,也浪费了大量资源,还造成了不良的社会后果。如果没有正确的观点作指导,单从"经济效益"来看,就必然作出错误的分析。相反的,有些经济活动从局部来看经济效益并不太好,但却对国家经济发展、国计民生需要有所贡献,那就应该给以较高的评价。俗话说:"站得高,看得远。"站在党和国家政策、法律的高度、整体利益的高度来分析经济活动,不仅看得正确、全面,也可以看到"远景",看到未来,看到国家和社会的长远利益。为什么我国教育的发展远远落后于发达国家,就连许多发展中国家也赶不上(全世界各国教育投资,平均占国民生产总值的4%以上,我国2000年还不及3%)?为什么1998年各省市拖欠了教师的大量工资(有的竟拖欠七八个月),而用公款吃喝和假借考察的名义,国内国外到处旅游,却花了几万亿元?其中一个重要的原因,就是只顾眼前利益(用公款吃喝则只顾其自身利益),不考虑长远利益。经济活动分析,就必须把眼前利益和长远利益结合起来思考,不能仅仅着眼于眼前利益,而不顾长远利益。当前我国基础设施比较薄弱,而加工工业却发展较快。从长远利益来看,就应该大力增强基础设施,适当地控制加工工业。因此,在分析基础设施和加工工业的活动时,就应该看得更远一些,不能在眼前的情况上兜圈子。一般经济活动分析,都需看到发展趋势,找到适应这种趋势的对策。没有长远的观点,就不可能看清这种趋势。

(三)运用科学的分析方法

经济活动分析的主要任务就是分析。没有掌握分析方法,也就无法分析。即使找到了方法,但方法不对头,任务也不可能完成得好,甚至会搞得一团糟。因此,掌握正确的分析方法十分重要。经济活动分析常用的分析方法有以下几种:

(一)比较分析法

又叫对比分析法或指标对比法。主要是以指标为核心而进行比较的方法。比较是人们常用的一种分析方法。俗话说:"不怕不识货,就怕货比货。"两种相同的货物放在一起一比,立刻就看出了好坏、高低。鲁迅先生说:"比较是医治受骗的好方子。"一些假冒伪劣产品只要拿来和真优产品一比,也就揭穿了它们的骗局。比较不仅可以对事物作出鉴别,给以恰当的评价,也能揭示事物的本质。但必须注意的是:拿来比较的事物、数据、现象等必须具有可比性,即在时间、内容、项目、主客观条件等方面,应该大体一致或基本相同。否则,比较就难以进行。更重要的是:比较必须从实际出发,力求客观、全面,切忌先入为主,主观片面。比较一般从三个方面进行:

1. 实际达到与计划规定指标的比较。

诸如产量、收入、支出、成本、利润等各项指标,都可把实际达到的数据同计划的指标比较,不仅可以看出任务完成的好坏,还可看出计划指标订的保守还是冒进。这就为进一步查明原因、找到对策打下了基础。

2. 现实的指标与历史指标的比较。

也就是纵向的比较。所谓"历史",既指过去同期时间(上一周、上一月、上一季度、上一年或上几年的同期),也指历史上的最高或最低水平。如本周销售量同上周销售量,本月下旬产量同上月下旬产量,全年国内生产总值同历史上最高(或最低)水平等等所作的比较,既有助于对该项经济活动作出正确的评估,也可以借此看到其发展的趋势和规律。

3. 本单位指标与外单位指标的比较。

也就是横向的比较。世界上的事物总是互相联系的,要了解某一事物,单从它自身着手,不但难以避免片面性,而且无法看清它的本质特点。只有与其他有关事物联系起来,才能认识它的本来面目。纵向的比较虽然也可发现其成长过程,但局限在它自身的范围内,就很难真正了解到它成长程度的大小。比如,我们过去常同解放前比,越比越显得我们成就的伟大。这是完全必要的,这不但可以增强我们的信心,还可以显示出新社会的优越性。但是,关起门来自己跟自己比,而不看看周围国家和整个世界的情况,我们就很容易失去评估的客观标准,更难发现我们同先进国家的差距,以至于失掉不少机遇,使我们在不少方面处于落后状态而仍不觉察。中共十一届三中全会实行改革、开放政策后,大大打开了我们的眼界,通过国内外横向的比较,既肯定了我们的长处,也找到了我们的弱点,从而奋起直追,加快了我们的发展步伐。改革开放的二十多年来取得的成就,比过去二十几年的成就大了十几、二十倍。当然,这些成就绝不是靠横向比较而是靠贯彻执行党的路线、方针、政策获得的。但党的路线、方针、政策却不是关起门来制订的,而是根据我国的历史和现实的国情,根据世界历史发展和客观规律制订出来的,也就是说,立足本国进行了纵向比较,又放眼世界进行了横向比较。特别是社会主义市场经济的建立,如果不进行横向比较,是很难作出这种决定的。经济活动的分析之所以要进行横向比较,道理就在这里。这种比较就是把本身达到的指标,与条件大体相同的先进单位达到的指标相比,不但可以更全面、深刻地认识历史和现实,还能看到差距、发现弱点,从而以人之长,补己之短,找到赶超先进的办法,达到更上一层楼的目的。

(二)因素分析法

又叫因果论证或分析论证,就是根据经济活动的结果(成功或失败),找到它产生的原因。这种分析常常是紧接比较分析而进行的。通过比较分析,肯定了成绩,发现了缺点,揭露了矛盾,认清了经济活动的现状,就要进一步分析这些现状出现的原因,然后才能像医生治病那样"对症下药"地找到改进今后活动的良策良方。俗话说:"是话就有因,是草就有根。"任何事物都不是无缘无故地产生的,必须刨根问底地查明它的原因。运用因素分析法应注意以下几点:

1. 要抓住主要原因。

任何事情出现的原因往往不止一个,就像一个人头痛,原因是多种多样的,只有抓住主要的、关键性的病因,才能把它治好。经济活动分析也是这样的,必须先找出所有的原因,再一一进行分析比较,从中找到具有主要矛盾性质的重点因素。否则,就抓不住它的本质,解决不了问题。比如一个企业的亏损,原因就很多,如领导无能、管理不善、贪污腐败、资金短缺、设备陈旧、产品结构不合理、劳动生产率低等等。如果样样都成问题,这个企业就该关闭;如果只是其中一两个因素在起作用,比如,领导无能、管理不善、贪污腐败,那便撤换领导,问题就好解决;如果是产品结构不合理,变更产品结构也就行了。

2. 要用发展眼光分析原因。

有些原因,当前看来并不显眼,但发展下去,却可能成为重要的、关键的因素。比如,一个厂开发了一个新产品,投入市场以后,并不怎么吃香。但经过深入的市场调查,了解了顾客心理和需要,摸清了消费趋势以后,看清了它的发展潜力,决定抓住不放,下力气去打开销售渠道。结果,这个厂正是靠这个新产品占领了市场,获得了良好的经济效益。经济活动分析,就应善于抓住处于萌芽状态而有发展前途的因素,不管它是具有积极性还是消极性的东西。一个具有远大眼光的人,常常是善于发现这类因素的人。我们农村现在普遍实行的联产承包责任制,起初不也是个别地方偷偷摸摸地在搞,而被党中央发现以后,才逐步在全国推广的吗?而一经推广之后,仅仅用了两三年时间,就基本上解决了千百年来未解决的全国人民的温饱问题。至于古人所说的"千里之堤,溃于蚁穴"那样的现象,在历史上更是屡见不鲜了。

3. 实事求是地分析主客观因素。

做任何事情,获得成功或造成失败的原因,都可以分成主观和客观两种。两种因素既有联系又有区别。主观因素再强,客观因素欠缺,硬要去干,就是盲目冒进。大跃进的主要教训就在这里。客观因素具备,但主观因素很弱,那也会失掉机遇,一事无成。中共十一届三中全会以后,总结了过去经验教训,紧紧抓住了机遇,把主客观因素联系在一起,充分发挥其效能,很快地就使我国经济走上正轨,充满生机地快速、健康、协调地向前发展。主客观因素的作用不同,对待它们的态度也应随之而异。主观因素,经过努力,常常可以有所改变;客观因素,只能"因势利导",或者"待机而动",不能用"人有多大胆,地有多大产"的唯心论来任意地加以改变。有些工作报告,往往在取得成绩时,就强调或突出主观原因,轻视或忽视客观原因;在出现问题时,又来个一百八十度的大转弯,强调或突出客观原因,避而不谈主观原因。这是一种很不实事求是的态度,很不利于问题的解决。经济活动分析,既应实事求是地分清主客观因素,又要把两者联系起来,以便求得问题的彻底解决。

4. 从结果找原因,对过去的经济活动作出评价,为今后的活动找到对策。

为了更好地了解发展的趋势,还需从原因推测到未来的结果,也就是从历史和现实的分析中找到规律,然后根据这个规律来推测发展的趋势,再根据这种趋势确定今后活动的走向和途径。比如,某个企业采用了某一高新科技,这就成为这个企业提高经济效益的主要因素。现在我们根据这个企业的事实,可以推知:只要它继续并发展这一高新科技,就会获得更大的经济成果。采用高新科技是发展企业的必由之路,这就是今天许多现代企业证明了的客观规律。拿这个规律去预测每一个企业的前途,应该说是十分准确的;按这个规律办,企业就大有希望;违背这个规律,企业不但不能发展,最终还将被淘汰。

随着经济和科学的发展,分析的方法也在相应地发展,特别是一些新的数学方法,越来越多的被经济活动分析所采用,如用百分比来表明比重变化的结构分析法,用函数来表明事物变化关系的相关分析法,以及矩阵分析法、线性规划法、数理统计方法等等,只要适合分析的内容,都可以适当采用。但用得最多的还是上述两种方法。不管采用哪种分析方法,都要把文字和数字结合起来,这也是经济活动分析报告的一大特点。结合的方式不外乎两种:一种是文字和数字融为一体。比如下面一段文字:"今年(1998)第四季度不少地区粮价陡涨,大米 500 克由六七角涨至一元一二角,大豆、玉米 500 克也涨三至四角,平均涨了 30％左右。随着粮价的上涨,猪肉、食油等副食品也涨 30~40％不等。粮油的上涨,绝不是供应的短缺。今年全国粮食产量,还达到了历史最高水平,粮食收购任务也完成得很好,仓存粮食十分充足。粮食上涨完全是人为因素造成的。既有购买者的心理因素(传说明年粮食要涨价,就事先抢购一批),也有管理上的漏洞,还有乘风牟取暴利的不法商贩的捣乱……中央已决定采取坚决措施,务求短期内把粮价降下来。"另一种是数字与文字分列,以数字为中心,以文字为辅助,两者结合起来表明分析的结果。数字常常采用表格的形式,也可以用集中排列的方式。数字与文字结合的方式也不十分固定,既可以先用文字分析说明,再用数字表格来反映分析情况;也可以先列表格,然后根据表格的项目用文字分析说明;还可以一边用文字分析,一边列举数字。

【例1】

棉布单位成本分析法

指标	本厂资料			同行业先进棉纺织厂资料	增(＋)减(－)		
	上年实际	本年上期			与计划比较	与上期比较	与先进厂比较
		计划	实际				
棉布单位成本(元)	500	400	300	200	－100	－200	＋100

由上表清楚地说明,棉布单位成本较计划与上期都有所降低,但同先进厂相比,仍高出 100 元。这就说明还需在降低单位成本上下功夫。

【例2】
一九九×年商业部系统财务状况的分析
商业部财会局

199×年,我国国民经济认真贯彻进一步整顿的方针,农业生产在遭受了严重自然灾害的情况下,仍然获得了好收成,工业生产比上年增加,特别是轻纺工业生产增长幅度较大,促进了商业工作的发展,形势很好。

各级商业部门和广大职工努力贯彻党的各项方针政策,认真执行国家计划,加强与其他经济部门的协作,积极支持工农业生产,搞活流通,扩大销售,稳定物价,回笼货币,并积极稳妥地执行各种形式的经营责任制,改善企业经营管理,完成了商品购销任务,实现的利润比上年增加了。

199×年商品国内购进比上年增长6%;商品纯销售额比上年增长4.25%;包括能源外汇进口商品利润在内,全年实现的利润比上年增长7.5%;商品流通费水平7.8%,比上年上升0.01%;全部流动资金2.1次,比上年减慢0.08次。

一、资金运用情况

199×年各级商业部门和企业单位在加强资金管理、节约使用资金方面采取了一些有效的措施,如有些部属和省、市、地属采购批发站(以下简称一级站和二级站)实行分科分商品大类核算;有些县、市属批发部和零售企业单位总结了在多渠道流通的新形势下,开展外采工作的经验,克服了盲目采购,改善了库存结构,加速了资金周转等,都取得了一定成绩。但总的看,在资金运用上效益不够高,资金增长速度超过销售额增长的速度,使资金周转减慢。

199×年商业系统占用的流动资金比上年增加12.75%,是历史上增加最多的一年。199×年销售100元商品平均占用流动资金47.60元,比上年增加1.70元,流动资金周转速度2.10次,比上年减慢0.08次,每周转一次171天,比上年减慢6天。

商业部系统占用流动资金91%集中在纯商业企业,其余9%分散在工业、饮食服务、储运、农牧等企业。纯商业每销售100元商品平均占用流动资金44.97元,比上年增加1.14元;年周转2.22次,比上年减慢0.06次……

199×年末流动资金比上年增加的项目的是：

（一）199×年末库存商品比上年增加53亿元……

（二）在途商品资金比上年增加4亿元。

（三）结算环节占用的资金比上年增加32亿元。

199×年流动资金转慢,主要就是上述资金增加的幅度大大超过销售额增长的幅度所致。资金增加的原因主要是：

（一）库存商品结构不合理……

（二）在途商品199×年比上年增加4亿元,主要是运力紧张,加上外采商品增加,货运量也随之增加,商品压站、压港比较严重等等。

（三）199×年末商业部系统各级单位因经营业务发生的各项往来款项,在结算过程中所占用的资金比上年增加32亿元,增加幅度31.09%。主要是：(1) 199×年末有待处理的涤棉布落实库存减值约10亿元挂在账上尚未处理,这是新增加的因素。(2) 委托银行收款约比上年增加7.4亿元,其原因除由于批发销售增加而相应增加1.3亿元外,其他是因为办理托收和货款划拨不及时,承付期延长等造成的。(3)银行存款比上年增加6.4亿元。(4)预计企业因购销业务等发生的暂付、垫付、存出押金等其他应收未收回的往来款项为34.5亿元,比上年约增加4.28亿元。

二、盈亏增减变化情况

199×年实现的利润比上年增长7.5%。

分地区看,199×年实现利润比上年增加的有……利润比上年减少的有……

一级站和其他部直属企业实现的利润比上年减少7.92%……

为什么今年商品销售额增加的多(增加4.25%),正常业务利润部分增加的少(增加1.97%),主要是因为减少利润的因素比较多。

今年能够计算的减少利润的因素约5.56亿元,主要是:

(一)部分商品调价和削价处理有问题,商品损失增加,约减少利润1.9亿元……

今年继续削价处理质次价高等有问题商品约34.6亿元,处理损失约7.4亿元,比上年增加损失9 000万元。

(二)预计全年经营蔬菜亏损3.6亿元,比上年增加6 000万元,增加20%……

(三)由于商品销售结构变化约减产利润2.3亿元,即毛利率低的商品如电视机、自行车等卖多了,毛利率高的商品如汽油、柴油等商品销售少了。

(四)费用水平上升0.01%。相对多支付费用1 000万元……

(五)饮食服务企业利润减少约2 600万元,减少8.7%……

（六）财产损失约增加0.4亿元……

增加利润的因素约7.06亿元,主要是:

（一）商品销售额比上年增加57亿元,约增加利润3.5亿元。

（二）农渔业用柴油由于销售量减少和认真掌握优待价的供应范围,补贴支出比上年减少5 000万元。

（三）食品公司系统盈亏相抵后净亏损比上年减少7 000万元。

（四）由于企业厉行节约,出售包装物、废旧物资和补贴工业支出减少,以及增加联营投资收入等,其他方面增加的利润约2.2亿元。

（五）商办工业、储运等企业增加利润1 600万元。

根据上述情况,明年必须着重抓好以下两项工作:

第一,各级商业行政部门要根据新的经济形势,经常研究分析市场变化情况,千方百计提高经济效益,通过整顿企业,针对企业管理中存在的问题,认真总结经验,狠抓扭亏增盈,努力增收节支,减少流通费用,节约一切可以节约的开支,把企业经营管理提高到一个新的水平。

第二,各级商业行政部门应结合本地区的具体情况,对重点行业,重点环节,深入研究分析库存商品结构和结算资金中占用不合理的问题,总结管好用好资金的经验,摸索资金运用规律,挖掘加速资金周转的潜力,采取有效措施,以充分发挥资金使用效能,提高资金利润率。

这是一份总结性的定期(年度)宏观综合经济活动分析报告。标题由时限、事由、文种组成。分析单位则像一般文章一样,放在标题下。正文分开头、主体、结语三部分。开头部分介绍了全国商业部系统财务总的情况,说明了取得的成绩及其原因。第二自然段先交代各级商业部门所作的努力(也就是获得成绩的主要原因),第三自然段再把本年达到的指标与上年的指标作比较,表明今年所取得的各项成绩。开头最后一句,说明了存在的问题。主体部分从资金运用情况和盈亏增减变化情况两个方面进行了全面的总结分析。报告采取的是一边介绍情况、一边进行分析的方式,而不是先介绍情况再进行分析。每一方面的情况,又分成若干项目,每个项目摆清了情况后,接着就分析取得成绩和存在问题的原因。这样的分析说明,不仅使各项指标的情况与分析显得更具体、更清楚,也使全文的脉络更分明。在分析各种因素时,分析得也较全面、具体,具有说服力。结语,针对存在的问题,提出了两项重要的建议,提得虽然比较概括(从全国情况出发,也必须概括一些),但还是抓住了重点。整个报告,两种主要分析方法都用到了,而且是结合在一起用的,用得也比较好。不过从写作的角度来看,还存在一些值得改进的地方。如:第一自然段,总的看来是在介绍国家各方面良好的经济形势。但是,因为最后由"促进商业工作的发展"一句把前面的一切兜住,结果农业、工业、轻纺工业等都不过成了"促进"商业工作发展的因素。最后一句所谓的"形势很好",也只是指商业工作说的,农业、工业、轻纺工业都沾不上边了。如果说,作者的原意是说农业、工业、轻纺工业的形势都很好,那就必须改写(最起码也得把"形势很好"前面的",",改成":",以示"形势很好"一句,是前面各项的总结,但"促进"两字还需再改)。又如:第三自然段,完全是一些具体的数据,但这些数据,却是紧接上一段最后一句"实现的利润比上年增加了"而提出的,也就是说,全都是"成绩",所以每一数据之后都用";"隔开,说明它们是同一性质的,地位也是相等的。可是最后一个数据却是"全部流动资金周转 2.01 次,比上年减慢 0.08 次",这明明是存在的主要问题,也是后面主体分析的主要对象,摆在这里混入"成绩"之中,不但不伦不类,也淹没了它的"重要性"。应另起一行,专门介绍。此外,客观因素分析得多,主观因素分析得少。在经济活动中,客观因素虽然地位很重要,但其作用的大小、好坏,往往是由主观因素造成的。比如国有企业的亏损,大量事实证明是由主观因素造成的(如管理不善,贪污腐败等等)。

【例3】

我国化肥市场供求变化与对策(节选)

韩永文

一、化肥市场供求变化的特点及其原因

(一)化肥供给迅速增长,市场货源充足,价格逐渐回落

据统计,1995～1997年,我国化肥需求量(折纯,下同)分别为2 734万吨、2 834万吨、3 151万吨,市场化肥供应资源总量分别为2 876万吨、3 085万吨、3 180万吨,供应量都超过需求量。供大于求局面的形成得益于近年来我国化肥生产能力的迅速扩张……从品种结构上来看,氮肥的国内产量已超过市场需求量,1997年1～6月产量为1 097.6万吨,加之上年结转和进口量,目前氮肥已出现大量积压。

受化肥市场供求变化影响,近两年化肥价格逐渐回落,尤其是尿素价格下降幅度更大。据化工部统计,6月份尿素平均价格为1 400～1 500元/吨,个别地区的最低价为1 250元/吨。钾肥、磷肥、复合肥价格也出现了一定幅度的下降。8月份,全国化肥价格仍在小幅度下降。

(二)需求增长减缓,但需求结构变化较大

据全国供销总社农资局和统计局农调总队联合调查,今年除河北省用肥量比去年下降外,其他地区化肥施

用量或比去年同期增长,或者基本持平,需求增长减缓。

2. 去年粮食丰收后,粮价下降,影响农民的种粮积极性,也影响了农民购买化肥的需求。部分乡镇企业发展较快、农业收入不再是主要收入的地区,在对农业人力投入减少的同时,也减少了对土地的投入。这些因素都在不同程度上构成了农民减少化肥需求的因素。

2. 施肥技术的提高,用肥结构的改善,提高了化肥使用效率。随着农业技术的不断推广应用,施肥逐渐从粗放型向节约型转变;同时,农民们也越来越多地愿意施复合肥……

(三) 生产企业库存增加,流通企业库存下降

目前,我国化肥批发、零售业务主要由全国供销系统各级农资公司承担,化肥生产企业的尿素,基本上都销售给各级农资公司,大、中型化肥厂的自销优质肥也只能销售给农资公司。不少地方反映,化肥旺销时,农资供销系统垄断了化肥的销售权;而当尿素市场下滑,销售不畅时,农资公司只收购价格相对比较低廉的化肥,对其他化肥不能及时收购,使生产企业库存增加。我国化肥生产企业库容量很小,企业要维持生产,只能增加自销肥。据调查,宁夏化工厂今年上半年自销肥已远远超过1995年、1996年全年的生产水平,达6万吨,也已超过国发[1994]45号文要求的全年自销肥最高限额(年产量的10%)。

二、化肥市场变化对农业、化肥生产流通企业的影响

化肥价格下降,对农业生产是有利的。尽管近一年市场粮价下降幅度较大,但目前我国粮价总体水平仍高于国际市场价格。在我国化肥价格已不低于国际市场价

格的情况下,化肥价格的下降,降低了农业的生产成本,对促进农业生产不仅有利,也符合经济发展的要求。但化肥市场变化对化肥生产企业影响较大。化肥价格下降已经使企业收益下降,再加上化肥生产过剩,库存增加,成品资金占用大幅度增加,造成企业资金周转困难,生产企业盈利下降,亏损增加。据统计,今年1~5月份,由国家定价的16家大型化肥企业生产的尿素每吨盈利12元,比1996年盈利下降约67%……

三、化肥市场变化过程中暴露出来的一些问题

(一)化肥产品结构不合理。随着农业基础地位的不断加剧,近几年对氮肥的需求增长很快,促使氮肥生产能力急剧增强。1990年以来,国家新建、投产的大型尿素生产企业就有12家,受重氮轻磷、少用钾肥观念和资源的约束,磷肥、钾肥及复合肥的生产能力增长较慢,导致了目前化肥生产结构中,氮肥过剩,磷肥、钾肥、复合肥国内生产能力不足,仍然需要大量进口的局面。

(二)国家对化肥分级管理,对大型化肥生产企业的管理基本上沿用计划经济体制下的企业管理制度,企业的化肥产量、价格、销售基本上仍由国家直接管理。大型化肥企业生产的统配尿素(包括地方留成肥)价格由国家制定,全国一个价;统配肥以外的超产肥价格和自销肥价格由企业所在省(区、市)物价部门核定,这两种价格统配价高,且各地不相同。这样就造成了市场上出现不同质化肥同一价格,而同一企业生产的同质化肥又不同价格的现象,导致流通企业争相多要低价肥指标,以获取超额利润。而当化肥市场销售不畅时,流通企业只收购价格较低的统配肥和地方留成肥。生产企业即使在化肥市场旺销时,获利也不大,而在销售不畅时,因超产肥和自销

肥销售量减少,使得利润较少,或亏损增加,但仍要按计划生产。作为市场主体的化肥生产企业缺乏活力。同时,化肥同质不同价,同价不同质,市场分割,滋长了地方保护主义……

(三)全国农资销售系统,是我国化肥销售的主渠道,担负着平抑市场化肥价格的任务,前几年对稳定化肥市场发挥了较大的作用。国发[1994]45号文规定,"淡季化肥储备以农业生产资料购销系统为主,化肥生产企业也要储备一部分,对大化肥厂生产的优质化肥,农资系统在淡季要坚持按计划收购,使化肥企业保持正常生产"。但是,各级农资公司又是自负盈亏的企业,随着经济体制改革的不断深入,国家给予的优惠条件逐渐取消,企业的流通成本和各项费用不断增加,负担较重……

(四)无论是生产企业还是农资流通企业,市场意识还比较薄弱,不注重对市场的分析预测……

四、对策与建议

(一)适应市场需求变化,调整化肥产品结构,尽量形成合理的生产布局……

(二)加快转变企业经营机制……

(三)对化肥生产、流通体制进行必要的改革……

(四)研究加快化肥价格风险基金制度建设。

(五)打破化肥市场地区分割,建立全国统一开放、竞争有序的大市场。

(1997年第20期《经济工作通讯》)

这是一份不定期的宏观专题经济活动分析报告。标题是文章式的,点明了文书的主要内容。标题下则是作者的姓名(作者系国家计委的干部)。正文没有开头和结尾,一开始就进入主体。主体从四个方面对我国化肥市场的供求变化的特点、原因、影响、对策作了相当全面、系统的分析。在分析中抓住化肥货源充足、农民对化肥需求减少,以至化肥市场价格回落这个主要变化作为全文的重点,然后对其存在的供求、内外因素一一加以罗列解析,找出了经验教训。最后针对这些经验、教训提出了改进的具体措施和办法。

总的看来,这是一份比较规范的经济活动分析报告,分析中不但"就事论事",还能一分为二地注意正面与反面、主观与客观相结合,过去、现在与未来相联系。因此,对解决问题,有很好的参考价值。

第十章 市场预测

第一节 市场预测的含义和作用

市场预测是在对市场供需情况进行调查研究的基础上,对未来市场供求变化趋势所作的一种科学的分析、推测和判断。把这种分析、推测和判断的过程及其发现的规律,用书面形式反映出来,这就叫市场预测报告。

当今世界各国,不管是什么样的社会制度,要使国家的经济得到发展,就必须参与国际大市场,与国际大市场发生密切的联系,同时在国内也必须形成一个统一的大市场。中国也不例外。因此,不仅一个企业为提高经济效益,增强竞争能力,需要了解市场,就是整个国家为了有效配置资源,加强宏观调控,平衡国内供求,拓展国际市场供销领域,也需要掌握国内外市场发展变化动态和规律的重要手段和方法。

古人说:"为将之道,须眼观四处,耳听八方。"为什么? 为的就是要获取各方面的信息,以便及时作出相应的对策。当今的时代,是信息的时代,信息的重要性更不知要超过古代多少倍。特别是市场的情况,无论国内的,还是国际的,都是瞬息万变、稍纵即逝的。如果不及时捕捉信息,当机立断,作出决策,立刻就会丧失竞争能力,以至一蹶不振。道理非常简单,一个企业不知道市场需要什么、哪里需要、需要多少,就盲目地生产,怎么能生产出适销对路的产品呢? 即使你了解了当前市场的情况而不了解其变化的趋势,就根据目前情况去生产,结果等你产品生产出来,市场情况却变了,不需要这种产品了,其后果可想而知。

市场预测不仅要及时提供市场当前存在的各种信息,而且要预见到市场各种因素发展的趋势。企业经营管理水平的高低,从根本上说,也表现在市场预测能力的高低上。《论语》记述孔子的话说:"人无远虑,必有近忧。"这个"远虑",也可以说就是一种预测,一种预见到未来情况所作的一种打算。《审势》记述苏询的话说:"不先审(考察、思考、分析)天下之势(形势、趋势),而欲应(应付、对待、处理、适合)天下之务(事务),难矣!"这的确是一个真理。这个真理在市场上表现得尤其明显。如果我们不了解、掌握这个真理,我们的经济工作就难以搞好,社会主义生产的目的也无法达到。

总起来说,市场预测就是企业科学、正确的经营决策的前提、依据,就是提高企业市场竞争力、经济效益的必需手段、措施。

第二节 市场预测的种类

市场预测可以根据不同的标准,划分为不同的类型:

一、按时间分

(一)短期预测

一般以季度、月、旬为时限,如服装、鞋类等产销变化较快的产品,多作短期预测。

(二)中期预测

一般以两三年(最多不超过五六年)为时限,如自行车,手表等耐用商品,多作中期预测。

(三)长期预测

一般着眼于六年以后的长期时间,如钢铁、机械等投资较大的产品,多作长期预测。

二、按空间分

（一）国际性预测

即就国际范围进行预测。

（二）全国性预测

即就全国范围进行预测。

（三）地区性预测

即就某一地区范围进行预测。

（四）当地性预测

即就当地范围进行预测。

（五）企业性预测

即就企业范围进行预测。

三、按内容分

（一）综合性预测

即对一个地区甚至全国范围市场总需求量及其发展趋势的预测。

（二）同类性预测

即同一类商品，如纺织品或食品等的预测。

（三）单项性预测

即对某一产品或某一经济活动或现象的预测，如资源、资金、成本、投资方向、市场占有率、价格变动率、技术发展、新产品发展、产品寿命周期、社会需要等的预测。

四、按方法分

（一）定量预测

就是用数字的方法对大量数据或各种因素的制约关系进行分析研究，以统计数字来表明产品发展的趋势。

（二）定性预测

就是从影响市场供需量的各种因素（如质量、价格、用途、销售点、消费对象，等等）的分析中，发现起关键作用的一些因素。

五、按范围分

(一) 宏观预测

就是对某一类产品或商品、甚至全面经济活动在国内外市场上发展的趋势和总需求量的预测,如自行车一定时期内在国内外市场总需求量增长或减少多少辆,以及价格变化等的预测。

(二) 微观预测

就是对某种牌号产品或商品在国内外总需求量的预测,如对凤凰牌或其他牌号自行车在一定时期内国内外市场(或单在国外或国内市场)的总需求量增长或减少多少辆的预测。

上述各类,常常互相交叉、互相结合,如宏观预测和微观预测总是结合进行的;同类性和单项性预测,既可以作宏观预测,也可以作微观预测。只有相互结合起来,预测才可能更全面、更准确。

第三节 市场预测写作要点

一、市场预测的结构

市场预测的结构,一般包括标题、正文和结尾三部分。

(一) 标题

一般有三种形式:

1. 公文式。

即由预测区域、时限、对象(相当于公文标题中的"事由")或文种组成。如《××市(预测区域)2001年(预测时限)技术市场(预测对象)预测(文种,省略"报告"两字)》。

2. 文章式。

即在标题中点明报告的主要内容,如《全国服装市场预测》、《家用空调器的前景》。

3. 新闻式。

即在正题之外,再加上副题或眉题等。如:《健美双全——

2002年化妆品市场预测》。

(二) 正文

一般分前言和主体两部分。

1. 前言。

又叫引言,即公文中的开头。一般简要介绍预测的缘由(包括目的、依据、背景等)、范围、对象等,介绍对象时多着重说明其性质、特点和用途。也有概括预测主要内容、观点或数据,以领起下文的。也有把两者结合在一起,作比较全面的介绍的。但也可以不要前言,而把其内容放在主体中去说明。

2. 主体。

主要分为情况、预测和建议三部分。

(1) 交代情况。主要是用确实、具体的材料来说明市场的现状,必要时还需联系历史探寻其来龙去脉,以便更好地了解其发展的趋势。弄清情况是分析预测的先决条件和基础。情况不明,分析预测只能是瞎蒙胡猜。因此,必须对预测对象的情况进行深入细致地调查,深入细致地分析研究所获得的各种材料。只有这样,才能弄清情况作出正确的预测和判断。市场情况多种多样,预测内容不同,需要了解、说明的情况也不同。大体说来,企业本身情况、产销情况、顾客情况、对手情况、大市场情况等是一般预测需要弄清的,也是前言中需要或详或略地予以介绍的。

① 企业本身情况。主要是企业市场竞争力强弱的情况,包括生产能力、技术设备和应变能力等情况。这是最基本的情况,也是预测的立足点。

② 产销情况。主要是市场供求的基本情况和特点,如某种或某类产品(商品)与外地产品(商品)在需求总量中所占的比例,国家方针、政策、法规对产销产生的影响等等。这是主要的情况或中心的情况,也是预测的重点。

③ 顾客情况。俗话说:"顾客是上帝。"实际上顾客也是市场

真正的主人。不了解他们的需求情况,不能"投其所好",产品(商品)也就只能堆放在那里等着当废物处理。顾客情况一般需从两方面去弄清:一是购买力的投向,即一定时期内顾客的不同需要和心理变化,如冬天来了,购买毛衣、取暖器;听说彩电要涨价,就抢购彩电。这里值得特别注意的是顾客的心理,常常会起着意想不到的作用。二是顾客的支付能力,如前几年一些地区由于负担过重,农民收入有所下降,一些原来在农村畅销的产品(商品),也就失掉了一部分农村市场。相反的,这几年城市居民购买力提高,一些高档消费品也逐渐打开了销路。价格的变动,常常会影响到顾客的购买,影响到产品(商品)的销售,甚至社会的安定。因此,必须随时了解、分析、掌握其规律。

④ 对手情况。市场竞争的特点就是优胜劣汰。因此,了解竞争对手的情况,找到相应的对策,就成为每个企业在市场竞争中的"取胜之道"。"知彼知己,百战不殆",就揭示了这个真理。弄清对手情况,包括要弄清其产品(商品)的品种、价格、数量、质量、包装、生产能力和生产、销售的地理位置、运输条件及其产品(商品)优缺点等情况。

⑤ 大市场情况。即整个地区、以至全国和国际市场的情况。今天的每个具体市场都是大市场的组成部分,都要受大市场的影响。看不清这种影响,也就难以了解每个市场的发展趋势。

⑥ 经济政策法规情况。当今世界,不管什么国家,都要"以法治国",无论公私企业的经济活动,也必然受制于国家的经济、政治的政策、法规。而这些政策、法规又往往随着市场经济的变化而变化。特别是加入世贸组织后,一些法规、政策必然会有新的变化。因此,国家政策、法规的变化和影响必须弄清。

当然,上述各种情况,并非都要一一写进报告里,不同的报告完全可以作不同的处理。但在分析研究时,了解和掌握得越全面、越充分、越具体,就越能预测得准确无误。

(2) 预测未来。即根据上述各种现状,加以分析研究,从中发现其发展的趋势和规律,预见到未来可能出现的情况,以便据以作出发展自己产品以至整个事业的对策。《管子》说得很对:"不知来者,视之往。"意思是说,不知道事物的未来,不用急,可以从它存在的情况和历史推断出来。为了叙述清楚,层次分明,这一部分常常分条分款或分小节(每节还可加上小标题)加以说明。

(3) 提出建议。预测的目的就是要根据预测到的市场发展趋势,找到相应的对策(包括决策、计划、办法、措施,等等)。建议就是把找到的对策具体明确地提出来。同样,建议同预测一样,必须准确可靠,才能发挥其应有的作用。如果预测和建议都不正确,据以行事,企业就非失败不可。

(三) 结尾

即落款,写上预测单位的名称和日期。

二、写市场预测报告需注意的问题

(一) 预测目标要明确

市场现象十分繁杂,而又千变万化。虽然搜集材料时应力求其全面,分析时也应把历史与现状、宏观与微观、整体与局部、偶然与必然等方面的情况,联系起来进行综合的分析研究,以便作出全面、正确的预测。但是,也不可能漫无目的、毫无重点地眉毛胡子一把抓。而必须根据预测目的,确定预测目标,以便使报告的主题十分明确。

(二) 预测方法要合适

预测的方法,目前国内外已多达一百余种,常用的也有二十多种。如果不加选择地抓到什么就用什么,必然得不到预期的效果。最常用的预测方法,除前面提到的定性预测法、定量预测法外,还有经济活动分析经常使用的比较分析法、因素分析法等。

1. 定性预测法。

也叫直观预测法。它是从化学上的定性分析法演变而来。定性预测法,传统上最常见的有:(1)经理人员判断法。即与生产、经销、财务等部门有经验的主管部门人员,一起座谈或分别研究市场情况,预测产品(商品)销售量,再交有关专家作出鉴定。(2)经销人员估计法。就是找熟悉业务具有分析综合能力的经销人员对销售作出预测,然后加以综合,得出正确的判断。(3)综合评判法。就是综合管理人员和经销人员的判断作出的预测。(4)用户调查法。可以直接向用户调查,也可以发函或打电话调查,了解用户的需要情况,从而集中起来作出预测。

当前,国内外普遍使用的是美国人创立的"德尔菲法"(DELPHI METHOD),即"专家调查法"。就是先聘请一些专家,然后分别送去调查表征询他们的意见。专家之间互不通气,自然意见各不相同,然后把搜集到的意见,整理列表再分送各个专家征询意见。他们既可以坚持,也可以修改自己的意见,再根据第二次获得的各种意见,列表分送出去……反复几次,直到各专家意见逐渐趋于一致时,就以这比较一致的意见作为预测的结果。

2. 定量预测法。

也分好几种,如加权平均法、移动平均法、指数平均法、算术平均法等。算术平均法简便易行,用得最多,适用于生产稳定、短期内销售情况变化不大的预测。如某商店 1~6 月的西服销售量,依次为 100 套、150 套、110 套、200 套、220 套、240 套,预测 7 月份的销售量,只要把它们加起来,求出其平均数,即 $(100+150+110+200+220+240+)\div 6=170$,170 套就是 7 月份的销售量。

3. 因素预测法。

主要是从因果关系上来预测未来市场的变化,如投入产出法、相关分析法、回归分析法等,基本上都是从市场情况产生的原因中,去推断未来发展的结果。

上述各种方法都有各自的局限性,运用时不但要把它们适当地结合起来,还应根据不同的内容,作出恰当的选择。

更重要的是预测的方法不能仅以单纯数学的几何图解为依据,而必须从经济学、社会学、心理等学科角度,进行多方位论证作指导,才能找到正确的预测方法,作出正确的预测结论。

【例1】

1998年我国消费市场展望

1997年消费品市场即将以平稳态势走完全程,而明年的走势又将如何？根据多种因素分析,由于国家继续实行适度从紧的货币政策,国民经济将继续保持较高的增长速度,投资和出口需求也将会持续增长,因而消费品市场将会保持平稳状态,但消费断层现象将进一步明显化,市场将难以显现新的消费热点,消费对经济的制约作用将会增强。预计全年社会消费品零售总额将保持14%左右的增长幅度,扣除物价上涨因素,实际增长12%左右。

经过十多年改革开放,我国市场经济发生了转折性变化：一是从卖方市场变为买方市场。无论是生活资料市场,还是生产资料市场,均已形成全局性的买方市场。市场化程度不断提高,目前生活资料的价格95%左右由市场调节,生产资料的价格85%以上由市场调节,商品流通3/4左右由非国有经济在发挥作用。二是从国内国际相互隔绝的市场变为国内国际一体化的市场。我国市场与国际市场的联系日益紧密,经济发展的对外依存度增加,已由过去的10%左右上升到现在的大约40%的水平。建立在供给充裕、竞争激烈的基础上的市场繁荣,在市场总量迅速扩大的同时,各个企业的产品市场占有率在部分中发生了结构性变化,市场份额逐渐向名牌企业集中,因而在市场购销两旺的大背景下自有许多厂家的产品越来越难卖,市场"瓶颈"的制约将会更明显。

从消费结构上看,将会发生以下几方面的重大变化:(1)吃、穿、用(包括家电)领域需求将进入高档化、名牌化时代,低档次商品将逐步被淘汰。(2)较高档次的住与行(如住宅、汽车、通讯设备等)的需求已经进入起步阶段,将带动许多重要产业部门的相应发展。(3)对精神消费品的需求(如休闲、娱乐度假、旅游等服务行业),将逐步接近甚至超过对物质消费品的需求,而且对物质消费品的追求也将逐渐向精神方向转化。

从消费意向看,消费者家庭各项增支意向将普遍减缓。随着我国住房、医疗、劳保、用工等制度的深化改革,不少人已将收入中的一部分转入储蓄或各种投资,以备购房、医疗费等之需。这些都相对限制了购买力的增长。

有人预言,1998年的商战将会更加硝烟弥漫,由于商场越来越多,消费分流将越来越明显。大商场在提高自身竞争力的实践中,将会日益感到强化自身优势的重要性。

(1997年第11期《特区经济》)

这是一份单项性、全国性、宏观性的市场预测报告,标题是文章性的,点明了预测的主要内容(展望,就是对事物发展前途的预测)。正文包括前言和主体两大部分。前言扼要说明预测的主要结果,主体分历史和现实变化情况,未来变化趋势两大部分。未来变化趋势,首先从消费结构上看,其次从消费意向看。最后谈到商战的预测,看似结论,实际是上述两种变化趋势的必然结果。

这篇预测从表面看来,没有分析,只有预测的结论,但在谈到各种变化趋势时,分析就自然包含其中。因此,全文写得简明扼要,全面、准确,富有规律性。1998年消费市场的实际情况证明,这篇预测还是比较准确的。

【例2】

新世纪中国经济展望
——中国经济 50 人论坛年会综述

世纪之交,新旧千年更替之际,由国家信息中心中国经济信息网主办,北京现代战略经济咨询有限公司协办召开了"中国经济 50 人论坛"年会,出席论坛的成员有著名经济学家吴敬琏、陈锡文等。会议以"新世纪中国经济展望"为主题,经济学家们就 21 世纪中国经济面临的重大问题和未来改革的方向进行了讨论,现将学者们的观点综述如下:

新世纪面临的主要挑战

1. 国有经济的调整与非国有经济的发展

从经济总量来看,国有经济调整和非国有经济的发展是一个问题的两个方面。1999 年以来,通过实行"债转股"等政策措施,国有企业有了较多的流动资金,由于国际石油和原料价格上涨,生产和经营这些上游产品的部分国有企业的财务状况也有所好转。在这些短期利好因素的影响下,十五大、十五届四中全会提出来的国有企业改革的一系列措施有所淡化。与此同时,大力发展民营经济需要采取的配套措施尚未出台。在促进民间投资的政策方面还有许多工作要做,在强调对外资实行国民待遇的时候,对国内非国有经济部门实行国民待遇的任务还没有完成。

2. "入世"带来的挑战

WTO(世界贸易组织)的冲击从迫使我们加快改革这个意义上说,是非常重要的。但长期以来,我国不少部门没有正视这种挑战,没有采取积极有效的应对措施。入世后,我国面临的最直接的挑战就是对国有企业垄断权的挑战和对政府经济管理部门的挑战。入世后,国有企业将面对更多跨国公司的竞争,依靠垄断建立起来的优势在国际惯例面前,将是非常脆弱的。同时,WTO规则要求政府经济管理部门必须按照市场的管理方式来规范其管理行为。

3. 对经济体制和价值观念的挑战

知识经济的发展使人类迈入了一个新时代,相对于技术层面来说,这一时代带给予我们的挑战更多的是体制层面和价值观念上的。

与新的社会组织形式相适应,人们的价值观念也将呈现相应的变化,层级制结构强调的权威主义和旧的社会秩序将在网络经济中发生新的变化。知识经济时代,需要人的创新精神和创新的环境,它所强调的是人与人之间的平等。新经济需要人们不断的解放思想。

结构调整的难点和调整对象

1. "十五"时期的结构调整将是一次全方位的调整

"十五"时期的结构调整与以往相比将有很大的变化。它将是一次既包括生产力也包括生产关系,既包括经济基础也包括上层建筑的调整,因而将是一次全方位的社会、经济乃至政治结构的大变化。这既有加入WTO后,我国将更直接地融入到国际经济环境中的原因,也有改革成本的变化,以及国内供求格局变化等一系列因素的影响。

2. 结构调整究竟难在哪里?

一是我们缺乏一个统一规范的大市场。现在地区封锁、部门封锁、人为分散市场的现象仍较为普遍。

二是缺乏公平、公开、公正的优胜劣汰机制。由于没有这一机制,难以实现资源的有效配置和结构的合理调整。在人员从企业退出的同时,一些没有竞争能力的企业没有从市场上退出。

三是对人力资本重视的不够。在知识经济时代,人力资本是最核心的资本。但在我国,人力资本的短缺比实物资本短缺的程度更严重,尤其是企业家人才,长期受到各种各样的怀疑和打击。

四是公共产品的极度短缺。这既包括政府提供的公共产品,如较好的法律和制度,也包括整个社会提供的公共产品,如重合同、守信用,还有公司治理结构、社会保障体系等。

五是部分国有企业缺乏技术创新机制,受经营状况影响,研发投入不足。

3. 结构调整应把握哪些主线?

第一是发展的主线。从农业剩余劳动力的转移——城市化——结构变化来引出结构调整。这有三个比较现实的制约:一是农村劳动力本身的流动性问题;二是外部可流动的环境塑造还没有取得共识;三是土地制度还存在着制约。所以,产业结构调整需要抓住农村、农民的流动问题和农业本身效率的提高问题。

第二是随着市场化的推进出现了政府再定位,国有经济和非国有经济的发展问题。这个环节最主要的现实制约是社会保障体系。

第三是随着加入WTO来考虑一些问题。加入WTO,我们最大的益处有两个:一是给改革引进新的动力源,二是给产业结构提供一个客观的调整坐标的参照系。比如,制造业实际上主要是融入国际分工,成为新的制造业基地问题,究竟该干哪一块,不该干哪一块,加入WTO可能会有一个变化。WTO的最大冲击就是就业问题会更加突出。

第四是整个社会价值观念的调整。如果价值观念问题没有比较大的突破,结构调整很难推进。

信用、法治与市场体制建设

经济学家对信用与法治孰主孰次,存在着不同的看法,各自有所侧重。有的经济学家从节约交易成本的角度,认为信用和自由签约权是市场经济的基础。有的经济学家认为,相对于信用,第三方执法(也就是法治)应用的范围更广,而且失信的成本也大大降低。

1. "信用和自由签约权是市场经济的基础和核心"

部分学者认为,现在有的地方政府在强调法律力量的同时,却忽视了市场秩序。市场秩序需要信用来维护,信用之所以是市场经济中最重要的因素,是因为法律对信息的要求比信用要高得多,交易成本也要高得多。在市场经济中节约交易成本的办法主要靠相互之间的信任。因此,这部分经济学家特别强调,在重视法律的同时,更要关注信用。目前我们的信用环境之所以存在问题,有两方面的原因。一是产权问题。我们现在的产权制度是一次性的,缺乏流动。如果不改变制度,社会道德难以真正建立起来;二是有的地方政府的问题。有一种倾向认为,民间信用不好,主要是政府信用不好。因此,信用制度的建立,不能仅靠加强管制、打击违法犯罪行为,而且也要加强政府在信用方面的建设。

2. "法治建设根本"

部分经济学家认为,"信用"问题与"法治"问题的实质是第二方执法与第三方执法的问题。他们认为第二方执法在早期的市场经济里比较有效,但是在一个现代市场经济里,应该强调第三方执法。这是因为,第二方执法是建立在相互信任的基础之上,而第三方执法则强调其共同遵守的"游戏规则"。第三方执法中的一个最重要的作用就是能大大降低失信成本。

这部分经济学家进而认为,从一个长期实行计划经济体制的社会(或称原始市场经济)过渡到现代市场经济社会,最重要的就是要建立法治国家。为此,一是要界定政府的责任,二是要保证法律程序执行过程中的公正。

金融市场的发展模式

对于我国金融体制改革的方向、金融体制的发展模式目前并没有达成共识。一部分经济学家主张效仿发达国家的做法,培育以超大规模的银行、主板和创业板证券市场为主的金融体制。但另一些经济学家从中国国情和发展水平出发,认为应采取与之不同的模式。他们的理由是:

金融体系的模式选择一定要服从于实物经济中优势产业革命部门发展的需要。从目前阶段到21世纪初,我国最具竞争力的企业是生产活动处于具有自生能力的产业区段内的企业。这些企业的主体是中小企业,特别是劳动密集型中小企业。这就决定了我国金融市场的改革方向,应该是保证这些企业的融资需求。

然而,目前国内以四大国有商业银行为主、股票市场为辅的金融体系并不能很好地为劳动密集型的中小企业服务。但对于目前争论最多的二板市场,这部分经济学家认为也不适于这类企业融资,其理由是:

首先,二板市场不可能是中小企业启动资金的主要来源。他们认为,如果凭着"创意"就能够注册有限责任公司,并到二板市场上市募股,那么二板市场上必然是逆向选择和道德风险问题盛行,最终会使市场本身趋于崩溃。

其次,在发达国家,二板市场是在风险投资提供了具有人力资本的企业家研发和产品试制所需要的资本,在技术研发成功和产品试制出来后,作为风险资本家的退出渠道和提供企业继续发展扩大市场所需的资本功能而出现的。

第三,二板市场上市门槛虽然较主板市场低,但上市评估费用高昂。有资料表明,美国 NASDAQ 的筹资费用达到了筹资金额的 13~18%,最低不少于 30~50 万美元。而且,由于二板市场企业的高技术和市场风险特性,决定了其股票的收益剧烈波动。按照一般的风险资产定价模型,高风险资产必须要求高的风险贴水。加之有限责任制和两权分离可能导致的道德风险问题,二板市场上筹集的资本的成本一定高于从银行借入的成本,甚至高于在主板市场上的筹资成本。

正是鉴于此,他们认为,我国金融体系的发展应以中小银行为主体,适当发展一些大银行和股票市场为辅,以适应这方面的需要。对于中小银行的发展,应该是,第一提高门槛;第二,放开进入;第三,加强监管。

对农业问题的三种认识

在 21 世纪,农业问题仍非常突出。有关部门的数字显示,1996 年以来我国农业中纯农业劳动力就业的数量继续增加;1997 年以后,乡镇企业中的就业人口连续减少;1996 年以来的城市化增长率是改革二十年以来最低的,每年提高不到 0.5 个百分点,低于 20 年来的平均值近 0.2 个百分点;在农民负担居高不下的同时,乡村两级组织的负债也已超过了 3 400 亿元;全国有近一半左右的县级财政困难,不能正常发工资。

目前,经济学家对农业问题大体上存在着三种不同的认识。

1. "农村问题在某种程度上是县及县以下或整个基层经济的问题"

持这种观点的经济学家认为,农业、农村以及县以下的经济状况急剧恶化,是与整个宏观经济政策相关联的。要解决农业问题,第一就是要调整政策取向,高度重视县和县以下的经济问题。第二,促进劳动力的合理流动。第三,适当放宽对城市用地的限制。

2. "农业问题是整个经济结构的问题"

持这种观点的经济学家认为,近年来,各方面对农业和农民生活水平的变化估价过高,对农业中存在的结构性问题估计不足,特别是忽视了在结构上应考虑到的农业的平衡发展问题。但他们认为农业结构的调整,存在许多令人困惑的问题。比如,第一,有没有能力调,是国家出钱调,还是农民出钱调?农民出钱的动力在哪里,资金在哪里?第二,农业结构究竟往哪个方向调?哪里适应农民?如何在结构调整的同时,输入增长的潜力?这些学者认为,现实可行的方法就是用减负来相对地提高农民的收入。

3. "农业问题是基层经济组织制度的问题"

持这种观点的经济学家认为,现在不存在纯粹的农业问题。各方面对农业问题的关注,不是因为2000年粮食大规模减产(这是二十年改革开放历史上最大的一次减产),而是担心粮食减产可能成为通货膨胀的诱因。对农民收入连续四年低迷的重视,也是因为国内需求不振。现在很多方面对农民的重视不够,没有更多地从农民自身的角度考虑问题。

他们认为,农业问题的主要矛盾是农业或农民的低生产者剩余与现存的、为维持地方庞大的上层建筑所必须支付的剩余之间的矛盾。而现存的地方上层建筑是为了从农业拿到剩余的时候建立起来的。为对付高度分散的小农经济剩余量过少这样一个经济基础,建立了一个庞大的管理体系。这部分的经济学家认为,要真正解决现有的农业问题,需要综合改革。任何一个单向改革在如此复杂的矛盾面前,都不可能奏效。

人力资本与现代企业制度

人力资本是指企业中的企业家和技术创新者。近十年来,人力资本不仅仅限于理论范畴,而且已经作为一种制度安排体现在国际企业的发展中。这主要包括三个方面:

第一,人力资本是企业产权制度安排中的一个重要内容。这就是说,我们不仅要强调货币资本的利益,还要看到运作这种货币资本的人力资本的利益。相对于货币资本,人力资本是更具有主动性的资本,因为只有通过人力资本的运作,货币资本才能实现保值和增值。所以,货币资本和人力资本一样,都应该得到产权方面的收益。这就要求在企业产权制度的安排上,不仅仅是货币资本拥有产权,人力资本也应该得到相应的产权。但目前我国的注册企业制度存在很多问题,比如注册股份公司要验资,而且谁出资谁才能拥有产权。可见,这套制度无法安排、解决人力资本的问题。今后我们应该从企业产权制度的安排上考虑人力资本问题。

第二,对法人治理结构的冲击。法人治理结构主要是协调所有者和经营权者间的关系,它是所有权与经营分离的产物。但是,人力资本的产生实际上使这两个角色很难分开。西方企业中的首席执行官(CEO)就是一典型的说明。CEO不是总裁换了个名字,他们的权力非常大,约束他们的,往往不是董事会,而是企业中的战略决策委员会。战略决策委员会中的大多数人并不是企业财产的所有人,而是经济领域中来自各个方面的所谓精英,而这些精英不是财产的所有者。中国未来在法人治理结构调整方面也要思考这个问题。

第三,对企业文化的重大调整。最近世界500强中一些企业的文化发生了很大的变化。其中一个重要原因就是人力资本这个概念的产生。因为人力资本真正运作是与核心生产力联系在一起的。这种核心生产力的产生使企业文化发生了五个方面的变化:一是强调协作和团队精神。二是强调企业中人与人之间的能力存在很大的差异。三是强调由于分工不同,人们的获益方式也不同,有的人只获得资本收益,有的人只获得工资收益,而人力资本既获得产权收益,又获得工资收益。四是人们之间较大的收入差异是正常的。五是企业应强调效率第一。企业的功能是实现效益,社会的功能是实现公平,这样才能实现公平与效率的有效结合。

我国的战略性资源特点

战略性资源程序涉及到一个国家的经济安全。经济学家认为,战略性资源有三个特点,或者说存在三方面的矛盾,即:需求的基础性(即刚性)与供给难以永续性的矛盾;需求额的扩张性(巨大且不断增长)与供给稀缺性的矛盾;产品价格的低预期值(因其使用者的普遍化)和保护开发的边际成本递增的矛盾。从这三方面来看,21世纪我国石油、水和生物资源将面临新的挑战。

1. 石油资源:不容乐观

现在主要存在三个问题。一是占我国原油产量三分之一的大庆油田,只有十年左右的稳产期,开发建设新的大油田的任务迫在眉睫;二是当前石油的供需矛盾是在汽车还没有大规模进入家庭,多数农民还没有用上清洁能源的情况下产生的,随着经济的发展,缺口会越来越大;三是要在全球范围内寻求国外的资源来补充,需要与其他大国进行协调,这里面又有很多不确定性的因素。

2. 水资源:需要综合整治

我国人口占世界的22%,但淡水资源只占世界的8%,被联合国列为世界人均水资源短缺的贫水国。我国人均水资源只有2 400亿立方米,相当于世界平均水平的1/4,单位耕地面积占有水资源是世界平均水平的1/2。现在我国每年缺水量是400亿立方米,全国有400多个城市供水不足,90%以上的水环境恶化。为此,要从以下五个方面入手,保证水资源的供应:第一,节约用水。工农业用水要节约,一切用水都要节约。第二,要治理污染,减少污水的排放,提高水源的质量。第三,要养水。保护环境,涵养水源。第四,要合理配置水资源。第五,加强水资源的法制建设。

3. 生态资源:重在保护

中国是世界上生物资源最丰富的国家,但生物资源保护和利用的任务十分艰巨。由于各种生态破坏、化学污染和气候变化,都会造成植物资源的枯竭。有的专家认为我们国家需要用50年的时间才能使森林覆盖率达到25%左右,基本解决风沙和水土流失,有关部门测算达到这种程度,要投入几万亿的资金。动物资源的情况也不容忽视。我国动物种类占世界1/10,但野生动物中有不少种类已经濒危,而且至今还没有一个完整的包括高等和低等濒危动物的《红色目录》。这方面的压力很大。

国际经济领域中的几个问题

21世纪的中国经济将是更加开放的经济。随着中国加入WTO,大至国际市场上的一些变化,小至市场经济的一些规则,都将对国内经济产生深刻的影响。其中比较重要的问题包括:

1. 直接投资的"利""弊"说

跨国公司的发展和大规模进入中国,将会带来更多的直接投资。对这个问题,经济学家存在不同的看法。部分学者认为,美国哈佛大学罗德里克教授的研究表明,经验数据并不能支持直接投资,或者作为直接投资的自由化对发展中国家经济增长产生了重要作用。直接投资在短期内对于发展中国家确实有许多有利之处,但也会带来许多问题,特别是从长远来讲问题可能更大。直接投资虽然不会产生债务负担,还可以引入先进技术和管理经验,但东道国将面临跨国公司利润返回和撤资的问题,如果说每年的利润返回和撤资额大于引资额,经常项目有可能出现逆差,因此可能会诱发外汇的大规模流出。这对一个国家的经济发展会形成比较严重的负担,不是一个国家长期追求的战略。

2. 国际分工与区域合作问题

亚洲金融危机前,东亚国家是所谓的雁形产业发展模式。但金融危机后,雁形分工模式受到质疑和破坏,东亚区域内国际分工水平化的趋势不断增强,竞争也更加激烈。在这种情况下,中国如何处理好与周边国家既"协调"又"竞争"的关系是个非常重要的问题。

3. 金融全球化中的汇率问题

经济全球化与金融全球化相互促动、相互影响。20世纪国际金融体制发生了重大变化。首先是金本位制——一个自发的体系。这是一个完全放松的、浮动汇率体系。到20世纪末,形成了一个所谓三大货币共同组成国际金融体系的格局。一个是欧元区,第二个是美元区,第三个是正在讨论中的亚洲货币。然而,亚洲国家间的合作是非常困难的。一方面,亚洲国家互相间的经济交往不太密切,而且不太信任,另一方面,亚洲的几个主要国家事实上是美元化的。所以在21世纪相当长的时期里,可能会出现两个完整的货币区与主要分散在亚洲国家的小货币共存的状况,整个局面将比较混乱。这对我国来说,意味着我们今后在汇率问题上会面临着极大的不确定性。

(2001年2月《新华文摘》)

这是一份综合性、全国性、宏观性、长期性的市场预测报告。标题是文章式的,点明了预测的主要内容。副标题说明了文章内容的主要来源和表达方式。正文包括前言和主体两大部分。前言,简要介绍了预测报告的来源和报告的主要内容。主体从八个方面论述了新世纪中国经济面临的重大问题及解决的途径。每个方面都分了若干项目,每个项目的内容都很全面广泛,不可能面面俱到,具体无遗,只能抓住关键性的问题,进行分析论述。为了避免片面性,还展示了不同的观点和看法,以求进一步加以综合评论、解决。原文共约13 000字,《新华文摘》刊登时只能摘取主要的部分,省略了六千来字,但新世纪中国经济需要解决的途径亦相当准确。文章所说的"展望",不但就是"预测",而且比"预测"更宽广、卓识,实在是一个不可多得的预测报告。

第十一章 可行性报告

第一节 可行性报告的含义和作用

可行性报告,又叫可行性研究报告,是在调查研究的基础上,分析论证某个建设或改造工程、某种科学实验、某项经济活动切实可行而提出的一种书面材料。

可行性研究原来只用于工程建设方面,是美国开始试行的,第二次世界大战后,世界发达国家普遍推广实行。联合国工业发展组织 1979 年、1980 年编印了《工业可行性研究手册》和《工业项目评价手册》,总结和发展了 20 世纪 30 年代以来可行性研究这一系统的科学研究方法,大大推动了发展中国家对可行性研究的开展和推广。

1979 年,我国开始从国外引进这一科学方法。1981 年国家计划委员会发文,正式将可行性研究"纳入基本建设程序",明确规定,不管是新建还是扩建大中型项目,都必须提交可行性报告,以之作为审批项目设计的依据。1983 年 2 月,国家计委还颁发了《关于建设项目进行可行性研究的试行管理办法》,对建设项目可行性研究的编制程序、编制内容、预审和复审等问题,都作了明确的规定。1985 年国务院技术研究中心出版了《工业项目可行性研究经济评价方法——企业经济评价》,得到国家计委的肯定,推荐给全国有关部门试行。1987 年国家计委又颁发了《建设项目的经济评价方法和参数》、《关于建设项目评价工作的暂行规定》,为我国可行性研究的标准化、中国化打下了良好的基础。随着改革开放的深入，经济发展的加速，我国可行性研究的范围在也逐步扩大，举凡重大经济技术决策、行业规划、生产经营管理、新产品开发、技术开发及科学实验，以至自然和社会的改造，为了求得良好的投资效果、最佳的实施方案，都需要进行可行性研究，写出论证性强的可行性报告。中外合资企业的建立或引进技术项目之前，按照有关文件规定，也都必须向企业主管部门呈报可行性报告，经审查批准后，才能正式谈判，签订合同。

可行性报告的任务就在于分析论证准备实施项目的必要性与可行性，分析和论证技术上的合理性、经济上的合算性。对该项目实施的必要与可能、实施后的经济效益与社会效益、实施的条件和措施、实施中意外情况的处理等问题，作出科学的、具体的回答，从而为决策者提供决策的依据和选择，避免盲目上马、主观臆断所带来的重大损失。这就是可行研究报告的最主要的作用。

此外，按照有关规定，可行性报告还是建设项目立项和申请建设资金的必需文书。具体地说，只有提交了可行性报告，主管部门，才予以审批，才发给审批设计任务书；银行和其他金融机构才会考虑给予投资或贷款；主管银行才会对其申报引进技术、引进设备的请求予以批准。有的建设项目对环境有影响时，还需向环保部门提交可行性报告，请其审查。

第二节 可行性报告的种类

可行性报告，一般有三种分类标准。
一、按内容分
（一）政策可行性报告

主要是对经济、技术的政策和措施的必要性、有效性和实施的可行性进行分析论证，为科学决策提供依据和建议。

（二）建设项目可行性报告

主要是指国家计委制订的《关于建设项目进行可行性研究的试行管理办法》规定的那些项目,以及利用外资、技术改造、技术引进和进口设备等项目的可行性报告。

(三)开拓项目可行性报告

即开辟和拓展新市场、开发新产品和新技术、采用新工艺和新管理方法的可行性报告。

二、按范围分

(一)一般可行性报告

主要是指规模小、投资少的小项目的可行性报告,包括新建和扩建项目、常规性技术改造项目、某一方面经营管理改革和单项科学实验,等等。

(二)大中型项目可行性报告

主要是指规模大、投资多、涉及面广的可行性报告,包括新建和扩建项目、工程浩大的技术改革项目、全局性的经营管理改革和重大科学实验,等等。这种可行性研究,因为内容繁多,技术论证和经济评价复杂,往往需要分三个阶段进行。首先是机会可行性研究,主要是通过对发展机会和潜力的初步评价,为提出项目建议书提供依据。其次是初步可行性研究,是在机会可行性报告批准后,进一步对经济规模、适用技术、设备造型等进行分析论证,为可行性报告打下基础。最后是可行性报告,在前两个阶段取得成果的基础上,对项目各个方面,全面深入地进行技术经济分析论证,最后确定项目的是否必要与可行。三个阶段分析论证的内容和范围都大致相同,但详细深浅却不一样,而且每一个阶段都要写成可行性报告,只有前一阶段报告获得批准后,才能进行下阶段的研究。

三、按性质分

(一)肯定性的可行性报告

即肯定项目实施的必要和可行,大多数可行性报告均属此类。

（二）否定性可行性报告
即否定项目实施的必要性和可行性。
（三）选择性可行性报告
一般均写出两个以上的可行性报告，供决策者选择。

第三节　可行性报告写作要点

一、可行性报告的结构
可行性报告，一般包括标题、说明、正文、附件四部分。
（一）标题
标题一般有两种形式：
1. 公文式。
即由编写单位、项目名称和文种三要素组成，如《××厂关于投产速效无污染农药可行性研究报告》。编写单位如在落款处标明，标题中则可省略。
2. 文章式。
如《股份制是深化改革的产物》。
（二）说明
主要是分行说明项目名称、主办单位、经济负责人和技术负责人、参加研究和编写报告的人员（各类人员的职务、职称，分别在括号中注明）。如果系引进技术或筹建合资企业的项目，还需写明项目建议书批准的部门、时间和文种。
（三）正文
一般包括概述、论证、结论三部分。
1. 概述。
有的也把它叫做说明。它相当于一般文书的开头，主要介绍、说明提出项目的原因、依据、目的，实施单位的简要情况，以及可行性的总的论断。有的报告，为一上来就增强说服力，还把概述变成概论或总论,着重从理论上说明项目的必要性和可行性。一般概述只占一个自然段,大中型项目的可行性报告,则往往在"总说明"之下,再分为"项目提出的依据"(又可分为文件的依据、会议的依据或市场需求情况的数据等项)、"实施项目的重要意义"(包括技术上、经济上的以及政治上的意义)、"可行性研究的范围"(概括说明论证和结论的主要内容)等项,每项都占一个或数个自然段。

2. 论证。

它相当于一般文书的主体部分,项目的是否必要是否可行,就看这一部分写得是否有力、充分,是否明确回答了有关项目成立和实施的各种问题(如为什么要实施、实施的主客观条件有哪些、什么时候实施、实施中遇到难题如何解决、实施后会获得什么样的经济和社会效益,等等)。当然,项目不同,需要研究论证的内容也随之而异。不过,一般大中型建设项目大都需要从技术上经济上分析论证以下几个方面:

(1) 市场需求和建设规模方面。首先是对未来产品的销售预测,包括国内外市场的需求量、生产同类产品厂家的生产能力、产品在市场的竞争力,等等,然后对拟建项目建设规模和产品生产方案从技术上、经济上加以论证。

(2) 资源、原材料、能源、厂址、交通运输条件,以及外部协作条件方面。也就是对各种客观条件方面加以技术、经济论证。

(3) 项目设计方面。主要是对建设项目自身的各个方面,如项目的设备选型、全厂总图布置、工艺流程、生产方法、公用辅助设施,等等,加以技术经济论证。

(4) 企业组织与建设计划方面。首先是对主办项目单位的组织情况(包括企业管理体制、机构的设置、管理人员与生产人员的配备和培训计划等)作一般的分析论证,然后对项目的总体计划和日程安排(包括工程设计、工程施工、设备购置和安装、试产和投产,等等)加以技术、经济论证。

(5) 资金筹集方面。主要是对资金的来源、筹集的方式、资金的数额及使用时间的安排,等等,论证其合理性、可靠性。

(6) 财务和经济评价方面。主要是对项目的经济效益作出评价,肯定其合算性。财务评价,主要是对项目本身可能获得的经济效益进行分析(包括投资收益率、投资回收期、收支平衡、敏感性等分析)。经济评价,主要是对项目在整个国民经济中的综合经济利益进行分析。

(7) 环境保护方面。主要是投产后对生态、环境的影响进行预测和评价,对治理三废、保护环境的方案加以技术、经济论证。

以上各个方面,不同的可行性报告,可以选择不同的重点,不一定都要面面俱到地加以论证。也可以根据项目的需要,增加新的内容。

3. 结论。

近似一般文书的结语,但内容却复杂一些。主要是根据上述各方面的论证,对项目建设的是否必要和可行作出明确肯定的判断,也可以指出存在的问题,或者提出有关的建议。如果概述和论证中问题已经讲得十分清楚、明确,不要结论也行。

4. 附件。

种类很多,如厂区平面规划图,资源、原材料、能源、资金来源落实的凭证,设备清单,各种技术测试数据等,往往是分析论证的必要依据,但又不宜于放进正文中(如放进正文中,一则影响观点的阐述、文气的贯通和行文的简明,二则它们本身就自成体系,不宜割裂分散),故作附件处理。

二、写可行性报告需注意的问题

(一) 加强组织调查工作

可行性研究是一门复杂的工作,涉及的范围很广,不具备专门的知识,或者只有个别人员参加,都难以开展。因此,对稍微大一点的项目进行可行性研究时,都需要组织有关经济、技术、管理方面的专家、专业人员和领导参加,组成一个研究班子,制定出研究工作的计划。然后,根据计划进行深入的调查,大量收集、掌握各种有关数据、资料,为下一步研究打下雄厚的基础。

(二) 实事求是地进行分析论证

可行性研究本身就是一门科学,必须以科学的态度,运用科学的方法,客观、严肃、深入地来分析研究建设项目各方面的问题,作出符合科学的分析、评价和结论。分析研究时不但不能带有丝毫主观偏见,也要排除各种外来势力的干扰。只有这样,才能保证报告的切实可行性。

(三) 经济效益与社会效益并重

我国的社会主义建设是以经济建设为中心的,当然各种建设项目都要考虑它的经济效益。但是,经济效益绝不能仅仅着眼于企业的本身,还应考虑国民经济的整体利益,把两者结合起来进行评价。这还不够,还应进一步考虑到社会效益。比如,鞭炮的生产,从经济效益来看并不算差,特别是每年春节几乎百分之七八十的家庭都有燃放鞭炮的习惯,鞭炮的生意实在兴旺得很。但是,从科学的角度来看,其社会效益却非常糟糕:第一,白白浪费了大量的财物;第二,造成严重的空气与环境污染;第三,每年春节放鞭炮都引起不同程度的火灾和造成人身的伤害。因此,不少大、中城市早就禁止在市区燃放鞭炮。至于假冒伪劣商品的制造者和保护者,那已经不是什么不顾社会效益的问题,而是明目张胆地在危害社会和消费者了。因而,在注重经济效益的同时,也要考虑社会效益。

【例1】

××刨花板厂新建工程可行性研究

一、概述

我国是少林国家,木材供需之间缺口很大。为了充分利用森林资源,节约天然木材,缓和供需矛盾,发展人造板工业具有重要意义。刨花板是几种人造板中投资较少、污染较轻、能耗较少的品种,因此,国家准备予以重点发展。西北地区森林资源稀缺,人造板工业刚开始发展,据有关单位调查表明,刨花板在西北地区的销量前景还是乐观的。利用当地林区内的枝丫材(采伐木材的剩余物)为原料建设一处刨花板厂,在产品销路和原料供应上是具备条件的。这个项目由部、省联营。全部工程为新建,投资也全部由建设银行贷款。该项目选定国产工艺设备方案(大部分引进设备仿制)。年产普通刨花板3万立方米,建设地点在林区附近。

二、基本数据

1. 产品方案及生产规模

产品规格:1220×2440毫米,厚度10～40毫米渐变结构的刨花板。年产量3万立方米(按厚度16毫米计算)。

2. 主要生产车间的工作制度

一年工作280天,三班生产,每天纯生产工时不少于22.5小时。

3. 主要工艺设备条件

刨花干燥用三台滚筒式干燥机(热介质为10～12kg/cm² 饱和蒸汽),气流成型。单层平压热压机,其加热介质为热油,压板温度220℃。胶粘剂为尿醛树脂,用胶量(以固体计)为干刨花重量的10～20%,另加适量的防水剂(石蜡乳剂)及固化剂(氯化铵)。胶料由本厂制胶车间自制(甲醛、尿素等向外厂订购)。

4. 公用设施

自备锅炉房供汽,平时生产用汽量平均为10吨/时左右(不包括压机用,以下同),采暖季节平均为13吨/时左右。自备地下水水源设施,平均用水量67吨/时左右(不包括消防用水)。由国家电网供电,本厂设变电所,总装机容量约为2500千瓦。另外还自备压缩空气站及小型设备维修站。

5. 职工人数及工资

各类固定工人共327人(包括后备14人),管理人员69人,另外雇用合同工30人。工人平均月工资×××元,管理人员平均月工资×××元,合同工平均每人日工资××元。

6. 原料供应

由当地林区供应木材采伐剩余物(枝丫),每年约4.2万立方米(实积),平均运距97公里,公路运输,每立方米原料到厂价××元。

7. 项目总投资及资金使用与筹措

基建投资为2758.96万元,定额流动资金初步计算为350万元。基建投资由部、省合筹,均属拨改贷性质,年利率3.6%,流动资金向工商银行贷款,年利率7.2%,基建投资的分年使用安排及建设期利息计算如下:(略)

8. 固定资产折旧问题

项目基建投资为2758.96万元,建设期利息为138.27万元。固定资产的投资为2222.61万元,投产前支出为536.35万元(其中包括土地征用费389.22万元),因为投资为全贷款,所以基本折旧按全部投资扣除余值后计算。项目经营年限20年,余值为两部分:一是土地征用费,二是土建投资的25%,两者共为597.02万元。

根据"计资[1984]2580号"文件规定:建设期贷款利息应计入固定资产价值,因此本项目年基本折旧及摊销为115.01万元。大修理费按每年固定资产折旧费用30%计,即为33.3万元。由于项目利润少,又全为借款,故每年折旧费全部用于归还贷款,还清之后,按"国发[1984]67号"文件规定,上交30%,企业自留70%。

9. 产品销售问题

刨花板产品国家无统一定价。年总产量中设有2%的等外品,抽样检验占产量的千分之一。参照现有生产厂的出厂价,暂按合格品每立方米出厂价为400元,等外品为240元/立方米。由于运输距离和运输工具的不同,产品包装费用伸缩性较大,故按惯例,产品出厂价中不包括包装费用,如有此项费用发生时,由买方负担。

10. 企业留利问题

按照财政部1984年9月份财改字[1984]第49号文件规定,结合本项目利润少的特点,在偿还借款期内,暂按工资总额15%计留。还清借款后,即实行第二步利改税,按规定交纳所得税后是否需交调节税,在本案中未予表现。

11. 税金

产品税为销售收入的3%。按规定,所得税税率为55%。

12. 产品销售成本

本项目为单一产品,故全部成本费用均由产品承担。正常年每立方米刨花板的成本为327.12元。较现有生产厂的成本水平稍高。

三、企业经济评价

1. 有关指标及结果

按正常年的销售利润计算,本项目的成本利润率为

17.66%,产值利润率为14.56%,资金利润率为5.34%,资金利税率为6.44%。

从现金流量表中可以看到:项目内部收益率为7.11%;全部基建投资回收期为13.95年(包括建设期3年);折现率为6%时,净现值为295.15万元。

从财务平衡表中看到:基建投资借款偿还期为17.82年(包括建设期3年),到经营期(20年)终止后,盈余资金共计1 036.56万元(包括余值597万元),加企业留用的基本折旧基金计402.55万元,两者合计为1 439.11万元。尚不足进行全部更新之用。

2. 不确定性分析

(1) 盈亏平衡分析(略)

(2) 敏感性分析(略)

3. 评价和建议

从以上指标分析中可以看出,本项目经济效益欠佳,投资回收期长,资金利润率低。主要原因是投资大,但在林区新建企业,大幅度降低投资是困难的。新产品成本能耗较高,以致产品成本偏高。而产品销售价格在整个价格体系未调整前又不宜调高。为了改善项目的经济效益,首先要采用先进干燥设备,降低能耗,争取经营成本降低5%,这样,项目内部收益率达到8.32%,产值利润率达到18.09%,成本利润率达到22.93%,资金利润率达到6.63%,从林业情况看项目还是可以接受的。其次,要利用林区资源的有利条件,争取将刨花板进一步加工进行薄木饰面处理,这样不仅产品价值会提高,而且销路会更好。基建投资在原有基础上增加不多(约5%左右),生产工人也只增加几十人,管理服务人员可以不增,正常年销售利润可增加

30%左右,如果降低刨花板成本的设想能够实现,则项目经济效果将大为改善。

附件:(略)

(摘自任鹰主编的《经济应用写作学习参考书》)

这是一份新建项目的可行性报告。标题由项目名称和文种(省略"报告"两字)两要素组成。正文包括三个部分。第一部分"概述",说明新建项目的意义和条件,以及方案的要点。第二部分"基本数据",从原材料供应、产品销售、产品规格、工艺设备、公用设施、组织机构、资金的使用与筹措、固定资产折旧、企业留利、税金、产品销售成本等一系列关键问题上,用大量准确的数据扼要中肯的分析、论证了项目建设的可行性与必要性。第三部"企业经济指标",主要阐明了项目经济效益欠佳,是本项目必须着力解决的问题,因此,最后来个"评价和建议",成为"结论"性的部分。总的说来,这是一份切实、全面、规范性的可行性报告。

第十二章 经济合同

第一节 经济合同的含义和作用

合同,又叫契约,它是双方或多方当事人为实现一定目的明确相互权利义务而共同协商签定的具有法律约束力的文书。经济合同则是民事主体的法人("自然人"的对称。具有权利和行为的能力,依法独立,享有民事权利和承担民事义务的组织。包括企事业单位、机关、社会团体等。按规定,法人应备的条件是:依法成立;有必要的财产或经费;有自己的名称、组织机构和场所;能独自承担民事责任)、其他经济组织、个体工商户、农村承包经济户相互之间,为实现一定经济目的,明确相互权利义务关系而订立的合同。

经济合同是随着商品经济的产生而产生,随着商品经济的发展而发展的。我国早在春秋时代就出现了经济合同的雏形,而且名目繁多,如判书、质剂、傅别、契、券、符,等等,意思都是把一种信物、凭证一分为二,各执一半,需要验证时,就将两半合在一起(合同含义就是从这里产生出来的),相合即真,即有效。

新中国成立以后,我国一直就很重视推行经济合同制度。1950年政务院财经委员会就公布了《机关、国营企业、合作社签订合同契约的暂行办法》,1962年12月中共中央国务院公布了《关于严格执行基本建设程序,严格执行经济合同的通知》,1963年国家经委颁发了经济合同的规定。但是,由于极"左"思想的影响,根本不承认商品经济,单纯强调计划经济,强调长官意志和行政命令,忽视了经济规律,忽视了市场作用,我国经济发展受到严重的影响,经济合同制度当然无法认真推行了。中共十一届三中全会以后,党和政府深刻总结了过去的经验教训,为了发展国民经济,促进社会主义现代化建设,颁布了一系列有关推行合同制度、加强合同管理的政策、法规。特别是从1979年以后,还专门连续颁布了直接加强经济合同管理的文件,如1979年国家经委、工商总局、中国人民银行颁发了《关于管理经济合同若干问题的联合通知》,1980年工商总局又颁发了《关于工商、农商经济合同基本条款的试行规定》、《合同仲裁的试行办法》。1981年国家经委颁发了《工矿产品合同试行条例》。1981年12月13日中华人民共和国第五届全国人民代表大会第四次会议通过了《中华人民共和国经济合同法》,自1982年7月1日起实行。1983年8月以后,国务院又连续发布了《中华人民共和国经济合同仲裁条例》、《中华人民共和国财产保险合同条例》、《建设工程勘察设计合同条例》、《建筑安装工程承包合同条例》、《工矿产品购销合同条例》、《农副产品供销合同条例》、《加工承揽合同条例》、《借款合同条例》,以及国务院批准的《仓储保管实施细则》。根据有关部门统计,自1982年《经济合同法》颁布以来,全国签订经济合同已达百多亿份。但是,随着社会经济的发展,特别是社会主义市场经济体制逐步建立,经济合同制度也随之日益扩大,原有的《经济合同法》已难以适应形势发展的需要。为此,第八届全国人大常委会第三次会议通过了修改原《经济合同法》的决定,修改后的《经济合同法》,自1993年9月2日起施行。

  党和政府之所以如此重视经济合同制度的推行,主要是因为经济合同制度不仅有利于保护经济合同当事人合法权益、维护社会经济秩序,而且在保障社会主义市场经济健康发展、促进社会主义现代化建设上,都可以起到不小的作用。

  事实上,在今天一切经济活动中,只要与对方发生联系(任何经济活动都必须与有关方面联系),就离不开经济合同。因为,经济合同正是经济活动中双方或多方相互间联系的纽带和媒介,也是促进经济体制改革,加强经济往来,实现、促进专业化协作的纽带和媒介。不仅如此,经济合同制度的实现,对企业经济机制的转换,企业经营管理的改善,以及对外开放的扩大,都可以起到极大的促进作用。事实上,当前我国国际、国内各种经济组织的联系、协作,各种经济活动的开展,差不多都是通过经济合同这条纽带实现的。"财富的一半是合同"这句当今市场的流行语,一点也没夸大。据国家工商行政管理局合同司统计,近年来我国每年签订经济合同八九亿份,总标的超过一万亿元。

第二节 经济合同的种类

经济合同的种类,按不同的标准,可以分为不同的类型。

按国家计划分,可分为计划合同和非计划合同(又叫普通合同);按形式分,可分为口头合同和书面合同(原《经济合同法》第三条明确指出:"经济合同,除即时清结者外,应当采用书面形式。""即时清结者",即多用口头合同。除此之外,则必须用书面合同);按标的分,可分为劳务合同和转移财产合同;按是否交付标的物分,可分为诺成合同(不交标的物)和要物合同(有的又叫实践合同,需要交付货物);按是否履行一定法律手续分,可分为要式合同(如必须经过鉴证、公证或登记的合同)和非要式合同;按当事人的情况分,可分为双边合同和多边合同(两个以上权利义务主体签订的合同);按时间分,可分为短期合同、中期合同和长期合同;按行业分,可分为工商合同、农商合同、工工合同、商商合同等等。

除此之外,现在还出现了一些新型的合同,如合资合作合同、投资合同、股份合同、联营合同、抵押贷款合同、咨询合同、承包合同等等。

一般多按《经济合同法》第八条的规定,从内容和性质上来分,共分十种,即购销、建设工程承包、加工承揽、货物运输、供用电、仓储保管、财产租赁、借款、财产保险以及其他经济合同。

第三节 经济合同的写作要点

一、经济合同的结构

经济合同的结构,不管采用什么形式,一般都包括标题、当事人名称、正文、结尾四部分。

(一)标题

标题一般以合同性质或种类命名,如"购销合同"、"建设工程承包合同"、"供用电合同"等。也可以写上签订合同的单位,如"××公司与××厂购销合同"。标题右下方写明编号。如果使用国家制订的示范文本,则在《经济合同》总称下的"合同种类"栏内填上签订的合同名称就行了。有的合同示范文本,就以合同的种类为标题,那就不用另写标题了。

(二)当事人名称

当事人名称就是签订合同当事人两方或多方的名称。如果单位派代表出面,则在单位名称后面写上代表姓名、职务、职称。双方名称前,一般还写明"甲方"或"乙方"(有第三方时,则称"丙方"),也可以写成"供方"、"需方"或"定作方"、"承揽方"等,但绝不能写成"我方"、"你方"。"甲方"、"乙方"之类的称呼也可以放在双方的名称后用括弧括上。

(三)正文

正文一般由开头、主体两部分组成。

1. 开头。

写明签订合同的目的或依据。

2. 主体。

写明合同的内容,即双方议定的主要条款。主要条款,又可分为通用、专用、特约三种。

(1) 通用条款。它是各类合同必备和常用的条款。原《经济合同法》第十二条规定经济合同应具备的主要条款有:标的(指货物、劳务、工程项目等)、数量和质量,价款或者酬金,履行的期限、地点或方式,违约责任等五项。

① 标的。它是经济合同中权利和义务所指的对象,即双方所要处置的事物,它可以是财物,也可以是行为(如劳务、科学实验等)。标的必须具体、明确,否则,就会造成差错或引起纠纷。

② 数量和质量。它是计算标的价款的根据,也是落实权利和义务的基本内容。数量是衡量标的大小的尺度,必须规定得准确、可靠,有时还要规定合理的磅差和正负尾数。质量是标的具体特征的体现,不仅指标的物的优劣,有时还兼指产品的品种、型号、规格等。标的质量的规定,必须以明确的标准为依据(最好是法定的标准,如国际标准、国家标准、地方标准等,如果没有这样的标准,也可由双方议定一种标准)。

③ 价款或者酬金。价款是获得标的物所交付的代价,酬金是获得对方标的物的使用权,或将标的物委托对方处置所交付的代价。标的的价金和计算标准,必须按国家的规定办理,国家没有规定的,才由双方协商决定。在履行合同中,价格变动时,除按国家统一调整的价格执行外,也可协商解决。

④ 履行的期限、地点和方式。它是执行合同的必备条件。能否按期履行合同,不仅关系到双方的经济利益,也会影响到其他部门,甚至社会的经济秩序。履行期限指的是提供标的物和交付价款或酬金的具体时限,它与合同的有效期限相关,但不是同一的概念。有效期限是指合同具有法律效力的时间,比如一份合同的有效期是三年,而履行期限则是每年或每月的交货、交款日期。履行的方式,包括交货方式、付款方式、费用负担等。

⑤违约责任。又称"罚则"。它是指不能履行、不能完全或不适当履行合同造成损失所应负的责任,包括经济责任和法律责任,主要是经济责任,其形式有两种:支付违约金和赔偿金。违约责任一般由违约情况和违约处理办法构成,即先写违约达到的程度,再写相应的处置办法。两者都必须写得具体、明确,不能有任何的歧义。这对维护合同的法律严肃性,督促当事人认真执行合同,避免纠纷,都是必不可少的规定。

(2) 专用条款。即不同性质的合同,有不同的专门条款。比如,购销合同,除通用条款外,一般还包括包装要求、交货方式、交货地点等;财产租赁合同,除通用条款外,一般还有租赁的用途、租赁期间财产维修、保养责任等条款。

(3) 特约条款。它是当事人一方要求对方允诺的条款。在一些合同示范文本中,就常有"特约事项"、"补充条款"或"其他要求"的栏目,就是用来填写特约条款的。

主体的最后,一般还应注明合同的份数、保存的单位。合同的正本,一般为一式两份,双方各执一份,或者一式三份,除签约双方外,保证单位还存放一份。副本则由双方根据需要商定。经济合同一般还有表格、图纸、实样等附件,也应附在正文之后,一一注明名称和份数。

(四) 结尾(落款)

在正文的下方,写明签约双方单位全称和代表的姓名、地址,并签名盖章。如需签证或公证的,则还应写明鉴证、公证的机关及代表,也要签名盖章。签订的日期写在署名的下方,也可写在标题的下方。

二、经济合同的格式

一般分为条款式、表格式和条文表格结合式。条款式是由当事人自己拟定条款,逐条逐项加以说明。表格式就是在事先印好的表格中,逐项填写合同的内容。条文表格结合式就是既有条文也有表格。我国为了加强合同的管理,统一了经济合同文本的格式,推行了经济合同示范文本制度,对不同的经济合同的格式都作了不同的具体规定。这种合同示范文本,大多采用条文表格结合式,如《工矿产品购销合同》。

【例1】

GF—90—0101　　**工矿产品购销合同**

供方：　　　　　　　合同编号：
需方：　　　　　　　签订地点：
　　　　签订时间：　　年　月　日

一、产品名称、商标、型号、厂家、数量、金额、供货时间及数量

产品名称	牌号商标	规格型号	生产厂家	计量单位	数量	单价	总金额	交(提)货时间及数量	
								合计	
合计人民币金额(大写)									

二、质量要求技术标准、供方对质量负责的条件和期限

三、交(提)货地点、方式

四、运输方式及到达站港和费用负担

五、合理损耗及计算方法

六、包装标准、包装物的供应与回收

七、验收标准、方法及提出异议期限

八、随机备品、配件、工具数量及供应方法

九、结算方式及期限

十、如需提供担保,另立合同担保书,作为合同附件

十一、违约责任

十二、解决合同纠纷的方式

十三、其他约定事项

供　　方	需　　方	
单位名称(章):	单位名称(章):	
单位地址:	单位地址:	鉴(公)证意见:
法定代表人:	法定代表人:	
委托代表人:	委托代表人:	
电　　话:	电　　话:	经办人:
电报挂号:	电报挂号:	
开户银行:	开户银行:	鉴(公)证机关(章)
账　　号:	账　　号:	年　月　日
邮政编码:	邮政编码:	

有效期限:　年　月　日至　年　月　日

注:除国家另有规定外,鉴(公)证实行自愿原则。

三、写经济合同需注意的问题

(一)遵循合法互利原则

订合同是一种法律行为,也必然产生一种法律后果。因此,订立经济合同必须遵守法律和行政法规。任何单位和个人不得利用合同进行违法活动,扰乱社会经济秩序,损害国家利益和公共利益,牟取非法收入。签约双方在法律上的地位是平等的。订立经济合同,应当遵循平等互利、协商一致的原则。任何一方不得把自

己的意志强加给对方。任何单位和个人不得非法干预。经济合同依法成立，即具有法律约束力，当事人必须全面履行合同规定的义务，任何一方不得擅自变更或解除合同。

近年来，据有关方面统计，经济合同履行率只有 30～40%；由各级仲裁机构受理的经济案件，也在逐年上升，1989 年就达 22.3 万件；各级人民法院受理的一审经济案件（主要是经济合同案件）也持续上升，1990 年达到 60 多万件。2000 年这类案件数量不仅没有减少，还在上升。这些案件发生的原因，绝大部分都是没有依法办事，或者是合同的内容不符合国家的法律和行政法规，协商的也不具体全面；或者是订立后，没有严格执行合同的规定。严格遵守国家法律、法规，特别是修订后的《经济合同法》，是避免和减少经济纠纷，充分发挥经济合同的效用的主要文件，更需好好遵守。

（二）行文务必简明准确

经济合同的写作主要是用说明的方法，不需要议论、描写或抒情。所谓说明，首先要求按科学办事，老老实实，不夸大、不缩小，更不允许"以假代真"、"以劣充优"；其次，要说得明白、清楚，不能含混其词，模棱两可，漏洞百出。如："货款两清后，合同效力即终止。"这句话就有漏洞，要是"货款两清后"，发现了来货质量低劣，那么"质量低劣，应赔偿需方损失"一条，是否合同效力也终止了呢？特别是有关产品名称、规格、数量、计量单位、质量、价格、交货日期和地点，等等，必须写得具体、明确，使其"无缝可钻"。物品、价款的数目字要大写，以防涂改。比如，沈阳某商店向杭州一扇厂订了几万打扇子，每打××元。等到厂家把扇子运到时，却发现每打只有 10 把，而不是通常的 12 把。商店责问厂家，厂家说他们一贯是按每打 10 把出售的。商店问：你为什么不早说，厂家说：你为什么不早问。告到法院，法院一查，厂家以前确实是按每打 10 把卖的。结果，商店白白损失了几万元。再如，山西一家缸管厂与北京一家建筑单位订了供货合同,写明货物运到北京,途中损坏由厂家负责,货物按需方收到完整缸管计算。货运到北京火车站,可需方住在郊区,缸管运到需方住地又破损了许多。这个损失怎么办?供方说运到北京火车站就算到了北京。需方说,只有运到其住地才算到了北京。闹了半年多,最后,还是厂家自认倒霉,自负破损责任才讨回了货款。再如,一份出口芝麻的协议中,规定乙方(粮食部门)提供给甲方(外贸部门)的是"黄、白芝麻"。本来要求的是"黄白相间"的一种芝麻,乙方却把它变成了黄芝麻与白芝麻两个品种运送给甲方,以致无法出口,纠纷顿起,各执一端,闹得不可开交,最后只好特别处理。当前一些经济合同案件,不少都是由于内容写得不具体、不明确,没有考虑周到,没有事先堵住各种漏洞而发生的。因此,绝不能把它看成是"咬文嚼字"的小事,而应认真对待,严肃处理。

不仅如此,标点符号也要正确("黄、白芝麻",问题就出在黄白之间的"、"上),否则容易产生歧义,导致纠纷产生。字迹也要端正,不能出现错别字。要用毛笔或钢笔书写,并用较好的纸张书写。写好后,不能涂改。必须修改时,应经双方同意,并在删改或增字处加盖双方印章。

【例2】

购 销 合 同
××百货公司(以下称甲方)

立合同者

××毛巾厂(以下称乙方)

为了促进生产发展,满足人民的需要,协调工商之间的产销关系,经双方协议并同意,订立以下条款以资共同恪守。

一、产品名称、货号、品种、规格、质量、数量、交货期:

产品名称	货号	花色品种	规格质量	单位	数量	交货期	
						三季度	四季度
彩条毛巾	211	彩条	6.6两	10条	45 000	22 000	23 000
提花枕巾	2122	提花	22两	10条	7 000	3 000	4 000
印花枕巾	2120	印花	20两	10条	7 500	3 500	4 000
彩条被巾	2133	彩条	33两	10条	9 000	4 000	5 000
彩条印花毛巾	2121	彩色印花	6.6两	10条	20 000	8 000	12 000
色底印花毛巾	2104	色底印花	9两	10条	20 000	9 000	11 000
合　计	×	×	×	10条	108 500	49 500	59 000

　　上表所列各项,如双方遇到实际困难时,可以在各档花色品种、数量的百分之十范围内予以调剂。如需要大量变更时,必须取得双方同意,否则应承担由此造成的经济损失。

　　二、产品的规格、质量和技术标准,按部颁标准执行。检验方法,以乙方自检为主,甲方在流通过程中,如发现规格、质量不符,应由乙方负责处理,甲方应予协助;如发现数量不符,由双方共同处理。在处理过程中,应分析情况,明确责任,经济损失由责任方负担。

　　三、产品出厂价格,按县统一规定价格执行。在执行过程中,如遇国家统一调整价格时,则按国家统一调整的价格执行。

　　四、产品的包装标准,按统一规定的针织品包装标准,进行箱包装。包装物由乙方负责。

　　五、产品的包装纸和宝塔线,由乙方在签订合同时提出按季分期需要计划,甲方应保证供应,费用由乙方负担,如甲方未按计划供应,乙方不负延期交货的责任。

六、乙方应保证按合同规定的日期,按月份分期交货,按季结算。如遇特殊情况,可在百分之五的范围内欠交或超交。乙方在完成合同规定的数量、花色品种的前提下,超计划生产部分,均由甲方收购。乙方试制新产品,甲方应负责试销,适应市场需要的,乙方可按双方协商的确定数及时投产。

七、货款结算,甲方应在乙方送货验收后,从收货到验收日起三天内付款。如遇假日顺延。

八、乙方未能履行合同,应负下列经济责任:

1. 产品花色、品种、规格、质量不符合合同规定,如甲方同意收货的,则按质论价;如要大量变更花色品种,则须经双方根据实际情况商定,否则应偿付甲方变更部分货款总值百分之五的罚金。

2. 产品数量不符合合同规定,少交产品,而甲方仍需要的,应照数补交,并承担延期交货的罚金。如不能交货而需要撤销合同的,则应偿付甲方以不能交货的货款总值百分之二十的罚金。

3. 甲方验收时,发现产品外包装不符合合同规定,必须返修或重新包装的,乙方应负责返修或重新包装,并承担因此支付的费用。由于包装不符合合同规定造成货物损失,应由乙方负责赔偿。

4. 产品交货时间不符合合同规定,每延期交货一天,应偿付甲方以延期交货部分货款总值万分之五的罚金。

5. 不符合合同规定的产品,在甲方代保管期内,乙方应及时处理。万一发生天灾人祸等意外事故,则由乙方自行负责。

九、甲方未履行合同,应负下列经济责任:

1. 中途变更产品的花色、品种、规格、质量或包装的规格、质量,由双方根据实际情况商定,否则应偿付乙方以变更部分货款总值或包装价值百分之五的罚金。

2. 中途撤销合同,应偿付乙方以撤销部分货款总值百分之二十的罚金。

3. 未按合同规定日期付款,每延期一天,应偿付乙方以延期付款总额万分之五的罚金。

4. 按照双方联系的送货日期,无故拒绝接货,应偿付乙方该批货款总值每天万分之五的罚金。

5. 产品在运输途中发生丢失、短缺、残损等责任事故,应负责向承运部门交涉索赔,乙方亦协助交涉。

十、上述应该偿付的罚金,其总额不得超过未履行合同部分的货款总值。应偿付的违约罚金,应在明确责任后十日内,按银行结算办法拨付,否则按延期付款处理。任何一方不得自行用扣发货物或扣付货款来抵冲。

十一、由于人力不可抗拒或确非企业本身造成的原因而不能履行合同的,经仲裁机关查实证明,免予承担经济责任。

十二、以上各条经双方及工商行政管理机关付印签证后生效,至合同任务完成时终止。如有未尽事宜,则可由双方商定补充,并报签证机关备案。

十三、本合同一式九份,正本两份,甲、乙双方各执一份;副本七份,分送各有关部门存查。

甲　方	乙　方
单位:××县百货公司(公章)	单位:××毛巾厂(公章)
代表:×××(私章)	代表:×××(私章)
地址:××镇中山街十号	地址:××镇淮海街21号

电话：×××××××   电话：×××××××
电挂：8318   电挂：8348
开户行：工商银行××县分行   开户行：工商银行××县分行
账号：6328   账号：6187
鉴证机关：××镇工商行政管理所(公章)

签约日期：××××年×月×日

这份经济合同，除了第一条采用表格的形式外，其余全采用了条款式。标题，写明了合同的性质和种类。标题下写明了签约双方的名称。正文包括开头和主体两部会。开头，简要说明了订立合同的目的和原则。主体部分详细具体地说明了双方议定的各项条款，主要有标的、数量和质量、价格标准、包装要求、履行合同的期限和方式、违约责任，以及合同的份数和保存方式等项。特别是对违约责任说明得相当全面、清楚，有利于防止纠纷的产生。落款一项也全按规定处理。总起来看，写得相当规范。

【例3】

建筑安装工程承包合同

签订日期_____ 　合同编号_____

发包方_____ 　承包方_____

根据国务院发布的《建筑安装工程承包合同条例》之规定，经双方协商一致，特订立此合同，以资共同遵守。

工程名称和地点：	
工程范围和内容：	
开竣工日期	1. 开工日期：　年　　月　　日
	2. 竣工及验收使用日期：　年　　月　　日
	3. 中间交接日期：　年　　月　　日
	4. 其他要求：

(续表)

工程质量	1. 质量标准：以国家颁布的验收规范、质量检验标准和施工图为依据。 2. 验收方法：按施工图保证质量施工，以双方及设计单位签字验收为准。 3. 保修范围及条件：由施工单位责任造成的屋面漏雨、管道漏水、堵塞，使用的建材质量低劣而使建筑物裂缝等。 4. 保修期限为壹年。
工程造价	1. 本合同所指向的工程造价为_____万元。 2. 支付办法： 3. 结算方法：
资料提供时间	1. 提供勘察设计资料时间：　　年　　月　　日 2. 提供施工图及概算时间：　　年　　月　　日 3. 提供其资料时间：　　年　　月　　日 　以上资料包括说明书，由发包方报有关部门批准，经双方验收认可。
其他协商事项	工作所需材料、设备来源及费用负担： 施工机具来源及费用的负担：
违约责任	1. 未尽事项按国务院发布的《建筑安装工程承包合同条例》规定划分责任及承担违约责任。 2. 工程提前交付使用，每天奖励　　元。 延期交付使用，每天付违约金　　元。
说明	1. 本合同依法签订，即具有法律效力，双方均应严格履行，任何一方不得擅自变更或解除。 2. 本合同签订后，送合同主管部门备查。

发包方(盖章)	承包方(盖章)	签证机关(盖章)
代表(理)人：	代表(理)人：	经办人：
开户行： 账号：	开户行： 账号：	签证日期 　年　月　日

这是一份表格式的经济合同。这份合同就是按照示范文本制定的,内容也是根据《经济合同法》确定的,但都只是标明了项目,具体内容则由双方当事人协商决定后,再填写出来。表面看起来比条款式简单得多,但实际内容的确定却仍需全面认真考察协商解决。比较好办的就是协商的各种项目都已点明,商谈起来也就可以目标明确,有的放矢,不致节外生枝,走入歧途。

第十三章 经济论文

第一节 经济论文的含义、作用和特点

一、经济论文的含义

经济论文是对经济活动的理论和实践问题进行总结、探讨、研究,提出独到的科学见解和主张,指导经济工作和生产经营按照经济规律办事,从而提高经济效益的文章。这种文章不仅具有理论价值,也有实用价值。

二、经济论文的作用

经济论文具有以下三点作用:

(一)宣传党和国家的方针、政策、法规

经济论文论述经济问题,不但要揭示经济规律,而且要阐明党和国家的方针、政策、法规是怎样运用经济规律,指导经济问题的解决,推动社会经济健康、持续、快速发展的。如经济评论一类文章,基本上还是用党和国家的方针、政策、法规来评论经济问题的。因此,经济论文在揭示经济规律的同时,也在宣传党和国家的方针、政策、法规。特别是中共十一届三中全会以后,我国的社会主义现代化建设,是在建设有中国特色社会主义理论和党的基本路线指导下进行的。一切经济活动也只有在建设有中国特色社会主义理论和党的基本路线指导下,才能获得经济成果,才能对社会主义建设事业作出贡献。反映和论述这种情况的经济论文,自然也就起到了宣传党的路线、方针、政策、法规的作用。

(二)指导经济实践

一切经济活动都有自己的经济、社会目的。但要达到目的,则必须保证活动的开展合乎客观规律。经济论文是从实践中发现、揭示经济规律的,这个规律反过来又指导实践合乎规律地进行,从而达到预期目的。就是党和国家的方针、政策、法规,今天也是在建设有中国特色社会主义理论指导下制订出来的。当前我国正在建设社会主义市场经济体制,如何建立这种体制,就涉及到许多理论方面的问题。《中共中央关于建立社会主义市场经济体制若干问题的决定》,从十大方面提出了任务、基本要求和原则,里面就包含了各种理论问题。但是在解决每个具体问题的时候,还需要在理论上进行具体研究、探讨。这也是当前经济论文所面临的一个主要任务。

(三) 促进社会主义经济学科的发展

建设有中国特色的社会主义,是中国历史甚至世界历史的一种创举。虽然有马列主义的普遍真理作指导,但具体到中国的国情和当今世界经济发展的形势,却需要我们自己用马列主义的立场、观点、方法来总结出新的经验、新的理论。邓小平提出的建设中国特色社会主义理论,就是这样一种新经验、新理论、新创造。但是,这个理论并未解决当今社会主义经济学的全部问题,在许多方面,这个理论只是为社会主义经济学指明了方向、奠定了基本理论的基础。要建立系统的完整的社会主义经济学,还需要从各个方面进行具体、深入、细致的研究。经济论文实际上就是经济领域内各种经济问题研究成果的披露,这些成果的逐渐积累,不仅可以丰富经济学科的内容,促进经济学科的发展,也有助于社会主义经济学完善的建立与发展。

三、经济论文的特点

从经济论文的作用中,可以看出它不像其他科学论文那样带有较强的推理论证性和思辨色彩,而是为了发展社会生产力、实现实际经济效益依据经济规律和党的方针、政策、法规,论述经济活动中的实际问题,这也就是要把它归入经济应用文的主要原因。因此,经济论文除具有一般论文的特点(如科学性、理论性、独创性)外,它还特别强调实践性,它所研究的问题不仅是现实中存在而又急需解决的问题或具有长远效应的基础课题,而且能正确有效地指导经济活动的实践。就是在科学性、理论性、独创性方面,经济论文也是与经济工作、生产经营以至整个社会经济紧密联系在一起的。

(一)经济论文的科学性

首先就表现在它所研究的是经济活动中的实际问题,而不是没有实际根据的抽象的空洞的理论。其次,它研究实际问题的目的,就在于揭示经济现象、观念的实质和规律。正像毛泽东主席所指出的那样,科学就是实事求是。"实事"就是客观存在的事物,"是"就是客观事物的内部联系,即规律性,"求"就是去研究,去发现其规律。不仅如此,就是在表达上经济论文也必须同其他论文一样具有很强的科学性,即它的论点必须是客观的、正确的,是符合经济实际的,能指导经济活动的实践的;它的论据是来自实际的经济活动中,是经得起考验、检验的,而且是充分的;它的论证是合乎科学方法,是严谨、有力的。

(二)经济论文的理论性

主要表现在它是在建设有中国特色社会主义理论的指导下,透过各种经济现象,看到国民经济各个方面发展的规律,从而提高人们的认识,解放思想,深化改革开放,使各项经济事业都能合乎规律地向前发展。

(三)经济论文的独创性

它较之其他论文表现得就更加明显。因为建设有中国特色的社会主义本身就是一个极其伟大的创举,研究这个创举的经济论文,它所面对的就是一些新事物、新情况、新问题,没有现成的东西可以凭借,它只能"独辟蹊径"地运用新思维,找到新思路,去发现新思想,表达新见解。事实上,要论文有存在的必要,也必须使其具有独创性,绝不能像当今那种只会拚命追赶"新潮"的人那样,连自己的灵魂都快丧失了。也不能"拾人牙慧",像某些文坛"大腕"那样,奉行"天下文章一大抄"的邪理。

经济专业人员通过经济论文的不断学习、写作,专业知识专业能力,必然也会得到不断的提高,社会主义经济活动、经济学科随着人才实力的加强,自然也会不断发展。可以说,经济论文对于培养、造就新型经济专业人才也有重要的作用。

第二节 经济论文的选题

一、经济论文的选题含义

选题,就是选择研究、论述的问题,也就是确立研究的目标和方向。只有目标清楚、方向正确,才有可能顺利地实现自己的目的。经济论文是要指导经济活动的实践,解决经济领域中的实际问题的。为此,首先就得提出问题,而且要提得对头。如果连问题都提不出,或者提得不对,怎么谈得上解决问题呢?选题,也就是提出问题。一个人认识能力的高低,往往就看他问题提得怎样。论文的选题也是如此。有人说,论题选对了,等于论文完成了一半,这的确是经验之谈。

二、经济论文的选题原则

它与其他论文选题的原则差不多,只是内容不同而已。一般地说,应从客观和主观两个方面去考虑。

(一)客观方面

1. 根据社会主义现代化建设的需要,选择具有实际社会效益的课题。

经济论文是为经济建设服务的。经济论文就必须根据这个总目标的需要,选择那种能加快建设步伐的、提高经济效益和社会效益的课题(或者是经济活动中亟待研究解决的理论课题,或经济建设中的新创造、新发现,或经济领域中出现的影响发展的严重问题、矛盾,等等)。经济论文一般分为宏观经济论文、微观经济论文和经济评论三种。不管是哪一种,也不管论述的是有关整个社会经济发展、部分经济发展、地区经济发展的重大问题,还是一个单位、一个企业的具体问题,都应密切联系实际,写出满足迫切需要、指导经济活动顺利开展的论文。

2. 根据本学科发展的情况,选择学术上有意义的课题。

经济论文中虽然要为经济发展的实际需要服务,但这种"实际需要"却不能理解得太狭隘。某些基本理论问题,表面看来似乎与实际问题毫不相关,但它却在学科体系中,在一些基本问题上,具有重要的作用。徐迟在《哥德巴赫猜想》中,谈到陈氏定理的作用时说:"大凡科学成就有这样两种:一种是经济价值明显,可以用多少万元,多少亿元人民币来精确计算出价值来的,叫做'有价之宝';另一种成就是在宏观世界、微观世界、宇宙天体、基本粒子、经济建设、国防科研、自然科学、辩证唯物主义哲学等等之中有这种那种作用,其经济价值无从估计,无法估计,没有数字可能计算的,叫做'无价之宝'。"这个陈氏理论就是一种"无价之宝"。这种"无价之宝"的价值,就在于它为实用科学打下坚实的基础,具有学术意义。

经济论文研究课题的类型一般可分为三种:(1)开创性类型。即前人没研究过、没解决过的课题。比如,解放前、解放初,许多外国地质专家认为中国的地质结构根本不可能有可以开发的石油资源。我国著名的地质学家李四光却对他们的地质学提出了挑战,对中国独特的地质结构进行了长期的深入的研究,写出了《新华夏海的诞生》、《受了歪曲的亚洲大陆》等一系列论文,论证中国不仅有石油资源,而且极其丰富;不仅有石油,而且有丰富的煤炭、金属、非金属等矿产资源,从而为我国矿产开采的科学理论提供了充分的根据。(2) 延伸性类型,或叫发展性类型。即前人虽已做过研究,但还大有发展、补充或修正余地的课题。比如"科学技术是第一生产力"这个论断,虽然深刻,但还没充分展开,还可以进一步加以探讨研究。建立社会主义市场经济体制,虽然党中央明确提出来了,但需要具体研究、探讨的问题就更多了。(3) 综合归纳性类型。即把别人研究的成果,加以综合评析,指出尚需深入研究之处,或在广泛吸取别人成果的基础上,去取得更新的成果。

(二) 主观方面

主要是根据自己的情况,包括能力、兴趣、条件等方面来选择难易适中的课题。客观性和主观性两方面结合起来,才能选择到恰当的课题。

1. 要适合自己的能力。

经济论文首先就要求写作者具备研究特定课题的足够有用的经济学科方面的知识。比如,根本没有什么市场知识,当然就无法写有关市场经济的论文。但这也不是说,有什么样的知识,有多少知识就能写出什么样的论文。为了客观的急需,明知能力不够,但也要尽力去完成。那就需要努力去补充知识,或是阅读有关资料,或是请教别人。但不管怎样,知识若不足应付课题研究、写作的需要,还是不选择那种课题为好。

2. 要对那个课题有兴趣。

兴趣是调动思维积极性的催化剂。当然,兴趣也不是天生的,而是从对课题的重要性的深刻认识中和服务社会性的强烈责任感中激发出来的。原来没有兴趣的东西,通过多次的接触、钻研,提高了认识之后,就可以逐渐地对它产生兴趣。

3. 要进一步考虑是否有足够的条件去完成确定的课题。

最主要的条件有二:(1) 足够的资料。没有资料就等于搞无米之炊,不但学术见解无从产生,就是有了见解,也无法加以论证。马克思写《资本论》为什么跑到伦敦图书馆去,就因为那里有足够的资料。据列宁说,马克思写《资本论》就参考、研究了1 000多种资料。(2)充足的时间。当然,小的课题不一定要有很多时间。大的课题,没有充足的时间,没有集中的时间,是难以写成的。

第三节 经济论文的材料

一、材料的来源和种类

课题选定之后,就要根据课题研究、论述的需要去搜集大量的有关材料。这些材料有的是通过写作者的自身实践(观察、实验、调查等)获得的,一般叫做直接材料;有的是从已有的图书资料中获得的,一般叫做间接材料。不管是直接材料还是间接材料,都应注意搜集以下几个方面的材料:(1)有关课题方面的理论和专业知识的材料。包括国内和国外的都要搜集。(2)有关党和国家的方针、政策、法规。(3)有关课题研究的历史和现状的情况。(4)背景材料。即影响研究对象生产、发展变化的社会背景、历史条件等因素和情况。(5)事实材料。即论文研究对象的各种实际情况,这些材料掌握得越充分、越具体,也就越对写作有利。

二、材料的整理、分析和研究

搜集材料的同时就应利用札记、卡片等形式边看边记边整理,及时注明材料的性质、类别。材料收集齐全后,分四步处理:(1)分类。分类一定要清楚、恰当,否则就会影响到对事物内部联系的认识,写作者创见的形成。(2)鉴别与选择。即"去粗取精,去伪存真"。(3)材料的研究。即"由此及彼、由表及里",探求到事物、问题的本质、规律。(4)以材料来说明论证的观点。

经济论文要达到目的,关键在于必须掌握正确的分析、研究方法,克服那种孤立的、静止的、片面的形而上学的思维方法。一般说来,基本的科研方法有如下几种:

(一)哲学思维方法

主要是运用客观世界和人类思维的一般规律,即哲学的一些基本范畴,如现象和本质、一般和个别、必然和偶然、原因和结果、内容和形式等来观察、理解、分析客观事物。研究材料的目的,就是通过现象看到本质,通过个别反映一般,通过偶然发现必然,通过结果追溯原因,通过形式表现内容。否则,研究就毫无价值可言了。

(二) 逻辑的和历史的方法

逻辑的方法,就是运用形式逻辑(概念、判断、推理)和辩证思维(抽象、具体、分析、综合)的一般思维规律,去观察事物发生和发展的过程,发现和把握事物的内在联系,亦即事物存在和发展的客观规律。历史的方法,即是具体反映事物发展自然进程的方法,展现事物真实面貌和探求影响、决定事物发展变化因素的方法。上述两种方法在科学研究中常常是结合在一起使用的。

(三) 科学研究的一般方法

包括观察、模拟、假设、数学方法、系统方法等。信息论、控制论、系统论、耗散结构论、协同论、突变论等都属于系统方法。目前已广泛应用于自然科学和社会科学的研究方面,也是经济科学研究的重要方法。

材料分析研究的目的,不仅在于选择精当的材料,更重要的还在从材料的研究中确立观点,然后再以材料来说明论证观点(即论点)。

第四节 经济论文的写作

一、安排结构

安排结构就是要掌握好结构的程序,即文章内容表达的步骤、次序:先写什么、次写什么、最后写什么,每一部分包括些什么内容、从哪里下笔、在哪里落笔等,都依次加以确定。前面曾经提到,经济论文写作的目的是解决经济活动中的问题(包括理论问题和实际问题),要解决问题就得先提出问题,然后再分析问题,最终获得解决问题的意见、办法等。经济论文结构的程序就正是按提出问题→分析问题→解决问题的步骤来安排的。这种安排表现在论文中,就形成了序论、本论、结论三大部分。

(一)序论

又叫绪论、引论、前言、引言,相当于一般文书的开头,担负着提出问题的任务。主要说明研究的动机、缘由、目的、意义或背景。根据论文内容的不同,写法各异。有的还要扼要介绍已有研究的情况,有的要解释一下基本观点的特定含义,或者摆明自己对问题的基本看法,有的还要指明研究和论证的方法……不管写什么,都要求尽量写得简明、新颖,既要引起人们的注意和兴趣,更要为本论的论述打下基础。

(二)本论

又叫正论,是论文的主体,担负着分析问题,阐明观点,反驳敌论的任务。一般包含这样一些内容:本文的观点及其论据;研究的难点和重点;与自己不同或相反的观点;这个问题研究的历史、现状和发展趋势等等,可以根据论文的性质,有所选择有所侧重地加以表述。本论结构的形式,一般分并列式(又叫横式结构)、递进式(又叫纵式结构)和综合式(又叫混合式,即把并列式和递进式结合在一起)三种(详见第一编第二章第三节"财经应用文的结构")。本论结构的安排要有严密的逻辑性和明晰的条理性。首先要弄清各部分之间的内在联系(主次、因果、并列、递进、从属、正反……),然后根据这种联系安排层次。其次,为了使文章眉目清楚,条理分明,可以在各个层次之前加上序码、小标题等外在标志,也可以用空行隔开每一部分。

(三)结论

它是全文的归结,一般是对本论中的论证作一个归纳,表明总的看法和意见,或者强调某些要点。此外,还可对问题的进一步深入的研究指明方向,提出建议等。不管写些什么,结论都应写得简明扼要,除十分必要外,不要重复本论的内容。像毛泽东《在延安文艺座谈会上的讲话》中的"结论",实际上是全文的本论,是对座谈会的全面总结,和论文中结论完全不同。

序论、本论、结论这种常见的结构程序,并非每篇论文都需完全具备。有的一上来就展开本论,而不要序论;有的本论一完,全文也就结束,不需要结论。

二、编写写作大纲

为了使结构安排得合理恰当,提高行文的质量,较长的论文都需在起草之前,编写一份比较详细的写作提纲,把结构的框架勾勒出来。写作提纲就像建筑大厦的"设计图"一样,不仅要画出建什么样的房屋,还要画出建多少层楼,每层楼建多少房间,哪些房间在前,哪些在中或后,哪些又在上或下,每间房屋有多大,干什么用等等,都需有条不紊画得清清楚楚,说得明明白白。写作提纲一般包括标题、中心思想、内容提要三部分。

(一)标题

它是在限定课题之后所确定的具体论述的题目。课题只是确定一种研究目标、方向,而还没有划定研究范围。比如,课题是研究市场经济的法制建设,但市场经济的法制建设范围很大,很难在几篇论文中说清楚。因此,必须缩小范围,一个一个的问题来研究。假如,现在确定研究市场竞争法,这就具体多了,就可以此作为题目进行专门研究。如果再具体一点,还可以从正、反两方面来研究。比如,专门研究反不正当市场竞争法,那就可以以此作为题目。标题既可以只说明文章研究的问题,如《市场经济反不正当竞争法的制定》,也可以揭示文章的主题,表明对问题基本看法,如《必须坚决反对不正当的市场竞争行为》。

(二)中心思想

又叫主题,在论文中往往表现在基本观点上。提纲中,应该用简要的话明确地写出来,不仅使其统帅全文,使全文围绕这个中心来展开,不致跑题,而且可以使观点进一步明确。

(三)内容提要

就是把全文内容分门别类地把它分成几部分,先按引论、本论、结论分成三大块,然后再把每一块按其内容分成几项、几段。特别是本论这一大块,要详细地加以划分。先列出大的项目(即大的部分、大的层次的论点),再在每一大的项目中列出它包含的中项目,然后又在每一中项目中列出它包含的小项目……每个项目不管大小,都要用一句话概括出它所包含的内容。各个项目列出之后,还要进一步考虑它在全文中特别是在表现中心思想或基本观点中的作用和地位。根据它们的作用、地位和彼此之间的关系,再按先后次序,妥善安排它们的位置。既要防止毫无秩序,也要防止轻重倒置、主次不分。

比如例文《建立现代企业制度的难题与对策》,如果给它列个提纲,大致可以列成这样:

标题:建立现代企业制度的难题与对策

中心思想:建立现代企业制度,必须从企业内部认真解决政策上和操作上的难题。

本论:分三大部分展开论述,亦即本文所要解决的三大难题。

(一)重组企业内部的产权结构

1. 把大中型国有企业用两种方法进行改组
2. 改组中需解决的难题
(1) 企业债务的解决
(2) 减免税的处理

(二)改革企业内部的领导体制和组织架构

1. 国有企业与现代企业制度实行的领导体制
2. 两种领导体制的不同点
(1) 体制建立的基础不同

(2) 主管部门不同

(3) 领导者任命的方式不同

(4) 职工的权利不同

3. 新旧体制之间的矛盾冲突

4. 解决新旧体制矛盾的途径

5. 改革国有企业产权制度、建立现代企业制度,政府必须进行一系列改革:

(1) 政府管理职能的改革

(2) 国家资产的代表职能的改革

(3) 企业的产权关系的改革

(4) 尊重企业的经营自主权

(5) 促进企业的自负盈亏

(6) 管理评价的改革

(7) 以上几个方面改革的重要意义

(三) 逐步分离企业的生产经营职能与社会职能

1. 把传统的社会职能(社会福利职能、教育职能、就业职能)从企业中分离出去

2. 分离的根本途径和原则

三、展开论述

经济论文是议论文的一种,其主要的表达方式自然是议论,但也需适当运用叙述、说明和描写。议论文是由论题、论点、论据、论证四个要素组成的。议论文的论述就是根据论题的范围、需要,把论据与观点结合起来,运用论据来说明、证明观点(这就叫论证)。经济论文论述展开的过程,也就是运用论据来说明、证明观点的过程。除了论点必须正确,论据必须充分、可靠和具有说服力外,还应讲究论证的形式和方法。

从形式逻辑来说,论证就是运用论据证实论点的全部逻辑推理过程,论证的形式也就是推理的形式。推理的形式包括两种:一

种是归纳推理,即由若干个别事物、现象推出一个一般性或共同性的结论,或者用若干个别性判断作为论据来证明一个论题;一种是演绎推理,是由一般到个别,即以一般道理为论据,来证明一个个别性的论点。这两种推理形式常常结合在一起使用。除此之外,还有类比推理等形式。类比推理,就是用同类事物进行比较,作出论断,证明它们具有某种共同的特性。

论证的方法,就是揭示论据和论点之间的逻辑关系的方法。通俗地说,就是摆事实、讲道理的方法。常用的论证方法有以下几种:

(一) 例证法

又叫举例法。即运用归纳推理进行论证的一种方法,就是用典型的事例作为论据来证明论点的方法。这是一般论文,特别是经济论文常用的方法。常言道:"事实胜于雄辩。"用这种方法来论证是最富于说服力的。

(二) 引证法

又叫引用法。它是运用演绎推理进行论证的一种方法,就是用一些权威性的理论作论据来证明论点的方法。必须注意的是:一要正确,不能违背原意,更不能断章取义;二不要引用得太多,以别人的观点来代替自己的论述。

(三) 反证法

又叫排他法。即不从正面而从反面间接地证明论点的方法。就是先不说论点的正确,而是假设采取与这个论点相反的看法就必然会得到错误的结论,这样也就从反面证明了原来论点的正确。在驳论中运用反证法则恰恰相反,就是说,先不批驳对方论点错误,而先说明与其相矛盾的论点是正确的,这也就自然证明了对方的论点是错误的。

(四) 比较法

它是通过事物之间的比较来证明论点的方法。这种方法又可分为类比与对比两种:类比,就是把这一事物与那一事物的某些相同的方面拿来比较,以那一事物的正确或谬误,来证明这一事物正确或谬误;对比,说是从两种相反情况的比较中得出结论的方法。这种比较又可分为横比和纵比两种:横比,是把发生在同一时间、同一区域的两种性质相反的或有差异的事物拿来比较,辨明正确与错误;纵比,就是把同一事物在不同时间、地点的情况拿来比较。

(五)喻证法

又叫比喻法。它是用容易理解的浅显的具体的事物、道理作比喻,来说明不易理解的深奥的抽象的事物或道理。

(六)因果法

也叫分析法,因果互证法。它是通过分析,揭示论点和论据之间的因果关系证明论点正确的方法。既可以用原因作论据证明结果,也可用结果作论据证明原因。

(七)归谬法

就是"导致谬误",是专门反驳他人论点的一种方法。就是先假定对方的论点是正确的,接着就以此为前提,进行推理,引出一个荒谬的结论,从而证明对方论点的错误。

论证的方法还可以举出一些,比如演绎法、归纳法也可以作为论证的方法。"以子之矛,攻子之盾",在反驳中也是经常使用的一种方法。总之,要使论证充分、有力、缜密、完整,就必须运用恰当的论证方法,而且必须把各种方法结合起来灵活地加以运用。

四、锤炼语言

马克思说:语言是思想的直接现实。论文和其他文章一样都是表达思想感情的。怎样表达?就是运用语言来表达。文章质量的高和低,首先就是看语言运用得怎样。古人谈到写文章时,特别强调三"有":(1)"言有物"。这个"言"指的是说话和写作,"物"指的是实实在在的内容。(2)"言有序"。"序"指的是说话和写作有条理,次序分明,也就是结构要合乎逻辑,要合乎事物发展的内在规律。(3)"言有文"。"文"指的就是语言,指的是语言有"文采",能很好地表达内容,能吸引人,能给人以美感,使人喜欢听、喜欢看。孔子说:"言之无文行而不远。"意思是说,说话和写文章没有文采,就传播不出去,不能产生什么影响,更不要说流传后世了。经济论文要使自己的观点能被他人接受,起到解决经济问题的作用,除了要有充实、深刻的内容、严谨的结构、有力的论证之外,还得在语言上多下工夫。否则,再好的内容也无法表达,即令勉强写了出来,由于语言质量太差,别人不是不能很好地理解写出的内容,就是不愿意看下去。

经济论文表述的是一种科学研究的成果,它运用的语言必须体现科学语体的特征。所谓科学语体,就是各种科学文献使用的一种语言,有别于文学语体、生活语体的语言。它的特征,也就是它的基本要求,大体上可以归纳成以下几点:

(一) 严密

经济论文是以说理为主要内容的文章,是用逻辑思维来表达思想感情的,不像文学作品是以形象思维来表达感情。因此,它的语言必须具备各种逻辑因素,必须具有逻辑性。这种逻辑性表现在语言的表达上就是概括和严密。概括,就是从大量同类事物中抽象出共同的本质的东西,而不像文学作品那样着重事物具体情况的描绘。如本章所举的例文中谈到的各种"难题",只用几句话就把所有企业在这些难题中的共同特点概括出来了。至于到底怎样个难法,有哪些具体表现,则不具体叙述了。严密,就是说话周延,方方面面都注意到,没有漏洞。比如,本章所举例文,谈到建立现代企业制度政府必须在产权制度上进行一系列改革时,就举出了六个方面的问题,这六个方面的问题解决了,企业产权制度改革的难题也就解决了。从现在的情况来看,这些说法就具有相当的严密性。

严密不单是个遣词造句的问题,更主要的是思考的周密,辩证地看待事物,而不能片面的、绝对化地看问题。其次,说话要符合逻辑规律,概念要准确,判断要恰当,推理要合乎逻辑规则。

(二) 精确

科学研究就是要精确反映事物的真实面貌和本质。精确的内容必须用精确的语言才能反映出来。所谓精确,包含了这样几层意思:(1) 确切。同一种意思,可以用不同的词句来表达,必须从中挑选最能恰如其分地把原意表达出来的那种词句。(2) 简练。即用最少的话表达出丰富的内容。(3) 有条有理。即说话是经过组织的,能按照思路和事物发展的顺序,有秩序地把意思表达出来,而不是颠三倒四或丢三落四。

(三) 平易

就是平实自然,通俗易懂的意思。科学研究是实实在在的工作,处处都要实事求是,而不能装腔作势,故弄玄虚。科学论文的语言也必须体现这种特点。经济论文免不了要涉及许多专门知识,运用一些专门术语,但为了解决实际问题,让人一看就懂,而又不至产生歧义,就必须力求通俗易懂。列宁说:"最高限度的马克思主义=最高限度的通俗化。"这就是说,理论应该讲究通俗化,它才能为更多的人特别是人民大众所接受。当然,通俗绝不是庸俗。列宁也针对这个问题作过说明:"庸俗化和浅薄同通俗化相差很远。通俗作家应当引导读者去了解深刻的思想、深刻的学说,他们从最简单的、众所周知的材料出发,用简单易懂的推论或恰当的例子来说明从这些材料得出的主要结论,启发肯动脑筋的读者不断地去思考更深一层的问题。"[①]不仅如此,通俗的语言,活在人民大众口头上的语言,正如毛泽东所说的那样,还是最生动的语言。平易,绝不是平板,而是要在平实、通俗中,力求说得生动、鲜明。千万不能像当今有些论文那样,为了显示自己的"出人头地",就处

---

① 《列宁全集》第5卷第278页,人民出版社1959年版。

处故作高深,不少语言都晦涩难懂,迂回曲折,令人无法卒读,读了也"莫知所云"。

(四)庄重

科学研究是一件严肃的事,科学论文的写作也必须用严肃的态度对待,说出的话也必须庄重得体。前面说到通俗,绝不是要把生活口语中那些土语、歇后语,以及不符合规范的"新潮"流行语等也塞进论文中,相反的,必须坚决摒弃这些庸俗的词语。论文中的每句话都应以认真负责的态度,反复推敲,从建设精神文明的角度来"美化"论文的语言。所谓"美化",就是:(1)规范化。规范化的语言,既能给人以庄重感,也能给人以美感。(2)如实表达思想感情。真实的东西,就是庄重的东西,也是美的基础,假冒伪劣既很苟且,也很丑恶。(3)使人乐于接近、接受。庄重绝不是板起面孔装腔作势,而是在尊重事实、尊重读者的前提下,慎重地考虑所说的每句话,而不是信口开河、信口雌黄地随便乱说一通。当然,尽量使语言生动一些,也是美化的一种要求。

【例1】

建立现代企业制度的难题与对策

林 凌

目前,我国的企业改革已进入以产权制度改革为核心,建立现代企业制度的新阶段。而建立现代企业制度,从企业内部看,我认为,有几个政策上和操作上的难点,需要认真解决。

重组企业内部的产权结构

建立现代企业制度,首先就要把我国的大中型企业国有独资企业,除极少数保留国有独资形式外,大部分都要改组成为多元资产的有限责任公司和股份有限公司。改组的方法:一是在国有企业中吸纳非国有和非公有经济成份;二是将一部分国有企业的资产或股份有偿转让给其他国有法人和各类非国有、非公有的法人和个人。通过上述改组,把国有独资企业改变为混合所有制企业。国有股在其中的地位,将视企业在国民经济中的地位而定,有的控股,有的参股。

在改组过程中,企业需要进行清产核资、资产评估、产权界定、股份制改造等一系列复杂细致的工作,解决一系列难题。

难题之一,企业的固定资产投资由拨款改为贷款后,不少企业背上了沉重的债务包袱,而形成的固定资产又归国家所有。

这种由企业负债形成的国有资产如不落到实处,企业的产权结构重组就很难进行。解决的办法可考虑有两种:一是把贷款全部转为国有股份,欠债由财政还给银行;二是把贷款全部改为银行对企业的投资,使银行成为企业的股东,让金融资本界入产业,实现金融资本与产业资本的结合。从社会主义市场经济发展的需要看,后者可能是一个方向。

难题之二,政府对企业的减免税,在进行产权界定时,有些地方把减免税部分界定为国有股份,因而引起不少纠纷。

我认为,减免税是国家为了扶持某些产业和企业的发展,为了吸引外资、内资以及培养税源所实行的政策,而不是政府对企业的投资。把减免税界定为国有股份,实际上是对减免税政策的否定,不仅阻碍了企业产权结构的重组,而且对整个经济的发展都是不利的。

改革企业内部的领导体制和组织架构

国有独资企业内部实行的是厂长负责制,现代企业制度下的有限责任公司和股份有限公司实行的是董事会领导下的总经理负责制。这就要求对企业内部的领导体制和组织架构进行改革。

两种领导体制的不同之处是：① 厂长负责制是建立在所有权与经营权在企业外部分离基础之上的；董事会领导下的总经理负责制，是建立在所有权与经营权在企业内部分离基础之上的。所有者进入企业内部，形成一个集所有者、经营者、劳动者为一身的命运共同体。② 在原体制下，企业的所有者是国家，具体代表是企业的上级主管部门，企业内的最高权力机构实际是党委会，职工代表大会起监督作用；在新体制下，董事会将取代企业上级主管部门、企业党委会，成为企业的最高权力机构，董事会对股东代表大会负责，只受监事会的监督，而不受职工代表大会的监督。③ 在原体制下，经营者代表是厂长，是代表全体职工来经营国有资产的，因此，我们主张厂长要由职工代表大会推荐，政府任命。在新体制下，总经理是经营者代表，是由董事会聘任的，政府不再介入其间；同时职工与总经理的关系还是经营者与经营者代表的关系，所改变的是所经营的资产是本企业股东所共有的资产，而不再是单一的国有资产，因此，我们又主张总经理应当是董事会聘任与职工代表大会推荐相结合。④ 职工不但是劳动者和经营者，而且是本企业股票的持有者。职工有权以股东身份参加股东大会或股东代表大会；有权组织职工代表大会，但只能对总经理的工作起监督作用，无权干预董事会的工作。

由于领导体制和组织架构发生这样大的变化，新旧体制之间必然发生种种矛盾和冲突。在厂长负责制下，党委会、工会、职代会所谓"老三会"的矛盾就经常发生；在新体制下又增加了股东代表大会、董事会、监事会"新三会",其矛盾的复杂性是可想而知的。除这"六会"的问题外,党委和政府管理干部的制度仍沿袭未变,更加剧了矛盾。

现在看来,"六个会"哪一个都不能取消,但必须以"新三会"作主线。党委不能代替董事会进行决策,不能代替监事会进行监督,而只能通过董事会和监事会中的党员发挥作用。工会和职代会只能代表本企业职工的权利和利益进行工作。对董事长、总经理的人选,党委和政府只能推荐,是否接受,是董事会的权力。

国有企业进行产权制度改革、建立现代企业制度,政府必须进行一系列改革。

(1) 政府实行社会经济管理职能与国有资产管理职能的分离,设立专司国有资产管理和经营的职能机构,而不能再像过去那样,任何条条块块都可以以国有资产代表的身份插手企业。

(2) 作为国有资产的代表必须进入企业内部,成为与其他投资者平等的董事会的成员,而不能再像过去那样,以一种企业外部的政治力量来控制企业。

(3) 政府依法界定企业的产权关系,维护企业的法人财产权,而不能再像过去那样,不分产权关系,不分你我界限,任意平调和处分企业的财产。

(4) 政府应该尊重董事会对企业重大问题的决策权、高级经营管理人员的选聘权、收益分配权,而不能再像过去那样,随意侵犯企业的经营自主权。

(5) 政府必须促进企业在拥有法人财产权的基础上自负盈亏,对资不抵债、无法挽救者实行破产,再不能像过去那样,承担无限责任,大包大揽。

(6) 政府必须按照现代企业制度的组织形式来管理

和评价企业,而不能再像过去那样,按所有制形式来管理和评价企业。

以上几个方面,对企业来说,是建立现代企业制度的基本条件;对政府来说,是转变职能的主要举措。没有这些举措,现代企业制度就难以推进。从这个意义上说,政府的改革是建立现代企业制度的关键。

逐步分离企业的生产经营职能与社会职能

在传统体制下,国有大中型企业长期担负与其性质相背离的社会职能,不堪重负。实行现代企业制度,就必然逐步把这些社会职能从企业中分离出去,让企业集中精力从事生产经营活动。需要分离出来的职能大体有三类:一是社会福利职能,主要是社会保险、医疗保险和住宅;二是教育职能,主要是职工子弟的就业和富余人员的安置。此外,有些企业还担负司法职能。

这些问题既涉及到职工的切身利益,又涉及政府的职能转变和国家财政的承受能力,分离起来难度是很大的。解决这个问题的根本途径是,政府主动承担起不该由企业承担的社会职能,而不能再像过去那样,把该由政府办的事情推给企业。根据我国的实际情况,分离工作应坚持以下几项原则:首先,正确界定哪些是完全应该由政府和社会举办的事业,哪些是与生产经营密切相关,必须由企业举办的事业。不要一讲分离,就把什么都推给政府和社会。第二,把应该分离出来的事业,先分离出来,面向社会。有的独立经营,自负盈亏,有的交政府有关部门管理,在一定期限内,企业照常拨付经费,不增加政府财政负担,职工应享受的福利,从福利基金中直接补给职工,不损害职工利益。待条件成熟后,这类事业再从经济上与企业脱钩。第三,企业应积极与政府有关部门协调,开辟更多的生产经营门路,首先就应把职工子女的就业职能、富余职工的再就业职能转向政府。

(1994年2月25日《光明日报》)

  这是一篇现实性很强的经济论文,即它所研究的问题是当前企业改革迫切需要解决的问题。标题,只是说明了文章研究的问题,而没有说明怎样看待这个问题,但因所提出的问题,正是大家关心的问题,特别点明了是一种"难题",就很能引起人的注意。序论很简单,着重说明了文章研究的主要内容。本论分三大部分,即从三个方面来说明了当前企业改革必须解决的三大问题。每一部分都提出了企业改革在政策上和操作上的难题,接着边分析边提出了解决的途径、原则和办法。三大部分,看起来是平列的,但实际上彼此之间都有紧密的内在联系。只有改组了产权结构,把国有企业改组成为多元资产的有限责任公司和股份有限公司之后,才能进行企业内部的领导体制和组织结构的改革,只有领导体制和组织结构改革之后,也才能适应多元资产的产权结构的需要,更好地推动产权结构的改革。也只有产权结构和领导体制、组织结构改革之后,也才可能逐步分离企业的生产经营职能与社会职能。而后者的实现也必然会使新的产权结构和组织结构按现代企业制度的要求完善的建立起来。可以说,现代企业制度的建立,离开了上述三方面的改革是根本无法实现的。在论述每个难题时,分析得都较全面、具体,论证的也较实在、有力。本篇论文的最大特点是全用事实说理,而不作抽象的论辩。这也是经济论文最大的一个特点。每个难点都是从具体情况上加以论述、分析,情况摆明了,道理也自然清楚了。全文没有单独的结论部分,但每一部分都包含了结论的内容。这也说明了论文的写作不能拘守固定的格式,一切都应服从内容的需要。本文的论证方法以例证法为主,这是由内容决定的。文章的篇幅虽长,但语言却简明、准确。

图书在版编目(CIP)数据

财经应用文写作教程/文天谷编著. —2 版. —上海：
立信会计出版社，2011.11
　　ISBN 978-7-5429-3118-4

　　Ⅰ.①财… Ⅱ.①文… Ⅲ.①经济—应用文—写作
—教材 Ⅳ.①H152.3

中国版本图书馆 CIP 数据核字(2011)第 213008 号

特约编辑　方士华　张立年
封面设计　周崇文

财经应用文写作教程（第二版）

出版发行	立信会计出版社			
地　　址	上海市中山西路 2230 号	邮政编码	200235	
电　　话	(021)64411389	传　　真	(021)64411325	
网　　址	www.lixinaph.com	电子邮箱	lxaph@sh163.net	
网上书店	www.shlx.net	电　　话	(021)64411071	
经　　销	各地新华书店			
印　　刷	常熟市梅李印刷有限公司			
开　　本	850 毫米×1168 毫米	1/32		
印　　张	10.75	插　页	2	
字　　数	258 千字			
版　　次	2011 年 11 月第 2 版			
印　　次	2016 年 12 月第 4 次			
印　　数	9 301—12 400			
书　　号	ISBN 978-7-5429-3118-4/H			
定　　价	27.00 元			

如有印订差错　请与本社联系调换